本书系国家社科基金项目“刑事一体化视阈中的医疗犯罪研究”（2016BFX058）的最终成果。

刑事一体化视阈中的
医疗犯罪研究

杨 丹——著

XINGSHI YITIHUA SHIYUZHONG DE
YILIAO FANZUI YANJIU

法律出版社
LAW PRESS · CHINA
——北京——

图书在版编目（CIP）数据

刑事一体化视阈中的医疗犯罪研究 / 杨丹著. -- 北京 : 法律出版社, 2024
ISBN 978-7-5197-8916-9

Ⅰ. ①刑… Ⅱ. ①杨… Ⅲ. ①医疗事故－刑事犯罪－研究－中国 Ⅳ. ①D924.364

中国国家版本馆CIP数据核字（2024）第051055号

刑事一体化视阈中的医疗犯罪研究
XINGSHI YITIHUA SHIYUZHONGDE YILIAO FANZUI YANJIU

杨 丹 著

策划编辑 田 浩
责任编辑 田 浩
装帧设计 鲍龙卉

出版发行 法律出版社
编辑统筹 法商出版分社
责任校对 王晓萍
责任印制 胡晓雅
经　　销 新华书店

开本 710毫米×1000毫米 1/16
印张 21.25 **字数** 274千
版本 2024年6月第1版
印次 2024年6月第1次印刷
印刷 北京建宏印刷有限公司

地址：北京市丰台区莲花池西里7号（100073）
网址：www.lawpress.com.cn
投稿邮箱：info@lawpress.com.cn
举报盗版邮箱：jbwq@lawpress.com.cn
销售电话：010-83938349
客服电话：010-83938350
咨询电话：010-63939796

书号：ISBN 978-7-5197-8916-9
定价：88.00元
凡购买本社图书，如有印装错误，我社负责退换。电话：010-83938349

目　录

第二篇 医疗事故刑事纠纷中的鉴定与证明

第三篇　医疗事故刑事诉讼的专业化运行

第四篇 涉医相关刑事纠纷的刑事政策分析

导 论

刑事一体化，既是观念，也是方法……一体化刑法运作，观念上旨在论述建造一种结构合理和机制顺畅（刑法和刑法运作内外协调）的实践刑法形态。

——摘自《刑事一体化论要》[1]

医疗纠纷是世界性问题，医疗犯罪是其中最为激烈和极端的体现。在与医疗有关的法律关系中，刑法居于中心地位。[2]“刑事一体化”是从刑事学科群的不同角度对犯罪展开全方位的系统研究，其目标是使刑法和刑法运行处于内外协调状态，以发挥刑法的最佳功能。[3]

医疗行为具有极强的专业性、技术性、复杂性，我国《刑法》规定了专门的医疗事故罪，实证研究显示，实务中的难点在于认定医疗过失和因果关系，其争点在于厘清与相关犯罪的界限以及刑罚的适用。此外，对“医闹”“暴力伤医”“医保诈骗”等行为的刑事责任追究，近年来也受到了广泛的关注。处理医疗刑事纠纷，既需要在实体法中准确地理解犯罪的成立要件并判处刑罚，也需要从程序法上恰当地设置相应的证据制度和诉讼机

---

〔1〕 储槐植：《刑事一体化论要》北京大学出版社2007年版，第24、27页。

〔2〕 See Glanville Willian, *The Sanctity of Life and Criminal Law*, New York, Alfred A. Knopf, 1957. 该书系英国在医疗法领域最早的著作之一。

〔3〕 参见储槐植：《刑事一体化与关系刑法论》，北京大学出版社1997年版，第294页。

制予以配合，还需要从刑事政策角度对刑法在医患关系规制中的角色和功能展开反思。

因此，本书以医疗领域相关犯罪为研究对象，以刑事一体化为基本理念和方法论展开整体的研究，为“刑事一体化”的抽象理念和宏观方法论提供具体的问题意识和实际的对策落点。本书共分为四篇：

第一篇是刑事一体化在医疗领域相关犯罪中的贯彻和展开。首先，对刑事一体化进行学术史的梳理，评述医疗犯罪的研究状况，从而以刑事一体化的理念和方法为指导，以医疗犯罪为突破口和重要切入点，说明了本研究的价值、内容和意义。其次，借鉴医学研究和司法领域先进的实证方法，以医疗刑事纠纷的实证分析为起点，为后续刑事证据制度、刑事诉讼机制和刑事政策反思提供翔实的经验证据。

第二篇是医疗事故刑事纠纷中的鉴定与证明。首先，结合医疗损害鉴定和刑事诉讼鉴定的一般原理，明确了医疗事故刑事诉讼中鉴定的依据和体制，并根据其实践状况总结运行特点，重点关注法官对鉴定意见的审查。其次，医疗刑事过失的证明以医疗损害鉴定意见为事实基础，以医疗事故罪及相关解释性规定为规范依据，以检索范围内的裁判文书为样本，研究了医疗事故刑事诉讼中鉴定意见的类型，控方和辩方对此的意见，以及法官的审查和认定。最后，遵循医疗过失鉴定与证明的研究路径，对医疗事故刑事诉讼中的因果关系问题进行了事实、规范和实证的研究。

第三篇是医疗事故刑事诉讼的专业化运行。刑事一体化要求实体法规定的成立要件和配置的刑罚通过刑事程序的运行得以实现，刑事诉讼的运行机制保障犯罪的有效追究，医疗刑事诉讼的运行具有耗时长、结果不稳定等特点，均与纠纷涉及高度专业的医疗知识有关。首先，设立专门法院（法庭）是我国当前司法改革的一个重要趋势，“三审合一”的环境资源法庭正在进行开创性探索，本书结合我国医疗纠纷的状况，参考境外医事专业法庭的运作，研究如何培养专业审理医疗纠纷的法官，吸纳更多医学专家全程参与侦查、起诉和审判，这是我国在诉讼机制上有效解决医疗纠纷的基本途径。其次，专家辅助人是2012年修正《刑事诉讼法》增设的制度，专家辅助人享有出庭就“鉴定意见”发表看法的权利，但其看法不是证据，而是辅助庭审质证效果的质证方法。专家辅助人作为一项新设制度，引入医疗刑事诉讼并使其有效运行是本部分研究的重点。此外还要探索引入其他多元化事实查明措施。

第四篇是涉医相关刑事纠纷的刑事政策分析。首先，关注医疗暴力整体上的综合治理体系并聚焦其中的刑事政策，体现了国际社会和各国对该问题的认识和重视。我国出台专门治理医疗暴力的刑事政策，将医疗暴力细分为“医闹”和“暴力伤医”，前者重点关注刑事政策对立法的指导，结合实践状况进行评价；后者重点关注对司法的指导，如何在罪刑法定原则约束下体现刑罚裁量的“严”。其次，以我国医疗保障制度改革为背景，关注医保诈骗的刑事规制，主要从医保政策与刑事政策对接的角度，研究“宽严相济”如何指导司法实践加大打击医保诈骗犯罪的力度。

本书的目的在于，在医疗犯罪领域探索刑事一体化的理念体现及其实现路径。直面医患关系的现状，尊重医疗行为的专业性，平衡医疗行为的风险和利益，通过一体化的理念和方法实现对医疗犯罪的有效规制。

第一篇

刑事一体化在医疗领域相关犯罪中的贯彻和展开

刑事一体化既是观念也是研究方法，还包括刑事运作机制的一体化。医疗犯罪是发生在医疗领域或者与医疗活动密切相关的犯罪，其专业性、复杂性、技术性恰好提供了一个集聚犯罪构成要件与证明难点、事实认定和法律评价、专业化审判组织和多元化查明措施等制度的典型节点。同时，医疗活动的广泛性、民生性使涉及医院、医生、医保等领域的犯罪广受关注，如何发挥刑事政策的作用有效惩治医疗犯罪成为重要议题。近年来，医疗纠纷的大规模爆发以及因纠纷引发的医疗暴力犯罪，医保制度改革进程中出现的医保诈骗犯罪等，迫切要求在公共政策（包括医疗政策、刑事政策）层面进行反思。

第一章 / 刑事一体化与医疗领域相关犯罪研究

以刑事一体化理念为基础，以与医疗相关的犯罪为研究对象，既能够为抽象的理念提供具体的问题意识和实际对策落点，又能够在具体犯罪的研究和运作机制中贯彻一体化的思想并指导特定的制度安排。进而通过对特定典型类罪的研究，为刑事一体化思想提供更丰富的素材资源。

第一节　刑事一体化的学术史考察

所谓刑事一体化，是指在从事刑事法研究的时候，应当具有刑事一体化的理念，打通刑事法各学科领域之间的界限，尤其是注重刑事法基本理论的研究。〔1〕"刑事一体化"自储槐植教授首倡以来，在我国历经酝酿与提出阶段、星火燎原阶段，现已深入人心及广泛应用阶段。〔2〕

一、刑事一体化思想的提出

"刑事一体化"是"最能代表储槐植教授的学术思想的一个标签性用

〔1〕 参见陈兴良：《主编絮语》，载陈兴良主编：《刑事法评论》（第3卷），中国政法大学出版社1999年版。

〔2〕 参见贾凌：《刑事一体化问题研究述评》，载赵秉志主编：《刑法论丛》（第4卷），法律出版社2009年版，第89页。

语”〔1〕。储槐植教授于1989年在论文《建立刑事一体化思想》中首先提出了“刑事一体化”概念，并指出刑事一体化的构想应包括更新观念、调整结构和完善机制。〔2〕此后，储槐植教授在其一系列论著中不断深化对于刑事一体化的理解和认识，专著《刑事一体化与关系刑法论》明确了“刑事一体化”以“关系刑法”为中心，以刑法和刑法运行内外协调为内涵，其目的是实现刑法的最佳效益。〔3〕论文《再说刑事一体化》阐述了刑法结构的不同形态，论证了刑法结构与刑法机制、刑事政策的关系，提出了作为观念的刑事一体化和作为方法的刑事一体化。〔4〕专著《刑事一体化论要》是储槐植教授重要论文的编纂，将其学术思想体系化、集约化呈现出来，是储槐植教授学术思想的集大成之作。〔5〕此后，储槐植教授进一步思考刑事一体化的践行问题，论文《刑事一体化践行》论证了作为观念的刑事一体化与刑事政策具有非常密切的关系，刑事政策化是当代刑法发展的潮流，有利于刑法运作的顺畅，提高其适时性和有效性；同时，犯罪学中的“主观恶性”对于量刑也具有重要的作用。〔6〕

二、刑事一体化理论平台的构建

刑事一体化思想由刑法学家提出，以刑法学为立足点，故首先在刑法学界产生了较大的影响。刑法学者运用刑事一体化的理念和方法讨论刑法理论问题，认为刑事一体化并不是各分支学科的简单相加，而应当建立一个学科理论体系，以刑事一体化的刑事政策思想和研究方法作为精神内

〔1〕 陈兴良：《“老而弥新”：储槐植教授学术印象》，载储槐植：《刑事一体化论要》，北京大学出版社2007年版，第13页。

〔2〕 参见储槐植：《建立刑事一体化思想》，载《中外法学》1989年第1期，第4页。

〔3〕 参见储槐植：《刑事一体化与关系刑法论》，北京大学出版社1997年版，第294页。

〔4〕 参见储槐植：《再说刑事一体化》，载《法学》2004年第3期，第74-80页。

〔5〕 参见陈兴良：《“老而弥新”：储槐植教授学术印象》，载储槐植：《刑事一体化论要》，北京大学出版社2007年版，第17页。

〔6〕 参加储槐植、闫雨：《刑事一体化践行》，载《中国法学》2013年第2期，第139页。

核，以刑法学为本位，超越传统的注释刑法学，综合运用规范解释、实证分析、哲学思辨等方法，研究刑法运行的内部和外部关系。[1]研究主要围绕犯罪论和刑罚论的一般问题展开。此后，刑事一体化思想在犯罪学、诉讼法学、刑事政策学等理论研究以及司法实务界产生越来越大的影响。表现在以下方面：

首先，刑事一体化理念下犯罪学的定位。明确犯罪学作为事实学科，是对刑法的现象性和事实性的发现，兼具辅助性和独立性。所谓辅助性，是指受研究目的指引，犯罪学的研究服务于刑事科学，为其提供经验证据；所谓独立性，则是指犯罪学具有独立于法学的实证研究方法。[2]

其次，刑事一体化理念下刑事诉讼法学的价值。通过实体法与程序法的融合，实现刑事运行机制的顺畅。研究内容包括刑法与刑事诉讼法的关系，刑事诉讼证明问题的实体法依据、侦查功能以及一系列具体制度安排等问题。[3]

最后，刑事一体化理念将刑事政策学纳入研究视野，被称为最大收获。刑事政策学在刑事运行的过程具有重要的调节作用，不仅影响立法，还影响司法，引领刑法的发展方向。[4]刑事政策学与其他学科的交流和融合，进而也推动刑事一体化发展的趋势。具体研究内容包括刑事一体化指导下的社区矫正立法、反思“严打”，以及恢复性司法的引入等。

---

〔1〕 参见梁根林、何慧新：《二十世纪的中国刑法学（下）——反思与展望》，载《中外法学》1999年第4期，第8页。

〔2〕 参见陈兴良：《刑事一体化视野中的犯罪学研究》，载《中国法学》1999年第6期，第117页。

〔3〕 参见汪建成、余诤：《对刑法和刑事诉讼法关系的再认识——从刑事一体化角度观察》，载《法学》2000年第7期，第20页；雷连莉：《刑法与刑事诉讼法关系再认识：困境及出路》，载《湘潭大学学报（哲学社会科学版）》2011年第6期，第61页。

〔4〕 参见张旭、单勇：《从方法到方法论——以刑事科学为场域的反思》，载《法制与社会发展》2007年第1期，第60页。

三、刑事一体化理念及其践行的最新发展

随着刑事一体化理念深入人心，刑事一体化的研究已呈多学科共鸣之势，涌现出一批视野更开阔、论证更深入的重要成果。例如，有宪法学者将刑事政策与刑法体系的区隔（李斯特鸿沟）置于宪法教义学的观察之下，从宪法学角度研究国家刑罚权的控制，认为刑事政策应当以宪法为实质来源，同时具备解释和批判立法的功能，运用比例原则审查刑罚制度的政策性调整。〔1〕有学者深入讨论了刑法教义学的刑事政策面向，认为罗克辛教授将刑事政策引入刑法，贯通了刑法与刑事政策之间的“李斯特鸿沟”，形成目的理性的犯罪论体系，实现了构成要件实质化、违法性价值化以及罪责目的化。在中国刑法语境下，吸收罗克辛贯通的成果，不但以刑事政策引导刑法教义学，更强调通过刑法教义学控制刑事政策的边界。〔2〕域外相关重要研究成果也获得了译介，德国著名学者罗克辛教授著作《刑法与刑事政策》的出版，使我国研究者对罗克辛从内部视角贯通刑法与刑事政策有了全面深入的了解。〔3〕

近年关于刑事一体化研究和践行的成果，集中于国家检察官学院与中国犯罪学学会联合举办的刑事一体化：理论与实践——纪念1997年刑法刑事诉讼法颁布实施二十周年研讨会，来自理论界和实务界不同学科的专家作出了精彩的发言。〔4〕

---

〔1〕 参见张翔：《刑法体系的合宪性调控——以“李斯特鸿沟”为视角》，载《法学研究》2016年第4期，第41页。

〔2〕 参见陈兴良：《刑法教义学与刑事政策的关系：从李斯特鸿沟到罗克辛贯通——中国语境下的展开》，载《中外法学》2013年第5期，第935页。

〔3〕 参见［德］克劳斯·罗克辛：《刑事政策与刑法体系》，蔡桂生译，中国人民大学出版社2011年版。

〔4〕 参见《“刑事一体化：理论与实践”研讨会在国家检察官学院召开》，载《中国检察官》2018年第1期，第3页。

研讨会的第一个主题是“刑事一体化思想的内核”。储槐植教授认为，刑事“三化”包括刑事一体化、刑法现代化和刑法去重刑化，刑事一体化关注刑法运行的内外协调，刑法现代化的实质是刑法结构现代化，去重刑化是刑法现代化的必由之路。[1]陈兴良教授以刑事政策与研究方法为视角思考刑事一体化，认为作为刑事政策思想的刑事一体化，能够超越社科法学和法教义学的方法之争，为刑事法理论提供思想和引导。作为研究方法的刑事一体化，与李斯特的整体刑法学思想具有相似之处，遵循一定的研究路径，在刑法之上、之外、之中、之下研究刑法，形成立体、全方位的刑法知识体系。[2]

研讨会的第二个主题是“刑事一体化思想与刑事诸学科的发展”。卞建林教授认为，刑事一体化视角下的刑事诉讼法相较于刑法，其在理论和研究方法上均较为落后，未来应当将二者更紧密地结合起来，实体法更多关注、参与、支持刑事诉讼制度，如认罪认罚等的改革。[3]陈瑞华教授也认为，刑法学与刑事诉讼法学研究应当互动，当前刑事诉讼法的前沿问题，如涉案财物追缴、三大证明责任、认罪认罚改革、量刑整体改革、刑事和解中被害人的地位等，均需要刑法理论及资源的支持。[4]

周光权教授认为，从犯罪学的角度看犯罪学与刑法学具有共同的研究对象——犯罪现象，犯罪学推动了刑法学的发展，实证研究应当构成刑法立法的经验基础，提供更多的实证数据以及有效的统计分析。[5]梁根林教

---

〔1〕 参见储槐植:《刑事“三化”述要》，载《中国检察官》2018年第1期，第6-10页。

〔2〕 参见陈兴良:《刑事一体化：刑事政策与研究方法视角的思考》，载《中国检察官》2018年第1期，第6-10页。

〔3〕 参见卞建林:《刑事一体化思想下的刑事程序法研究》，载《中国检察官》2018年第1期，第11-12页。

〔4〕 参见陈瑞华:《刑法学与刑事诉讼法学研究的互动》，载《中国检察官》2018年第1期，第13-15页。

〔5〕 参见周光权:《犯罪学对于刑法学发展的意义——学习储槐植教授刑事一体化思想有感》，载《中国检察官》2018年第1期，第15-16页。

授强调，刑事一体化的“化”即罪刑法定、刑事政策与刑法体系的“深度融通”。在罪刑法定指导下，对被告人定罪量刑，既注重形式合理性，更强调实质合理性，结合个案的具体判断吸收了刑事政策的核心诉求。观念性的刑事政策包含了刑法目的、价值、功能等理解，应当关注犯罪数据的公开以及重视犯罪学对刑事法学发展的推动。〔1〕曲新久教授以公共政策是一项战略为立足点，认为在刑法学等学科越来越倾向于专业、细致、具体技术的同时，公共政策要求立法者、司法者兼具战略思维，因而一体化思想具有非常重要的方法论意义。〔2〕樊文教授通过比较观察，追溯了从李斯特的整体刑法学，到拉德布鲁赫对刑事政策的愿景，再到耶塞克教授提出人道、自由、罪责的理性刑事政策基本原则，均与刑事一体化具有相通之处；他还论述了比较犯罪学、被害人学、国际刑事程序法、国际刑事政策学等新兴学科，应遵循刑事一体化方向在我国建立起来并得到发展。〔3〕

研讨会的第三个主题是“刑事一体化思想与司法实践”，来自公检法的实务专家分别从侦查、检察和审判的角度讨论了刑事一体化对司法实践的影响。刑事一体化在公安实践中的影响，主要体现为行政执法与刑事司法的结合、司法愿望和司法能力的结合、立法与执法的结合。〔4〕检察专家认为，从司法活动的本质特点来看，办案本身就是融实体与程序、法律与政策、事实证据与法律适用、犯罪学与刑法学等为一体的综合活动，必然要求以刑事一体化观念为基本指引。刑事一体化为做好司法工作在方法论上提供了更具体的指导，提升了办案效果，同时对司法实践中的理论探

---

〔1〕 参见梁根林：《刑事一体化与罪刑法定、刑事政策与刑法体系的深度融通》，载《中国检察官》2018年第1期，第18-19页。

〔2〕 参见曲新久：《公共政策视域中的刑事一体化思想》，载《中国检察官》2018年第1期，第20-23页。

〔3〕 参见樊文：《多维度下的刑事一体化思想探略》，载《中国检察官》2018年第1期，第23-26页。

〔4〕 参见孙茂利：《一体化下的立法、执法与司法三结合——基于侦查实践的思考》，载《中国检察官》2018年第3期，第3-4页。

索和检察改革也具有重要意义。[1]审判专家认为，审判是“刑事”系统的关键环节，刑事一体化思想只有与刑事法官的思维和行为相结合，才能在刑事审判活动中得到践行。建议加大刑事一体化思想的宣讲力度，普及犯罪学原理、破除机械执法，强调刑事政策对于刑法教义学的引导作用；开放刑事司法大数据，为犯罪学研究提供实证基础；开放公众关注的影响性刑事案件，吸引刑法学者关注刑事审判。[2]

在研讨会的评论阶段，评论者全面回顾并展望了刑事一体化思想[3]，指出必须继续坚持刑事一体化，打破学科壁垒。[4]尤其是劳东燕教授结合刑法学研究方法和范式的最新发展，认为在刑事一体化研究的三个维度（在刑法之上研究刑法、在刑法之外研究刑法、在刑法之中研究刑法）中，在刑法之外研究刑法与在刑法之中研究刑法，对应了近年来所争论的社科法学与法教义学的研究视角，二者应当是相互补充的。除了将社会理论的视角引入刑法体系外，还应通过刑事政策引领刑法教义学的构建。[5]

学界关于刑事一体化最新的集中研讨，是2023年4月召开的《储槐植文选》《刑事一体化：源流、传承与发展》新书发布会暨学术研讨会，会上对刑事一体化与刑法方法论、刑法运作观念、刑法解释论、犯罪控制四个专题进一步展开了深入讨论。

四、刑事一体化研究述评

自储槐植教授原创性地提出“刑事一体化”这一概念迄今已有三十余

〔1〕 参见苗生明：《刑事一体化思想的检察实践》，载《中国检察官》2018年第3期，第4-6页。

〔2〕 参见苗有水：《让刑事一体化思想在审判环节得到践行》，载《中国检察官》2018年第3期，第7-8页。

〔3〕 参见杨迎泽：《刑事一体化思想回顾与展望》，载《中国检察官》2018年第3期，第11-12页。

〔4〕 参见张文：《坚持“刑事一体化”协力推进刑事科学研究》，载《中国检察官》2018年第3期，第16-17页。

〔5〕 参见劳东燕：《刑事一体化思想下的学术研究所感》，载《中国检察官》2018年第3期，第12-13页。

年，产生了丰硕的研究成果。已有的研究主要是在抽象宏观层面展开的，一个维度是以刑事一体化作为对象的抽象研究，如界定刑事一体化的内涵、刑事一体化的本位、论证刑事一体化之“化”的含义等；另一个维度是对刑事一体化应用的宏观思考，如刑事学科的整体关系，刑法学与犯罪学、刑事诉讼法学、刑事政策学等的关系。从研究成果及研究者所属的学科来看，事实上形成了以刑法学为本位的刑事一体化研究体系，以实体法的制定、理解和适用为核心，关注与其他分支学科关系。

然而，当前宏观抽象的研究仍然停留在理念和理论层面的哲学思辨，刑事一体化对具体犯罪和特定制度的指导仍然相当匮乏。例如，有刑事诉讼法学者提出，涉案财物追缴，明知、非法占有目的、持有性犯罪的证明责任等刑事诉讼前沿问题需要实体法的支撑，但鲜见专门研究。〔1〕

刑事一体化落实到具体犯罪的研究，仅有一部专著，即《刑事一体化视野中的环境刑法研究》。〔2〕该书仅对环境犯罪的立法、适用和行刑进行研究，一定程度上整合了环境刑法的实体性、程序性和执行性的内容，但程序性的研究流于形式，并且缺少犯罪学的实证基础和刑事政策的反思，在方法论上是不完整的。

刑事一体化运用于个罪研究的论文，集中于对醉驾入刑的关注。有学者基于本罪实体要件决定于鉴定结果的特性，结合刑事证据证明标准的理论，对于判断醉驾的证据的证明力问题确立相应的证据规则。〔3〕还有学者认为，轻微醉驾不构成犯罪将导致《刑法》与《道路交通安全法》脱节，诉讼程序无法协调，社会效果无法保证等弊端，故应将此类行为原则上认定

---

〔1〕 参见陈瑞华：《刑法学与刑事诉讼法学研究的互动》，载《中国检察官》2018年第1期，第14页。

〔2〕 参见傅学良：《刑事一体化视野中的环境刑法研究》，中国政法大学出版社2015年版。

〔3〕 参见刘艳红：《醉驾型危险驾驶罪刑事证据规则研究——基于刑事一体化的尝试性构建》，载《法律科学（西北政法大学学报）》2014年第2期，第144页。

为犯罪，同时施予不同的刑事责任承担方式。〔1〕

将刑事一体化真正有效引入具体犯罪，自觉在方法论上贯彻刑事一体化进路的研究，当推车浩的论文《刑事政策的精准化：通过犯罪学抵达刑法适用——以疫期犯罪的刑法应对为中心》。该研究不再对刑事政策作空洞的概念演绎，而是结合本土国情合理组织对犯罪的反应，在刑事一体化视野下，运用犯罪学分析犯罪原因，沟通刑事政策与其他社会系统，准确划定宽严范围，精准指导刑法适用，围绕编造、传播虚假信息罪，妨害公务罪，诈骗罪和妨害传染病防治罪展开具体研究。〔2〕

综上所述，笔者认为，刑事一体化思想历经三十余年的发展，抽象宏观层面的研究固然重要，但更需要关注如何落实到具体犯罪之中，强化其指导具体犯罪研究的方法论意义，并形成有效的研究进路。尤其是在社会结构剧烈变动、科技快速发展的当代，需要应对层出不穷的新型新兴犯罪，通过对犯罪进行实证分析，结合刑法规定，视需要确立证据规则，理顺诉讼运行机制，借助刑事政策，最终实现刑法的精准化适用，确保刑事司法实现法律效果和社会效果的统一。

第二节　医疗领域相关犯罪的研究状况

一、研究范畴的界定

所谓医疗领域相关犯罪 是指医疗及其相关过程中实施的，侵犯生

〔1〕 参见李凯：《醉驾标准与危险驾驶罪的构成——基于刑事一体化的考量》，载《西南民族大学学报（人文社会科学版）》2014年第2期，第92页。

〔2〕 参见车浩：《刑事政策的精准化：通过犯罪学抵达刑法适用——以疫期犯罪的刑法应对为中心》，载《法学》2020年第3期，第49页。

命、健康、财产、公共卫生秩序等法益的行为。[1]医疗犯罪是学理概念，各国刑法均未以专章、专节或者特别刑法的形式规定该犯罪为个罪名或者类罪名。

典型的医疗犯罪，在我国主要指《刑法》分则第六章第五节“危害公共卫生罪”规定的医疗事故罪（第335条），非法行医罪（第336条第1款），非法进行节育手术罪（第336条第2款），非法植入基因编辑、克隆胚胎罪（第336条之一）。然而，非法行医罪、非法进行节育手术罪侧重于行为人的资格，非法植入基因编辑、克隆胚胎罪则是因应尖端医疗技术挑战而新增加的罪名[2]，这三个罪名具有浓厚的法定犯色彩，研究的重心在于前置医疗行政法的禁止性规定，与医疗行为自身的目的、特性等关联较小。

与此同时，近年来我国医疗领域频发的“医闹”“针对医务人员的暴力”“骗保”等行为，虽然适用的是聚众扰乱社会秩序罪、故意杀人罪、故意伤害罪、诈骗罪等普通罪名，但引起了舆论的普遍关注，也造成了极为恶劣的社会影响。此类行为的发生与医疗体制改革、医疗环境巨变、医患关系恶化有着极为密切的关系，需要从社会政策、医疗政策层面反思，通过精准适用刑事政策方能实现刑法妥当治理此类犯罪。

因此，本书研究的医疗领域相关犯罪的范围，包括两类：第一类是与医疗行为的本质、目的和属性密切相关的医疗事故罪，在已有实体法研究对于医疗事故罪的成立要件、刑事责任分配和刑罚配置进行了深入系统研究的基础之上[3]，着重在刑法实体成立要件的证据判断、刑事诉讼机制顺畅运行的维度展开；第二类是医疗领域发生符合聚众扰乱社会秩序罪等普通罪名的犯罪，此类犯罪的成立要件、证明标准和诉讼运行方面不存在明

---

〔1〕 参见杨丹：《医疗刑法研究》，中国人民大学出版社2010年版，第19页。

〔2〕 参见杨丹：《生命科技时代的刑法规制——以基因编辑婴儿事件为中心》，载《法学杂志》2020年第12期，第71页。

〔3〕 参见杨丹：《医疗刑法研究》，中国人民大学出版社2010年版，第四章至第九章。

显的困难，重点在于通过刑事政策的精准指导，精细化适用宽严得当的刑罚，体现对医疗秩序和医务人员的保护，并力争实现预防目的。

二、域外研究状况

（一）大陆法系

实体法上关于医疗犯罪的研究被称为医疗刑法，在以德、日为代表的大陆法系刑法学中，医疗刑法学已经成为一个重要的分支。

在德国，1899年刑法学家海姆贝尔格（Heimberge）发表了《刑法和医学》一文，开启了医疗刑法研究的起点；1939年，“医事刑法先驱”艾伯哈德·施密特（Eberhard Schmidt）出版了《刑法中的医师》，该书被誉为刑法经典著作，同时极具现代意义。〔1〕此后，医疗刑法随着刑法理论的发展、医疗技术的进步不断延伸和深化，一个多世纪的发展脉络清晰地显示，其重点从传统的医师义务全面转向了尖端医疗技术，对于因尖端医疗技术而产生的新型法益，倡导通过增设相关罪名清晰划定行为的边界。

在日本，自1906年《日本刑法典》颁布以后，有学者开始研究医师的职责、义务、医疗过失等问题，著名医事刑法学者甲斐克则教授将日本医疗刑法的研究历程划分为黎明期、构筑基盘期、发展期和成熟期。〔2〕日本医疗刑法前两个阶段主要受德国影响，此后广泛接受发端于美国的“知情同意”理论，近年来医疗刑法规制的领域延伸到尖端医疗技术，关于克隆人技术规制、安乐死等的研究处于世界领先地位。

德、日刑法学界经过一个多世纪的磨砺，已经在实体法上构建了完备的医疗刑法理论体系，对医疗义务、医疗行为的正当化根据、医疗过失、医

---

〔1〕 参见［日］齊藤诚二:《医事刑法の基礎理論》，多賀出版株式会社1997年版，第7−8页。

〔2〕 参见［日］甲斐克则:《医疗与刑法——医事刑法的回顾与展望》，载《ジュリスト》第1348号，第130−143页。

疗损害的因果关系等展开了透彻的法教义学分析，近年来的研究热点聚焦于对尖端医疗技术研究和运用中的不当行为应否入罪化的立法论考察。此外，在刑事证据法和刑事诉讼法领域，关于鉴定制度、专门法庭等问题的研究会涉及医疗损害鉴定、专业医事审判法官等，但相对于非常发达的医疗刑法而言，尚未形成专门针对医疗犯罪的一体化（整体刑法学）研究。

（二）美国

美国是世界上“对医疗纠纷研究得最为广泛和深入的国家”〔1〕，肇始于美国的“知情同意”理论业已成为医疗行为的核心根据。美国的医疗法首先影响的是英国，进而扩展到加拿大等英美法系国家，直至传播到欧洲的大陆法系国家以及日本等。〔2〕

美国在社科领域的实证研究也是全世界最发达的。为了应对医疗纠纷危机，研究者有效地运用了实证方法，对医疗伤害的频率、受损患者寻求救济的途径、法院处理纠纷的立场等进行分析，获取翔实的数据并制定针对性政策。代表性的如20世纪70年代的“加利福尼亚”研究、80年代的“纽约研究”（又称“哈佛研究”）、90年代的“科罗拉多研究”和“犹他研究”等，这些在不同州开展的实证研究得出了相似的结论。〔3〕尽管以上研究针对侵权法意义上的医疗损害展开，但是，在方法论上对于医疗犯罪具有非常重要的参考价值。

例如，“哈佛研究”是欧美国家关于医疗损害最权威的研究，由纽约州州政府委托哈佛大学法学家、经济学家和医学专家共同组成研究团队。通

---

〔1〕 杨秀仪：《医疗纠纷与医疗无过失制度——美国经验四十年来之探讨》，载《政大法学评论》第68期。

〔2〕 See Dieter Giesen, *International Medical Malpractice Law A Comparative Law Study of Civil Liability arising form Medical Care*, Tubingen, J.C.B. Mohr, p.xiii.

〔3〕 See Kenneth E. Thrope, *The Medical Malpractice Crisis*: *Recent Trend and Impact of State Tort Reforms*, Health Tracking, Jan.2004.

过对近3万名住院病人的病历资料进行研讨，统计医疗伤害发生的频率，发现医疗并不像大众期待的那么安全，提起诉讼的仅为“冰山一角”，医疗保险费的增长与医疗伤害诉讼之间没有绝对的相关关系，团队还制定了医疗损害赔偿的草案。“哈佛研究”清晰地展示了实证研究的逻辑，即“研读病历（案例）—分析特点和成因—得出结论或者对策”。刑事一体化视野下的犯罪学研究亦遵循以上基本逻辑，通过获取实证数据，分析证明标准和诉讼机制的特点及完善之处，寻求具体精准的刑事政策。

但是，与侵权法领域关于医疗纠纷非常丰富的研究相比，刑事领域的研究则显得极为匮乏。由于美国医疗过失构成犯罪的判例数量极少，导致传统医疗刑法的研究非常薄弱，这是由其判例法的传统和联邦制的国家体制所决定的，对医疗过失的刑事追究主要展开个案式和散在式的讨论。自2014年以来，美国医疗刑法最新的研究动向体现在对医疗欺诈问题的关注，对我国新出现的医疗领域的“骗保”应对极具借鉴意义。

三、我国研究状况

自20世纪90年代以来，在医患纠纷爆炸性增长和医疗体制改革的大背景下，我国研究者日益重视医疗犯罪的实体法研究，取得了一定的成果。我国的医疗刑法研究大致可以划分为三个阶段：第一个阶段主要以实定法为依据，对医疗事故罪的构成要件、刑罚等展开具体研究，其中也对医疗过失应否入罪化从刑事政策的角度展开了讨论〔1〕；第二个阶段是站在沟通医疗和刑法的高度，提出“医疗（医事）刑法”的学理概念，对医疗领域的基本刑法问题作全面的探索〔2〕；第三个阶段是因应医疗技术的最新发展，

〔1〕 例如，臧冬斌：《医疗事故罪研究》，武汉大学2002年博士学位论文。

〔2〕 例如，刘维新：《医事刑事法初论》，中国人民公安大学出版社2009年版；杨丹：《医疗刑法研究》，中国人民大学出版社2010年版。

侧重于对尖端医疗技术所带来的刑法效应作集中审视〔1〕。

医疗纠纷的审理与证据制度和诉讼机制具有密切关联，当前的相关研究主要集中在民事领域。《民法典》及相关司法解释规定了医疗损害赔偿及其鉴定制度，使得鉴定机构及人员的资质、鉴定结论的效力、诉讼程序的运行等成为民事诉讼研究的重点。尽管民事领域的研究与刑事领域具有相通之处，但是刑事诉讼有其自身的特点和更严格的证明标准，我国刑事证据法和刑事程序法对医疗犯罪的研究几近空白。

因此，我国当前研究存在的问题是：在刑事学科群中，医疗刑法学已经成为刑事实体法学的一个重要分支，刑事证据法和程序法的研究却远远落后，尚未充分认识到医疗犯罪的特殊性，未能将其作为一个专门的研究领域、针对证据特点和诉讼机制展开体系化的研究。在医患关系激烈冲突的现状下，也未能从刑事政策的角度，对刑法应当如何介入和调整医患关系展开深入的实质性反思。

本章小结

自储槐植教授初次提出刑事一体化思想至今已有三十余年，刑法学者与刑事诉讼法学、刑事政策学等领域的学者共同努力搭建了刑事一体化的理论平台，并得以践行。刑事一体化除了抽象宏观层面的研究以外，当前更需要寻找合适的具体犯罪作为切入点，既需要在具体犯罪的研究中贯彻刑事一体化的理念，也需要在方法论上将刑事一体化自觉运用到具体问题

〔1〕 例如，刘明祥等：《医学进步带来的刑法问题思考》，北京大学出版社2014年版；杨丹：《尖端医疗领域刑法理论及立法对策研究》，中国人民大学出版社2016年版。

的研究和制度安排之中，同时这亦是对刑事一体化理论的实践性的检验。

刑事一体化思想包括作为研究方法的刑事一体化和作为刑事运作的刑事一体化。在研究方法层面，刑事一体化与李斯特的整体刑法学思想具有高度的相似性。李斯特提出的研究路径，首先是研究犯罪，在对现实犯罪现象及其规律认识的基础之上提出刑事政策，刑事政策进而制约刑法。[1]

本书研究的医疗犯罪包括两类：一是基于医疗行为自身过失造成严重损害结果的医疗事故罪，二是在医疗领域发生引起普遍关注的“医疗暴力”（“医闹”“暴力伤医”）和“医疗诈骗”。前者关注的是审判实践中的争点和难点所在——证据制度和诉讼运行，后者关注的是刑事政策的精准适用及其对立法、司法的指导作用。全书将遵循刑事一体化研究方法的基本路径，在对以上两类犯罪行为展开翔实的实证研究的前提下，分别从刑事证据制度、刑事诉讼机制和刑事政策面向展开研究。

〔1〕 参见陈兴良：《“老而弥新”：储槐植教授学术印象》，载储槐植：《刑事一体化论要》，北京大学出版社2007年版，第17页。

第二章 / 医疗领域刑事纠纷的实证分析

刑法的事实性和现象性产生了将实证方法和实证精神引入刑法学研究的客观要求，决定了刑事一体化的研究起点在于准确认识并分析犯罪现象，即运用实证研究方法，在“刑法之外”研究犯罪。犯罪学在方法论上的实证性，为以形而上的注释方法为主导的刑法学研究奠定了科学的基础。〔1〕

犯罪学作为独立的学科，其实证研究涉及犯罪现象和犯罪原因，涵盖社会学、地理学、心理学、生物学等多个学科，包括观察实验、田野调查、数据统计等多种方法。因此，本书主要以刑事裁判文书为依据，进行内容解读和统计分析。此种意义上的犯罪学实证研究，大致对应于近年来兴起的社科法学的研究视角，或者称为法学实证研究（Empirical Legal Study）。〔2〕

---

〔1〕 参见皮艺军：《犯罪学研究在刑事一体化中的功能与贡献》，载王牧主编：《犯罪学论丛》（第7卷），中国检察出版社2009年版，第102页。

〔2〕 法学实证研究于21世纪初在美国迅速崛起，是继“法律经济分析”之后的又一显学。根据目的不同，可以分为“外在观点的实证研究”和“内在观点的实证研究”，前者着重探寻法律规范与相应实践经验之间的互动关系，后者除了与前者同样关注实践经验以外，更期待将实证研究成果连接为法规范性问题的论证基础。参见邱文聪：《被忽略的（立法）事实：探寻实证科学在规范论证中的可能角色——兼评释字第584号解释》，载《台大法律论丛》2008年第2期，第235页以下。

本书遵循“内在观点的实证研究”的立场，即实证研究与法教义学的有机结合。参见谢海定：《法学研究进路的分化与合作——基于社科法学与法教义学的考察》，载《法商研究》2014年第5期，第87页以下。

第一节 医疗事故刑事纠纷的实证分析

《刑法》第335条规定的医疗事故罪是最典型的医疗犯罪，仅限于医疗领域，仅以医务人员为特殊犯罪主体，仅我国刑法对此规定了专门罪名。医疗事故罪在公众认知、规范解释及诉讼运作上存在诸多难点，本章将以医疗事故罪的裁判文书为研究对象，探究该罪认定中的疑难之处及症结所在，为后续研究提供坚实的经验基础。

一、医疗事故刑事纠纷的实证研究状况

在我国，社科法学的蓬勃兴起与中国裁判文书网上线基本是同步的。根据最高人民法院2013年颁布的《关于人民法院在互联网公布裁判文书的规定》(已废止)，全国法院自2014年1月1日起统一在中国裁判文书网公布生效裁判文书。中国裁判文书网成为法学实证研究的最基础、最重要、最权威的数据来源，“其意义之大超出了许多人的想象”[1]。但是，此前亦有少数通过实地调查、法院网站、学术网站等方式获取裁判文书展开的实证研究。[2]其中，医疗事故刑事纠纷的实证研究也受到了研究者的关注，按照研究成果的发表时间，大致可以划分为四个阶段。

第一阶段：以1979年《刑法》施行期间的媒体案例为对象展开初步研究。

虽然1979年《刑法》未规定“医疗事故罪”，但是，实践中对于医务人

---

〔1〕 白建军:《大数据对法学研究的些许影响》，载《中外法学》2015年第1期，第35页。

〔2〕 代表性论文，参见程金华:《四倍利率规则的司法实践与重构：利用实证研究解决规范问题的学术尝试》，载《中外法学》2015年第3期，第684-716页。

员的严重医疗过失，亦以其他罪名追究刑事责任。受技术和现实条件限制，当时鲜有以裁判文书为依据的实证研究。由于此类案件常见于媒体报道，故有学者以媒体案例作为对象展开一定的统计研究。

该研究统计了1979年《刑法》施行期间媒体报道的医疗过失刑事案件。1981～1993年，《健康报》《法制日报》等六家媒体共报道了62件医疗刑事案件，涉案被告人78人。在被指控的罪名中，最多的是玩忽职守罪有37件，然后依次是过失杀人罪9件、重大责任事故罪4件、渎职罪3件、过失犯罪2件、过失致人死亡罪1件、一级医疗责任事故罪1件，以及罪名不明的5件。在审查起诉环节，决定不起诉3人、免予起诉6人。在审判环节，除了当时尚未审结的3件和量刑不详的13件以外，其余48件案件中，宣告无罪2人，免予刑罚处罚1人，其他案件判处的刑罚从1个月拘役至15年有期徒刑不等，其中有50人宣告缓刑。研究者认为，我国医疗事故刑事案件的审判存在定性混乱、量刑随意、程序违法等缺陷。[1]

笔者认为，以上缺陷与当时的立法未规定专门罪名、司法水平不高直接相关，这也从另一个方面反映了我国将严重医疗过失作为犯罪处理的传统。

第二阶段：对1997年《刑法》施行后十年间的裁判案例展开实证研究。

自20世纪90年代中期以来，我国医疗纠纷数量呈爆炸式增长，1997年《刑法》增设了“医疗事故罪”。学界亦日益重视对医疗犯罪、医疗刑法的研究，其中，代表性的实证研究对我国医疗事故罪的刑事审判进行了跨度长达十年的实证分析。[2]

首先，该研究（因发表于2008年，以下简称2008年研究）在理论上阐明

---

〔1〕 参见张赞宁：《医疗事故刑事案件64例法理剖析》，载张赞宁编著：《医事法学研究及典型案例评析》，东南大学出版社2003年版，第82页以下。

〔2〕 参见杨丹：《我国处理医疗事故刑事案件的实证分析》，载《中国刑事法杂志》2008年第6期，第93页以下。

了广义医疗纠纷、狭义医疗纠纷、医疗损害民事赔偿、医疗事故罪等的概念及相互关系，确立了一个基本的认识前提：医疗事故刑事纠纷在整体医疗纠纷中占比极小，体现了刑法谦抑主义。其次，2008年研究对媒体案例以及重要网站收集到的裁判文书进行内容分析和数据统计，概括了医疗事故刑事审判的整体情况，再以裁判文书为依据，描述刑事裁判案例的基本情况并分析其诉讼特点。最后，2008年研究重点分析了裁判文书对医疗事故罪的认定和刑罚裁量，发现定罪的依据主要集中于过失的判定和因果关系的阐释，这也是刑事诉讼中的重点和难点。[1]

第三阶段：2014年中国裁判文书网上线以后开展的新研究。

上述2008年研究在方法论上是我国较早运用实证法学方法的研究，在研究对象上是关于医疗事故刑事审判最全面的研究。2014年中国裁判文书网上线提供了最便捷的检索途径，其后有研究者继续对医疗事故刑事案件开展实证分析，其研究方法和研究框架均相当程度上受到2008年研究的影响。

法官张广等的研究检索了中国裁判文书网和北大法意网收录的2007～2015年的医疗事故刑事案例，获取16份裁判文书。其中，与2008年研究重复的为7份，新增9份。该研究同样分析了医疗事故罪定罪量刑的重点和难点，其创新之处在于，提出了建立诉讼辅助制度，并撰写了《关于审理医疗事故刑事案件具体应用法律若干问题的解释（建议稿）》。[2]类似的研究还有学者王启辉的研究，该研究检索了北大法意网收录的1997年10月1日～2013年6月1日的裁判文书，获取16份裁判文书，其中，与2008年研究重复的有9份，与张广等研究新纳入的裁判文书重复的有6份，故王启辉研

〔1〕 参见杨丹：《我国处理医疗事故刑事案件的实证分析》，载《中国刑事法杂志》2008年第6期，第93页以下。

〔2〕 参见张广、戴蕾：《医疗事故罪刑事责任认定的规制与完善》，载贺荣主编：《尊重司法规律与刑事法律适用研究（下）——全国法院第27届学术讨论会获奖论文集》，人民法院出版社2016年版，第894页以下。

究中独有裁判文书为1份。[1]

杜梦秋的研究获取了更多样本，其同样以1997～2015年为检索时间段，检索到48件（其中一件出现两次，实为47件）以医疗事故罪提起诉讼的刑事案件。研究者认为样本数量的增多与2014年开始实施《关于人民法院在互联网公布裁判文书的规定》有关。[2]检索样本与2008年研究重复的为10份，与张广等研究中新增裁判文书重复的为8份，与王启辉研究中独有的1份裁判文书重复，故单独新增裁判文书28份。[3]该研究系当时样本量最大的研究。

二、医疗事故刑事诉讼的新近发展

2008年研究构建了医疗事故刑事审判实证研究的基本研究方法和框架。为了保证研究的连续性，也为了保证选取样本时间跨度的相近性，本节将以“2008年1月1日～2020年12月31日”为检索时间段，对医疗事故刑事审判的新近发展展开实证研究，以期对2008～2014年、2015～2020年这两个时间段内的医疗事故刑事纠纷进行横断面式的对比分析。[4]

（一）研究说明[5]

在检索时间段内，在新华网、新浪网、腾讯网等重要门户网站检索到媒体报道医疗事故刑事纠纷11件，其中8件在案例数据库内找到相应的裁

---

〔1〕 参见王启辉：《医疗事故罪的实证研究》，载刘建利主编：《医事刑法重点问题研究》，东南大学出版社2017年版，第154－155页。

〔2〕 参见杜梦秋：《我国医疗事故罪刑事审判研究》，载刘建利主编：《医事刑法重点问题研究》，东南大学出版社2017年版，第174页。

〔3〕 参见杜梦秋：《我国医疗事故罪刑事审判研究》，载刘建利主编：《医事刑法重点问题研究》，东南大学出版社2017年版，第183－184页。

〔4〕 所谓横断面（cross-sectional study）研究，是指参照流行病学的研究方法，选取在特定时间点运用相同的分层抽样程序，展开对比分析。

〔5〕 本研究检索案例时间截至2021年2月28日。

判文书，另有3件未能找到，可以推断媒体案例与数据库案例基本重合。

在检索时间段内、在“刑事案件”范围内，以“医疗事故罪”为关键词，在中国裁判文书网、北大法意数据库、无讼案例网进行检索。[1]

首先，在“2008年1月1日～2014年12月31日”时间段内检索到的裁判文书与杜梦秋研究基本一致，剔除因个别数据误差不属于研究范围的，合计获取33份裁判文书。

其次，在“2015年1月1日～2020年12月31日”检索时间段内，在中国裁判文书网检索到裁判文书175份，其中，判决书54份、裁定书88份、决定书3份，通知书30份。剔除重复案件47件（其中与1997～2015年重复的案件2件），与本罪无关案件15件，裁判文书为不予受理或驳回起诉、上诉裁定书或驳回申诉通知书、减刑裁定书等信息不详的案件75件，实得有效裁判文书38份。

在北大法意数据库检索到判决书44份，其中，库内重复出现13份（其中，2件案件共重复出现4次，与1997～2015年的案件重复），30份与中国裁判文书网检索案件重复，实得有效文书1份。

在无讼案例网检索到裁判文书127份，其中，裁判文书为不予受理或驳回起诉、上诉裁定书或驳回申诉通知书等信息不详的案件有8件，与本罪无关的案件1件，其余因与中国裁判文书网重复，实得有效文书0份。

综上，在三大专业数据库内共检索到2015年1月1日～2020年12月31日审结医疗事故刑事纠纷122件，其中，信息完整有效文书39份，不予受理、

---

〔1〕 中国裁判文书网的建立初衷或者说理想状态，应当是法院审结的裁判文书，除了依法不予公开的以外，其余均应上传至数据库。但是，实践中的运行状况却不尽然。有研究显示，全国法院裁判文书上网率偏低。参见唐应茂：《领导意愿、机构能力和司法公开——北京、上海、广东裁判文书上网率的初步研究》，载《中国法律评论》2018年第6期，第91-92页。

因此，为了确保样本收集尽可能周全，应以中国裁判文书网为基础，以北大法意数据库和无讼案例网这两个历史较长、规模较大的数据库为补充。虽然基于以上数据库检索样本的研究不是严格的全样本研究，但已经能在相当程度上说明医疗事故刑事审判的实况。

驳回起诉或上诉、驳回申诉、减刑等文书83份。

（二）主要特点

对以上裁判文书进行内容分析，总结出2008～2020年13年间，我国医疗事故刑事纠纷主要有如下特点：

1.案件数量整体大幅增长

在检索时间段内，共检索到医疗事故刑事纠纷159件，案件数量出现较大幅度的增长。笔者认为，绝对数量增加的原因主要有二：一是裁判文书的上网率大幅提升，案例检索的方法和路径更加成熟便捷；二是随着人们法治意识和维权意识的提高，在具有严重后果的医疗纠纷发生后，患方选择报案或者提起刑事自诉方式解决纠纷。

刑事纠纷增长的另一个体现是，1997年《刑法》增设医疗事故罪十余年以后，很多省市方才出现首例医疗事故罪案件。例如，北京市于2014年审理首例医生被控医疗事故案〔1〕，沈阳市于2011年审理首例医疗事故案〔2〕，等等。

2. 2008年出台的相关解释性规定〔3〕对于案件认定所起的影响极为有限

医疗事故罪是“医疗人员由于严重不负责任，造成就诊人死亡或者严重损害身体健康”。2008年以前，法院裁判文书的说理部分大多基于法官对“严重不负责任”的解释或者与事实的印证来证明行为人的主观

---

〔1〕 参见汪红、洪雪：《北京首例医生被控医疗事故案开庭，庭审仍进行》，载新浪网，http://news.sina.com.cn/c/2014-11-24/141631193881.shtm，最后访问日期：2020年10月5日。

〔2〕 参见梅天馨：《我省首例医疗事故公诉案件宣判，医生获刑一年》，载新浪网，http://ln.sina.com.cn/news/lnyw/2011-10-29/2811.html，最后访问日期：2020年10月5日。

〔3〕《关于公安机关管辖的刑事案件立案追诉标准的规定（一）》（以下简称《立案追诉标准（一）》，已修订）的制定主体是最高人民检察院和公安部，因为公安部不具有司法解释的权力，故该规定严格来说不能称为司法解释，只能称为解释性规定。我国目前尚无最高人民法院制定的关于医疗事故罪的司法解释。有关非法行医罪的专门司法解释（最高人民法院《关于审理非法行医刑事案件具体应用法律若干问题的解释》，原法释〔2008〕5号，后根据法释〔2016〕27号修正。）

过失。[1]

2008年6月25日，最高人民检察院、公安部《立案追诉标准（一）》第56条对医疗事故罪中“严重不负责任”“严重损害就诊人身体健康”作出了明确界定，成为我国第一个也是目前唯一一个关于“医疗事故罪”的解释性规定。因此，对于2008年以后医疗事故刑事审判发展的考察，应当分析该解释性规定的适用情况。

在检索范围内，审理时间最早的是“胡某某医疗事故案”，该案于2008年2月26日作出一审判决、2008年4月18日二审。一审认定被告人胡某某构成医疗事故罪，免予刑事处罚，检察机关、被告人分别抗诉和上诉，二审维持原判。在本案审理过程中，被告人是否“严重不负责任”是控辩双方争议的焦点之一，法院在罗列相关事实后，作出“综上，其行为违反医院管理的规章制度和诊疗护理常规并致被害人死亡，其行为显属严重不负责任”的判断。[2]因本案审理在《立案追诉标准（一）》生效前，故未提及该解释性规定。

《立案追诉标准（一）》生效后，绝大部分裁判文书在理由部分仍未明确说明本案中行为人“严重不负责任”符合《立案追诉标准（一）》的哪一种情形，通常是先描述事实，进而说明行为人严重不负责任，或者直接说明行为人严重不负责任，基本上都属于违反诊疗技术规范、常规的情形。

在检索范围内，明确引用《立案追诉标准（一）》第56条的有三种情形：

第一，个别“医疗事故案”在裁判理由部分予以引用。例如，在“王某某医疗事故案”中，首先，裁判理由部分解释严重不负责任是指在诊疗护理工作中违反规章制度和诊疗护理常规；其次，全文引用了《立案追诉标准（一）》第56条第2款的规定；最后，总结本案中被告人王某某违反安痛定

〔1〕 参见杨丹:《医疗刑法研究》，中国人民大学出版社2010年版，第66-67页。

〔2〕 参见胡某某医疗事故案，(2008)巢刑终字第36号。

使用说明书中关于不得与庆大霉素同时使用的规定，就属于上述“严重不负责任”的情形之一。〔1〕

第二，辩护人引用《立案追诉标准（一）》第56条第2款的规定，认为被告人不符合追诉的条件，不构成犯罪。例如，在“马某某医疗事故案”中，辩护人认为，只有“严重不负责任”情形存在的医疗事故才考虑是否构成犯罪。按照《立案追诉标准（一）》第56条列明的七种情形，医疗事故罪要求行为人主观上存在重大过失而不是一般过失，医学是一门自然科学，医生都有成长的过程，如果把一般过失行为确定为犯罪，于情理上有失公平，于法律上则有失严苛，也不利于医学科学的发展，最终受害的还是广大患者。但是，法院未对是否符合列举的情形予以直接回应，只是认为被告人作为医护人员在诊疗护理工作中严重违反法律、法规、规章和诊疗护理规范、常规，造成就诊人员身体健康受到严重损害，其行为已构成医疗事故罪。〔2〕

第三，法院在审理其他罪名的过程中，明确引用了《立案追诉标准（一）》关于“严重损害就诊人身体健康”的规定。例如，在“徐某某医疗事故案”中，法院认为，《立案追诉标准（一）》第56条第3款规定了“严重损害就诊人身体健康”是指造成就诊人严重残疾、重伤、感染艾滋病、病毒性肝炎等难以治愈的疾病或者其他严重损害就诊人身体健康的后果，可见重伤属于严重损害就诊人身体健康。并特别说明，尽管该条（医疗事故罪——笔者注）适用的主体是医务人员，但对严重损害就诊人身体健康的界定，同样适用于非法行医者，适用于非法进行节育手术罪。〔3〕

笔者认为，《立案追诉标准（一）》第56条关于“严重不负责任”和“严

〔1〕 参见王某某医疗事故案，（2014）望刑初字第41号。类似地，再如黄某某医疗事故案，（2019）川05刑申2号。

〔2〕 参见马某某医疗事故案，（2015）田刑初字第00016号。

〔3〕 参见徐某某医疗事故案，（2011）沪二中刑终字第129号。该案系《刑事审判参考》案例第732号。

重损害就诊人身体健康”的规定，对于认定医疗事故罪具有重要意义。但由于颁布主体是最高人民检察院和公安部，故对于公安机关立案和检察机关审查起诉具有更强的效力，较难在裁判文书中体现出来。虽然法官不受该规定的强制约束，但是，若能在裁判理由部分清晰地说明医务人员的过失行为属于哪种类型的“严重不负责任”，而不是笼统带过，则论证能够更加充实有力。同时，对于辩护人而言，若能明确引用本条规定说明被告人不属于“严重不负责任”的情形，则也为法官决定是否采信其辩护理由提供了有力的依据。

3. 体现了2012年《刑事诉讼法》修改中刑事司法鉴定制度的变化

我国《刑事诉讼法》自1979年颁布以来，历经1996年、2012年和2018年三次修正，其中有两次修正发生在2008年以后。2012年的修正着力解决当时刑事司法实践中迫切需要解决的问题，其中，与医疗事故罪密切相关的是刑事司法鉴定制度。修改主要体现在，将“鉴定结论”改为“鉴定意见”，完善鉴定人出庭作证制度，建立鉴定人作证特定保护制度，取消省级政府指定医院鉴定的权利，以及创设专家辅助人制度。

尽管绝大多数医疗事故刑事纠纷需要通过鉴定作出专业性、技术性的判断，但是，对于极少数因果关系非常简单、清晰的案件，也可以不作鉴定，医疗事故刑事纠纷的审判并不必然以鉴定为前提。例如，在“李某医疗事故案”中，以当地卫生行政部门出具的“证明”作为定案的依据。江西省余干县卫生局出具《证明》，“证实其局认定被告人李某为胡某乙注射头孢唑林钠的行为严重违反诊疗常规，导致胡某乙急性过敏休克而死亡，属一级医疗事故”，法院直接予以采信。[1]

2012年修正《刑事诉讼法》于2013年1月1日正式施行，在检索范围内，对2013年以后审理的医疗事故刑事纠纷的鉴定情况进行分析，总结如下。

---

〔1〕 参见李某医疗事故案，(2014)干刑事初字第54号。

第一，从总体上看，形式上均按照《刑事诉讼法》（2012年）第48条的规定表述为"鉴定意见"，有的是在证据种类中直接说明，有的是引用司法鉴定机构出具的文书为《鉴定意见书》。

第二，关于鉴定人出庭作证。有部分案件的辩护人或者被告人提出要求，要求鉴定人出庭作出说明，但是法院基本上未予采纳，这直接说明鉴定意见的可采纳性。也有少数案件，辩护人提出申请，法院要求鉴定人出庭。例如，在"黄某某医疗事故案"中，"一审期间，鉴定人出庭就鉴定原则、鉴定的事实依据、胆道全层破裂、胆管损伤概率与执业资质、执业经验的关系等作出了合理的解释和说明，其中胆管损伤非胆囊切除手术所必然造成的后果，其损伤概率、补救措施等均与执业资质、执业经验等存在内在联系"。但是，也存在鉴定人不出庭的情形，例如，在"李某某医疗事故案"中，辩护人申请鉴定人出庭，一审依法向福建省医学会发出通知，要求鉴定人员出庭，鉴定人未出庭，此后辩护人又提出撤回申请鉴定人出庭的申请。根据《刑事诉讼法》第187条第3款的规定，经人民法院通知鉴定人拒不出庭作证的，"鉴定意见不得作为定案的根据"。但该案辩护人撤回了申请，故法院仍然在一定程度上采信了福建省医学会的鉴定意见。〔1〕

第三，关于专家辅助人制度。作为一个新设制度，罕有案件提出申请专家辅助人作证。例如，在"黄某某医疗事故案"中，二审裁定书叙述了"上诉人及其辩护人所申请的具有专门知识的人员曾参与本案医疗过错及伤残等级鉴定"，可以得知本案有专家辅助人提供帮助，其也系该案鉴定人之一。〔2〕

在"李某某医疗事故案"中，对于医生能否在被害人入院时诊断其患有重度子痫前期是本案的焦点问题。一审期间辩护人提交了知名妇产科

〔1〕 参见李某某医疗事故案，(2017)闽01刑终1458号。

〔2〕 参见黄某某医疗事故案，(2017)川05刑终31号。

专家《陈某就有关专业问题咨询意见书》，据媒体报道，这名专家系广州重症孕产妇救治中心主任陈敦金，在一审不公开审理中作为专家证人出庭作证，陈述产科风险证明患者没有重度子痫前期。[1]然而，尽管陈敦金作为著名妇产科专家具备专门知识，出具的咨询意见书获得二审法院采信，但是其在本案中的诉讼地位系由辩护人申请的专家证人而非专家辅助人。

第四，我国一直处于困境中的被告人（被害人）鉴定程序启动参与权问题。该问题在2012年《刑事诉讼法》修正中并未得到解决[2]，这在医疗事故刑事纠纷审判中也有明显体现。被告人或者辩护人提出重新鉴定申请的，绝大多数未获法院准许。[3]有个别案件获批准重新鉴定的，却由于控辩方对于新旧鉴定意见存在差异的不同理解和分歧，又形成了新的证明难题。[4]

三、对比分析

在已有研究对“1997年10月1日～2007年12月31日”（以下简称前一阶段）医疗事故刑事纠纷进行翔实研究的基础上，本书重点关注2008年《立案追诉标准（一）》的解释性规定和2012年《刑事诉讼法》的修正对“2008年1月1日～2020年12月31日”（以下简称后一阶段）刑事司法实践的影响，对两个阶段的诉讼特点展开对比分析。

（一）相同点

1. 医疗事故刑事案件在我国一直属于案发率极低的犯罪

在前一阶段统计样本范围内，年均医疗事故刑事案件审结数为2.2

---

〔1〕 该案一审不公开审理以后的媒体报道，参见李子君：《李建雪医疗事故律师罪辩护律师：庭审让我感到悲哀》，载健康界，https://www.cn-healthcare.com/article/20170222/content-489826.html，最后访问日期：2020年10月5日。

〔2〕 例如，李某医疗事故案，（2014）干刑事初字第54号；许某某医疗事故案，（2014）南刑一终字第00008号。

〔3〕 参见陈光中：《我国刑事司法鉴定制度的新发展》，载《中国司法》2012年第5期，第25页。

〔4〕 例如，王某某医疗事故案，（2014）望刑初字第41号。

件[1]；在后一阶段统计样本范围内，13年间共有医疗事故刑事纠纷159件，年均案件审结数为12.2件。从绝对数量上看，后一阶段的案件数量增幅较大。然而，即使医疗事故刑事纠纷上升到年均12.2件，与我国每年一审审结刑事案件41.4万件相比[2]，医疗事故刑事案件在我国实践中仍属罕见。

从立法上看，专门设置医疗事故罪体现了我国对严重医疗过失明确的刑事责任；从司法上看，该罪极低的案发率一方面体现了刑法的谦抑性，另一方面也说明该罪依然具有实践价值。我国始终坚持对绝大多数医疗事故仅追究民事责任，只对少数极其严重的医疗事故追究刑事责任的模式，该模式亦是世界各国（地区）处理医疗事故纠纷采用的通行模式。[3]

2. 医疗事故刑事纠纷仍然具有较高的无罪率

在前一阶段统计样本范围内，医疗事故罪的总无罪率为14%。[4]在后一阶段统计样本范围内，无罪率的统计包括两个层面，其一，狭义上严格的"无罪"，即法院经审理宣告被告人无罪。在样本范围内，信息完整判决宣告无罪的案件有4件，在后一阶段信息完整的77份（2015年前35份，2015年后42份）裁判文书中，占比5.19%，均发生在2015年以后，其中两件为公诉、两件为自诉。其二，更广义的"无罪"，指法院对自诉案件作出不予受理的决定。被害人或其家属向法院提起自诉，表明医疗事故刑事纠纷已然发生。在样本范围内，2015年以前有两件自诉案件，均被裁定不予受理；

〔1〕 参见杨丹：《我国处理医疗事故刑事案件的实证分析》，载《中国刑事法杂志》2008年第6期，第97页。

〔2〕 此处一年审结一审刑事案件的数据取2008～2020年的中间年份，即2012年的数据。参见王胜俊：《最高人民法院工作报告——2013年3月10日在第十二届全国人民代表大会第一次会议上》，载中华人民共和国最高人民法院，http://www.court.gov.cn/zixun-xiangqing-82552.html，最后访问日期：2021年3月1日。

〔3〕 参见杨丹：《我国处理医疗事故刑事案件的实证分析》，载《中国刑事法杂志》2008年第6期，第97页。

〔4〕 参见杨丹：《我国处理医疗事故刑事案件的实证分析》，载《中国刑事法杂志》2008年第6期，第97页。

2015年以后的82份裁定书中，明确为自诉的案件共55件，其中，46件为不予受理的裁定（包括一审裁定不予受理，二审裁定维持不予受理、驳回对于不予受理裁定的申诉）、7件为驳回起诉裁定（包括一审裁定驳回起诉、二审裁定维持驳回起诉），另有2件分别为发回重审和终止审理。因此，从广义上看，以上合计55件不予受理和驳回起诉的案件，在检索时间段内159件案件中占比达到34.59%，在此意义上观察，医疗事故罪的无罪率相当之高。

在样本范围内，具有典型标杆意义的无罪案例是福建省长乐市的“李某某医疗事故案”。该案一审判决被告人构成医疗事故罪并免予刑事处罚，二审改判无罪〔1〕，后文将对该案判决书展开详细的分析。

3. 医疗过失和因果关系的判断及阐明依然是审判实践中的争点和难点

经过前一阶段的研究发现，医务人员主观上是否存在严重过失，损害结果与医疗行为之间客观上是否存在因果关系，正是实务中的难点。〔2〕在后一阶段的样本范围内，以上问题仍然非常突出。认定行为人存在主观过错，重要的途径是查明是否严重不负责任，导致损害是技术原因还是责任原因。阐明因果关系，涉及患者死亡结果是由其疾病所致，或由不当医疗行为所致，抑或二者兼而有之。如何看待不当医疗行为的事故参与度？入院未作常规检查或者入院检查指标可否判断患者存在特殊情况，进而影响到后续治疗方案的选择。患者死亡与诊疗方案不当是否有关？其间抢救行为是否符合医疗常规？病情恶化后多名医生参与抢救的情况下，死亡结果可否归属于首诊医生等。

以上问题的解决以科学、专业且经质证后采信的鉴定意见为前提，这

---

〔1〕 参见李某某医疗事故案，(2017)闽01刑终1458号。

〔2〕 参见张广、戴蕾：《医疗事故罪刑事责任认定的规制与完善》，载贺荣主编：《尊重司法规律与刑事法律适用研究（下）——全国法院第27届学术讨论会获奖论文集》，人民法院出版社2016年版，第894页以下。

也是我国解决医疗纠纷面临的最大障碍，涉及我国医疗损害鉴定体制改革、相关刑事鉴定制度规范化等，也是医疗事故罪在刑事证据及其证明标准上的核心问题。

（二）不同点

1. 后一阶段自诉案件明显增多，但较少获法院受理

在前一阶段的样本范围内，22件（含媒体案例和裁判案例）案例均为公诉案件，自诉案件为0件。在后一阶段的样本范围内，明确为自诉的案件共计57件，并且审理时间在2015年以后的自诉案件有55件，显然，自诉案件数量大幅增长，占全部医疗事故刑事纠纷的35.85%，亦即1/3以上的医疗事故刑事纠纷系自诉案件。

样本范围内自诉案件大幅增长的原因，一是各类诉讼文书的上网率大幅增加，尤其是不予受理、驳回起诉等裁定书也要求上网，极大地丰富了样本资源；二是人们维权意识和法治意识增强，在医疗损害发生以后，将提起刑事自诉作为纠纷解决的途径之一。笔者认为，后者系更重要的原因。从刑事政策的角度来看，公民有意愿也有能力通过各类救济途径维护权益，让纠纷的解决在法治轨道内运行，能够预防次生严重恶性犯罪。

正如北京首例医疗事故刑事案件开庭审理被报道以后，著名医学网站丁香园转载了评论："尤其值得称赞的是，患者家属在这起案件中的表现。他们基于事实和法律去维护权利，才得到了法律的公正对待。假如他们一开始就不问青红皂白地选择闹事，想通过医闹来获取更大利益，事情的发展方向可能因此而改变……患者的权利也难以得到应有的保护。"〔1〕

但是，与此同时，自诉案件基本上未被受理或者被驳回起诉。主要原因均在于，2013年1月1日施行的最高人民法院《关于适用〈中华人民共和

〔1〕 罗志华：《对北京首例医疗事故罪案件应当反思什么？》，载《北京青年报》2014年11月25日。

国刑事诉讼法〉的解释》(以下简称2013《刑诉法解释》)第259条第4项规定,人民法院受理自诉案件的条件之一为“有明确的被告人、具体的诉讼请求和证明被告人犯罪事实的证据”。自诉人由于不能提交鉴定意见书或者案件已经无法鉴定,不能提供“证明被告人犯罪事实的证据”,被法院裁定不予受理或者驳回起诉。获得受理的自诉案件有3件,其中2件被宣告无罪,[1]1件认定为医疗事故罪并免予刑罚处罚。[2]

2.后一阶段的刑事诉讼文书质量明显提高

在前一阶段的样本范围内,裁判文书总体上趋于简略,极少明确阐释医疗过失的注意义务,对因果关系的论证简单以“导致”“引起”“造成”患者死亡一带而过。在后一阶段的样本范围内,裁判文书中的事实认定和裁判理由总体上更加清晰翔实,部分案件进行了非常充分的说理,例如,“李某某医疗事故案”历时8年、长达60页的二审判决书可以作为研究的典范。[3]笔者认为,裁判文书更重说理、质量提高,与近年来法官素质提升和对医疗事故罪认识深化有关,并且在某些重大疑难案件中,具有医学和法律专业背景的辩护人的加入[4],为案件的审判注入了非常重要的力量,显示了法律共同体的价值所在。

第二节 涉医相关刑事纠纷的实证分析

除了典型的医疗事故罪以外,发生在医疗领域或与医疗活动相关的犯

[1] 参见刘某等医疗事故案,(2018)吉0322刑初5号;刘某某医疗事故案,(2017)鲁01刑终295号。

[2] 参见杨某医疗事故案,(2015)一中刑终字第1247号。

[3] 参见李某某医疗事故案,(2017)闽01刑终1458号。

[4] 该案辩护人之一邓利强,系中国医师协会法律事务部主任。

罪，近年来频发并引起广泛关注的主要有“医疗暴力”“医保诈骗”等犯罪行为，此类行为大多构成聚众扰乱社会秩序罪、故意杀人罪、故意伤害罪、诈骗罪等常见、非专属罪名，在证据标准和诉讼机制上不具有特殊性。

对于此类犯罪，通过对刑事裁判文书的数据统计和内容分析，用数据客观说明此类现象的发生状况，澄清以往多源于媒体（尤其是自媒体）报道的感性认识。聚焦于当前医患关系、医疗保障等制度背景，探寻更恰当的刑事政策来指导刑法规范的制定和适用，从而体现刑事政策研究与犯罪学的发展并行相随。

一、“医疗暴力”刑事纠纷的实证分析

医疗暴力泛指“医疗活动引发的暴力行为”〔1〕，其不是规范罪名，而是犯罪学意义上的事实概念。对此存在不同定义，有的侧重于暴力发生于医疗场所，沿用世界卫生组织（World Health Organization WHO）关于“医院工作场所暴力”的定义，“医护工作人员在医院工作场所因医疗关系而遭受患者、患者家属亲友、第三方的言语侮辱、暴力威胁或攻击，并且已经对医护工作人员的身体或精神造成了伤害或威胁”〔2〕。有的侧重于暴力针对的对象是医务人员和医疗机构，将医疗暴力等同于暴力伤医。〔3〕有的则对暴力发生的场所和针对的人员进行了综合分析，作出了非常详细的界定，即“发生在医疗空间（场域）内的针对医务人员或医疗机构的个体或群体暴力行动，对人而言，既包含直接侵害的肢体冲突，也包含恐吓、威胁等精神上的施压行为；对机构而言，既包含损害财物、打伤人员等直接侵害行

---

〔1〕 徐昕、卢荣荣：《暴力与不信任——转型中国的医疗暴力研究：2000-2006》，载《法制与社会发展》2008年第1期，第82页。

〔2〕 World Health Organization, New Research Shows Workplace Violence Threatens Health Service, Press Release WHO.2002, 14(3): 6-9.

〔3〕 参见赵敏等：《暴力伤医事件大数据研究——基于2000年-2015年媒体报道》，载《医学与哲学》2017年第1(A)期，第89页。

为，也包含以暴力威胁扰乱机构正常运行秩序为目的的施压行为。”〔1〕

以上概念界定均出自社会学的视角和方法，与研究者的立场和基点密切相关。本书在刑事一体化的视域中，研究可能构成犯罪的、与医疗有关的严重暴力行为，力图将其作为类型化的划分并归属至相应罪名，通过实证研究发现医疗暴力的刑事司法状况，从而为后文聚焦于刑事政策对医疗暴力治理的影响提供经验事实的基础。因此，本书认为，医疗暴力作为更广义的上位概念，在刑事法研究的视角内，需要进一步划分为两类：严重扰乱医疗秩序的“医闹”和造成医务人员伤亡的“暴力伤医”。〔2〕二者亦可能出现交叉，即扰乱医疗秩序过程中造成医务人员重伤或者死亡，在刑法规制的意义上，则转化为后一类犯罪处理。有媒体在2013年梳理了150余件案例，发现现实中医疗暴力从打砸医院的“医闹”转向无目的地滥杀医生的恶性暴力。〔3〕

（一）“医闹”刑事纠纷的实证分析

探究“医闹”一词的起源并作出刑法意义上的规范界定，以现有研究为基础，聚焦于刑事裁判文书展开实证考察。

1.词源考察和规范界定

21世纪初医疗纠纷数量激增，患方视角下“医闹”是其宣泄情绪、谋求纠纷解决和更多赔偿的一种方式。〔4〕随着“医闹”一词在日常生活和大

〔1〕 冯磊：《冲突与治理——中国医疗暴力的现实图景与治理策略研究》，科学出版社2017年版，第27页。

〔2〕 最高人民检察院于2016年2月公布了9件涉医犯罪典型案例，均为医疗暴力案件，也作了类似的分类，即分为妨害医疗秩序类案件（5件）和侵害医务人员案件（4件）。参见最高人民检察院：《最高检发布9起涉医违法犯罪典型案例》，载最高人民检察院网，https://www.spp.gov.cn/zdgz/201506/t20150624_99982.shtml，最后访问日期：2021年5月20日。

〔3〕 参见刘俊：《中国医疗暴力史》，载《南方周末》2013年11月7日，第8版。

〔4〕 参见冯磊：《冲突与治理——中国医疗暴力的现实图景与治理策略研究》，科学出版社2017年版，第63-64页。

众传播中广泛使用，教育部在2007年发布的《2006年中国语言生活状况报告》中，将“医闹”作为171个汉语新词语之一收录其中。[1]2006年7月，原卫生部新闻发言人在记者招待会上表示，“医闹”是“一批社会人员受患者一方的雇佣到医院闹事并获得经济报酬，是谋取非正当经济利益的违法行为”[2]。

在刑法学研究中，有观点认为，“医闹”是患方为了达到按照自己意志解决纠纷的目的，纠集多人到医疗机构实施打、砸、冲、占、堵等闹事行为，将其性质界定为“患者单方的触及扰乱社会秩序和危害安全的治安和刑事法律问题”[3]。还有观点将广义的“医闹”等同于“医疗暴力”，狭义的“医闹”则是指“以医疗纠纷为由聚集多人扰乱医疗秩序，致使医疗工作无法正常进行的行为，涉嫌触犯聚众扰乱社会秩序罪”[4]。

2015年通过的《刑法修正案（九）》第31条明确了“医闹”触犯的罪名，即在《刑法》第290条“聚众扰乱社会秩序罪”的罪状表述中增加“医疗”一词[5]，意味着“医闹”行为在此被明确并重申主要构成聚众扰乱社会秩序罪。尽管构成聚众扰乱社会秩序罪还需要“严重损失”等后果、“积极参加”等情节的要求，尚不能包容所有破坏医疗秩序的“医闹”犯罪，但该规定确立了“医闹”行为的核心属性就是扰乱医疗秩序，具有强烈的刑事政策导向，对于打击医闹起到重要的现实作用。

---

〔1〕 See World Health Organization, New Research Shows Workplace Violence Threatens Health Service, Press Release WHO, 2002, 14(3): 6-9.

〔2〕 参见《毛群安答记者问：对医闹纠纷事件的评价》，载搜狐网，http://health.sohu.com/20060710/n244182828.shtml，最后访问日期：2021年5月10日。

〔3〕 参见章昌志：《“医闹”行为的法律抗制》，载《北京警察学院学报》2015年第6期，第24-25页。

〔4〕 参见尤金亮：《“医闹”入刑的司法适用研究》，载《南京医科大学学报（社会科学版）》2016年第2期，第120页。

〔5〕 《刑法修正案（九）》第31条第1款规定，将《刑法》第290条第1款修改为“聚众扰乱社会秩序，情节严重，致使工作、生产、营业和教学、科研、医疗无法进行，造成严重损失的，对首要分子，处三年以上七年以下有期徒刑；对其他积极参加的，处三年以下有期徒刑、拘役、管制或者剥夺政治权利。”

因此，笔者认为，在刑法的意义上，“医闹”是指患方或者受雇于患方的个人或组织，以医疗纠纷为借口，在医疗机构及场所实施的扰乱医疗秩序的，构成聚众扰乱社会秩序及其相关罪名的犯罪。

2. 研究状况

“医闹”这类以扰乱医疗秩序为核心特征的犯罪现象不是中国所独有的，而是全世界普遍存在的现象，同时也是其他国家医疗暴力的主要表现形式。“尽管也有来自土耳其、巴基斯坦、美国关于零星的致命暴力攻击的报道，但是，严重的杀伤还是很少的。”〔1〕

在我国，关于医闹的实证数据主要来自医疗界的调研和媒体报道。例如，原卫生部统计显示，2010年全国发生“医闹”事件1.7万多件，比五年前多了7000件。医疗暴力方式多种多样，最常见的是陈尸、拉横幅、设灵堂、打砸医院，谩骂、恐吓、绑架、拘禁、殴打医护人员，极端的方式包括火烧和爆炸。〔2〕此类研究侧重于行为样态的描述和原因及对策分析。

司法机关在打击涉医犯罪、维护医疗秩序的专项行动中，公布了惩治医闹犯罪的典型个案。例如，在2015年、2017年最高人民法院、最高人民检察院（以下简称“两高”）公布的医闹犯罪典型案例中，有3件构成聚众扰乱社会秩序罪、2件构成寻衅滋事罪、1件构成聚众扰乱公共场所秩序罪。

3．“医闹”刑事纠纷的整体状况和主要特点——基于裁判文书的分析

（1）研究说明

因“医闹”不是规范罪名，故案例检索采取多维度关键词、多数据库同步检索方式。分别以“医闹”“扰乱医疗秩序”“医疗事故责任”为关键词，以“1997年10月1日～2020年12月31日”为检索时间段，以“刑事案件”为裁判文书类型，同时在中国裁判文书网、北大法意网、无讼案例网进行

〔1〕 Hesketh T., Wu D., *Violence against Doctors in China*, The British Medical Journal, 2012; 345: e5730, published 07 Sep.2012.

〔2〕 参见刘俊：《中国医疗暴力史》，载《南方周末》2013年11月7日，第5版。

检索。对检索到的所有裁判文书进行甄别、剔除，最终整理出103份与“医闹”有关的刑事裁判文书。

（2）整体状况

本研究采取内容分析法，对103份有效裁判文书进行统计，重点考察案件发生和判决时间、行为起因及形式、定罪和量刑后果等方面，尽力呈现司法实践中“医闹”犯罪的真实样态。

第一，“医闹”案件发生时间。

本研究中的案发时间是指“医闹”行为最晚发生的时间，而不是行为开始的时间。因此，某些持续进行的案件（如杜某某寻衅滋事案等），并不包含行为持续的期间，而仅指行为最后发生的时间。如图2-1所示，其中，2013～2019年是“医闹”发生最为集中的年份，2014年、2015年达到顶峰为18.45件；部分年份（包括2009年、2020年）没有相应案件，主要是受搜索条件局限，或者尚未作出判决、未上传裁判文书（如2020年），不能简单认为相应年份没有发生本类案件。

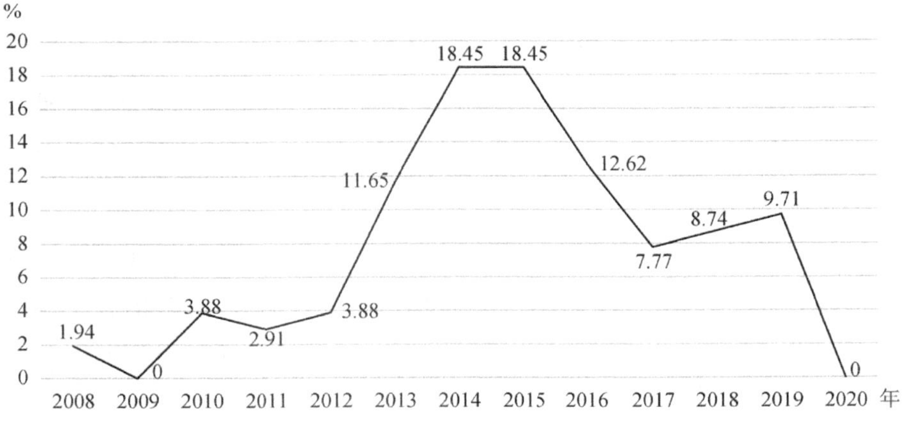

图2-1 “医闹”案件发生时间分析

第二，“医闹”案件判决时间。

案件判决时间较为集中的是2015～2019年，相较于案件发生时间有2

年左右滞后期，符合刑事诉讼程序的流程和时间规律（见图2-2）。

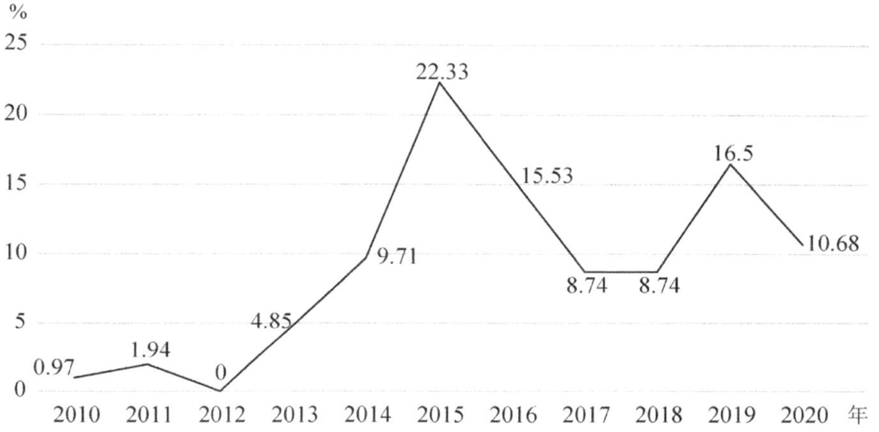

图2-2 “医闹”案件判决时间分析

第三，“医闹”起因。

“医闹”的起因，主要来自患方家属的个人看法，包括家属认为病人死因异常，家属认为病情异常加重，以及言语冲突等。其中，发生患者死亡，家属认为死因异常的共72件，家属认为病情异常加重的2件，其他情况29件。在其他情况中，起因与医疗活动开展无关的共计21件，占全部案件的20.39%。

第四，“医闹”行为方式。

“医闹”的行为方式占前三位的主要有：打砸医院设备、哭闹、设灵堂、烧纸钱、摆花圈、拉横幅、放鞭炮、违规停尸、淋汽油等扰乱医疗秩序的行为；持械威胁、辱骂、殴打、跟踪等侵犯医务、警务人员人身权利的行为；发布不实信息到社交平台等造成恶劣社会影响的行为。此外，还包括伙同黑社会、职业“医闹”扰乱医疗秩序，伤害医护人员、非正常上访等方式。

第五，损害后果。

“医闹”造成的损害后果包括，扰乱秩序（不含人员伤亡以及财产损失），致医护，警务人员轻微伤以上，伤害医护人员，[1]造成设备等财产重大损失，因传播不实信息造成恶劣的社会影响，以及其他（殴打医护人员，但未造成轻微伤以上后果）。

第六，起诉罪名与判决罪名。

裁判文书主要涉及以下七大罪名：妨害公务罪；寻衅滋事罪；组织、领导、参加黑社会性质组织罪；聚众扰乱社会秩序罪；故意伤害罪；聚众斗殴罪；敲诈勒索罪。其中，除了敲诈勒索罪与寻衅滋事罪在起诉罪名和判决之间存在差异外，检察机关和法院对其他罪名不存在分歧。例如，在"章某某医闹案"[2]中，检察院以敲诈勒索罪起诉，法院最终判决寻衅滋事罪。

第七，量刑结果。

"医闹"案件的量刑结果总体偏轻，主要为免予刑事处罚、管制、拘役、缓刑、三年以下有期徒刑。没有撤回起诉、宣告无罪等不追究刑事责任的情形，也没有无期徒刑、死刑。其中，判处缓刑以及三年以下有期徒刑案件合计所占比例最高。

第八，关于医疗损害鉴定。

对于引发"医闹"的医疗活动，医方是否存在过错以及是否通过医疗损害鉴定作出鉴定意见，其中，占比最高的是未作鉴定，有71.84%的案件都没有作医疗事故鉴定；其次是"其他"类型，包含23件案件，但是，其中20件与医疗技术无关。仅有6件案件进行了鉴定，其中仅有1件案件鉴定结果为医方负主要责任。

（3）"医闹"刑事纠纷的特点

通过以上对刑事裁判文书的内容分析和数据统计，可以得出如下结

---

〔1〕 在扰乱医疗秩序的过程中，"医闹"行为可能会故意（多为间接故意）或者过失造成人员伤亡，此处一并统计。一方面，罪名认定上可能存在从聚众扰乱社会秩序罪转化为故意伤害罪，或者二者并罚；另一方面，实践中这两种现象确实存在交叉。

〔2〕 参见（2019）浙07刑终583号。

论：第一，“医闹”行为构成犯罪的极少。尽管“医闹”在日常生活和媒体中出现的频次较高，但是，构成犯罪的是极少数，在检索范围内23年间仅有103件，即使因判决书上网较晚导致检索到的判决书中案发时间最早为2008年，从那时起算，12年内平均每年案发数约9件，可以推测，大部分行为被处以治安处罚。第二，构成犯罪的“医闹”中，绝大部分构成轻罪，以聚众扰乱社会秩序罪、寻衅滋事罪等破坏社会管理秩序罪为主，相应判处的刑罚也比较轻缓。第三，案发时间较为集中。“医闹”犯罪发生的高峰期为2013～2017年，此后归于正常，可以推测各类打击措施起到了一定的作用。第四，“医闹”的起因大多数与医疗纠纷有关，但是，这些纠纷并未经过正常的纠纷解决和鉴定途径，患方采取如此过激行为更多的是出于其自身对于诊疗效果的片面理解。

（二）“暴力伤医”刑事纠纷的实证分析

暴力伤医的核心在于对象，行为人直接针对医护人员，往往造成医护人员重伤、死亡等严重后果。此类案件是医患纠纷恶化的极端表现，个案一旦发生就会引起公众和医疗界的强烈关注，[1]这也促成了司法机关一系列打击涉医犯罪专项行动的展开[2]；还引起了国外医疗界的关注，英国权威医学刊物《柳叶刀》多次刊文关注中国的暴力伤医事件，称“中国医生遭受暴力的频率、程度震惊世界”“中国医生常成为涉及暴力事件的医疗纠纷中的牺牲者”[3]。

1.术语界定

“暴力伤医”不是一个刑法的规范罪名，而是一种现象描述。根据中

---

〔1〕 例如，2019年发生在朝阳区人民医院的眼科医生陶某被砍伤事件。

〔2〕 例如，2013年10月，浙江省温岭市第一人民医院发生杀伤医生事件（连某某暴力伤医案），造成一死一伤后果；次月，原国家卫生计生委、公安部、原中央综治办等11部委联合发布了《关于印发维护医疗秩序打击涉医违法犯罪专项行动方案的通知》。

〔3〕 The Lancet, *Chinese Doctors Are Under Threat*, The Lancet, 2010, 376(9742), 657.

国医院协会发布的《医院场所暴力伤医情况调研报告》，暴力伤医又称恶性暴力伤医，是指“卫生从业人员在其工作场所躯体受到攻击，造成功能障碍、永久性残疾、死亡等严重后果”〔1〕。该概念涵盖了暴力伤医的对象、行为地点、行为手段和行为后果等要素，将暴力伤医限定为造成严重后果的“恶性”暴力，强调手段的针对性、恶劣性和损害后果的严重性，符合此类现象的本质。

在规范的意义上，暴力伤医可能触犯的罪名主要包括故意伤害罪（通常为重伤以上）和故意杀人罪，刑事政策的影响主要体现在刑罚裁量方面。

2.研究状况

关于暴力伤医的实证研究，主要来自媒体报道、医界调研、司法机关公布的数据和典型案例。也有部分以媒体报道案例为对象展开的理论研究。

（1）媒体报道

根据《中国青年报》报道，2009年～2015年4月，针对医生的严重暴力犯罪的报道有177件，尽管此间存在起伏波动，但整体呈上升态势，2012～2014年这三年有明显增长。

有研究以媒体报道的暴力伤医案例为研究范围，对2000～2015年15年间媒体报道的290件暴力伤医事件，运用描述性统计方法，主要从发生时间、科室、施暴者、受害人等维度进行考察，分析了暴力伤医的原因及其对策。从总体上看，这15年间暴力伤医事件数量总体呈上升趋势，其中，2005年和2013年呈爆发性增长，但自2013年以后，2014年和2015年的暴力伤医事件有所减少，呈下降趋势。对于暴力致医生死亡的严重案件而言，各年数量相当，均在4件以下，无明显增长的趋势。但此类研究受媒体报道

〔1〕 参见贾晓莉等：《2003年—2012年全国医院场所暴力伤医情况调查研究》，载《中国医院》2014年第3期，第1页。

信息所限，没有刑法学意义上对于罪名和量刑的分析。[1]

（2）医疗界调研

医疗界对于暴力伤医事件非常关注并且表示强烈谴责，也进行了相关的调研工作。例如，面向医生和医学领域专业网站丁香园曾发布《中国大陆近年恶性医患冲突案例简编》等。权威的还有中国医院协会、中国医师协会和医界人大代表进行的调研。

中国医院协会于2012年12月调查了316家医院、8388名医务工作者和8204位患者，发布了《2003年—2012年全国医院场所暴力伤医情况调查研究》。该报告显示，2008～2012年，医务人员身体受到攻击、造成明显损伤事件的次数逐年增加，有此类事件发生的医院比例从2008年的47.7%上升至2012年的63.7%；按照每年发生的次数在6次及以上来看，发生医院的比例也是逐年上升，2012年达到8.3%，相比2008年的4.5%将近增长2倍。10年间总计发生恶性伤医事件40件，其中，2012年达到顶峰值，22件暴力伤医中有9件致人死亡。[2]

中国医师协会于2015年5月28日发布《中国医师执业状况白皮书》，将医疗暴力单独作为一章，统计了2009年～2015年4月间医师受到恶性暴力伤害的案件，其中2012～2014年3年间案件数量大幅增长。问卷调查和个案访谈显示，医师普遍感到执业中的人身安全和人格尊严得不到保障。[3]

根据全国人大代表、广州市第八人民医院感染科主任蔡卫平的调研，2010～2020年，暴力伤医事件总体呈上升趋势。据不完全统计，2001年7月～2018年7月的17年间，导致医务人员死亡的伤医案件一共有47件。暴力伤医事件在医院分布上的特点是，医院等级越高，规模越大，报道的暴

〔1〕 参见赵敏等:《暴力伤医事件大数据研究——基于2000年～2015年媒体报道》，载《医学与法学》2017年第1（A）期，第89页。

〔2〕 参见贾晓莉等:《2003～2012 年全国医院场所暴力伤医情况调查研究》，载《中国医院》2014年第3期，第1-3页。

〔3〕 参见中国医师协会:《中国医师执业状况白皮书》，2015年5月28日。

力伤医事件越多。在科室和场所的分布上，发生次数最多的是急诊室、门诊大厅、内科、重症加强护理病房。其中，门、急诊一直是普遍高发的科室，急诊科的暴力伤医事件发生率有显著增长。〔1〕

以上媒体报道和医界调研由于统计口径、样本范围不同导致具体数据有所差异，但是，均反映了暴力伤医事件总体上呈上升趋势。

（3）司法机关公布的数据及典型案例

2013年，因浙江温岭连某某暴力伤医案件引发，“两高”公安部、司法部、原国家卫计委联合发布《关于依法惩处涉医违法犯罪维护正常医疗秩序的意见》，明确了六类涉医违法犯罪行为的定罪量刑标准，多次开展“维护医疗秩序打击涉医违法犯罪专项行动”。在2013年12月～2014年12月开展的专项行动中，全国检察机关审查起诉、法院审理等严重涉医违法犯罪347人。〔2〕2020年5月，最高人民法院公布自2019年～2020年4月，人民法院共计一审审结杀医、伤医、严重扰乱医疗机构秩序等涉医犯罪案件159件，判决生效189人。〔3〕

最高人民法院分别于2015年5月、2017年2月、2020年5月公布了三批涉医违法犯罪典型案例〔4〕，最高人民检察院于2015年6月公布了9件涉医犯罪典型案例〔5〕，原国家卫计委也于2016年8月通报了4件涉医犯罪典型案

---

〔1〕 许雯：《暴力伤医事件频发，我们该如何应对》，载新京报网，http://www.bjnews.com.cn/news/2020/05/24/730871.html，最后访问日期：2021年6月2日。

〔2〕 参见徐日丹：《检察机关对涉医犯罪“零容忍”为建设平安医院保驾护航》，载《检察日报》2016年2月28日，第1版。

〔3〕 参见孙航：《最高人民法院发布8件人民法院依法惩处涉医犯罪典型案例》，载《人民法院报》2021年5月12日，第1版。

〔4〕 参见李阳：《最高人民法院通报依法惩治涉医犯罪情况》，载《人民法院报》2015年5月27日，第1版；刘婧：《最高人民法院通报五起涉医犯罪典型案例》，载《人民法院报》2017年2月24日，第1版；参见孙航：《最高人民法院发布8件人民法院依法惩处涉医犯罪典型案例》，载《人民法院报》2020年5月12日，第1版。

〔5〕 参见最高人民检察院：《最高检公布9起检察机关惩处涉医违法犯罪典型案例》，载最高人民法院，https://www.spp.gov.cn/zdgz/201506/t20150624_99982.shtml，最后访问日期：2021年5月20日。

例[1]。在以上公布的典型案例中，除去重复案例3件外，涉及恶性暴力伤医的故意杀人、故意伤害典型案例合计有12件。其中，包括引起强烈关注的造成温岭市第一人民医院医生一死一伤的“连某某暴力伤医案”，杀害北京市民航总医院女医生杨文的“孙某某暴力伤医案”。

“两高”、原国家卫计委多次公布涉医犯罪典型案例，体现了对于维护医务人员合法权益、建设平安医院、服务健康中国战略的重视。

3. 暴力伤医刑事纠纷的整体状况和主要特点——基于裁判文书的实证分析

（1）研究说明

因“暴力伤医”不是规范罪名，故案例检索采取多维度关键词、多数据库同步检索方式。分别以“报复医护”“报复医生”“杀害医护”“杀害医生”“杀医”“伤害医护”“伤医”为关键词，以“1997年10月1日～2020年12月31日”为检索时间段，以“刑事案件”为裁判文书类型，同时在中国裁判文书网、北大法意网、无讼案例网等数据库进行检索。对检索到的所有裁判文书进行甄别、剔除，最终整理出72份与“暴力伤医”有关的刑事裁判文书。

（2）整体状况

本书采取内容分析法，对72份有效裁判文书进行统计，重点考察作案人数、案件发生时间与判决时间及其趋势、被害人身份、所在科室、伤医起因、方式、后果、审理结果等，尽可能反映司法实践中“暴力伤医”犯罪的真实样态。

第一，行为人数量。

在检索范围内，有52件案件为单独作案，20件案件为多人作案，可见，“暴力伤医”与“医闹”相比，前者以单独作案为主，后者则以“聚众型”为

---

〔1〕 参见金振娅：《国家卫计委通报涉医违法犯罪的典型案例》，载《光明日报》2016年8月5日，第6版。

主要特征，暴力伤医案件呈现出单人作案的普遍特点。

第二，犯罪实施时间。

在检索范围内，1997年10月1日～1998年12月31日、2000～2004年、2006～2008年无相关文书。1999～2016年，暴力伤医案件总体呈上升趋势，2015～2016年上升趋势尤为明显，其中2016年案件数量到达顶峰。2017年案发数量有所下降，但在2018年之后再次上升。

第三，案件判决时间。

在检索范围内，1997年10月1日～2001年、2003～2004年、2006～2009年无相关文书。另有3件案件判决时间不详。1999～2017年暴力伤医事件总体呈上升趋势，2012～2014年上升趋势尤为明显，2018年有所缓和，但是在2019年后再次呈现上升态势。

第四，被害人身份。

在检索范围内，自然人被害人的身份主要包括：医生（38件）、护士（5件）、医生和护士（8件）、其他（6件）。“其他”中，包括安保人员（医院保安以及辅警，8件）、医生家属（3件）、医院领导在内的工作人员（导诊员、工作人员、清洁工、领导等5件），除家属以外的无辜第三人（群众、司机等）。此外，还有无被害人（2件），医生和其他人（9件），护士和其他人（1件），医生、护士和其他（3件）。

第五，被害人所在科室。

在检索范围内，被害人所在科室包括：急诊（13件）、儿科（1件）、妇产科（6件）、住院部（7件）、其他（43件）。“其他”包括但不限于：未说明（10件）、四处打砸（4件）、骨科（3件）、皮肤科（2件），以及保卫科、耳鼻喉科、隔离区等（1件）。另有无目标科室的2件。

第六，暴力伤医的起因。

在检索范围内，暴力伤医的起因主要有五类：患者死亡或者病情恶化（11件）、患方认为治疗不当或者对医疗效果不满（27件）、患方对医方工作态度或方法不满（5件）、行为人处于精神不稳定状态（如醉酒、精神病发作等，7件）、其他（如挂号、不认同医方安排、无力支付医药费等，19件）。还包括多重起因，认为治疗不当或者对医疗效果不满并且处于精神不稳定状态（1件），处于精神不稳定状态并且有其他原因（2件）。

第七，暴力伤医的行为方式。

在检索范围内，暴力伤医的行为方式主要包括：持刀砍杀（25件），殴打伤人（23件），恐吓、威胁、辱骂、造谣、争吵等语言类暴力（9件），其他（如自制炸弹、放火等，15件）。

第八，行为人是否有预谋。

在检索范围内，有32件案件行为人是有预谋地实施暴力伤医行为，40件是无预谋地实施。

第九，损害后果。

在检索范围内，主要包括如下四类损害后果：死亡（12件）、重伤（10件）、轻伤（23件）、轻微伤（15件）。其中，部分案件可能造成多人、多种伤害程度。伤医案件造成重伤以及死亡的可能性较大。但是，也有12件案件尚未构成轻微伤以上损害后果，占比为16.67%。

第十，伤亡人数。

在检索范围内，人员伤亡情况包括：1人死伤（34件）、2人死伤（15件）、3人及以上死伤（11件）、无人死伤（12件）。结合行为人有无预谋来看，在行为人有预谋的情况下（40件），伤亡人数为1人的有22件（30.56%）；在伤亡人数为2人的情况下，有8件是有预谋（11.11%）。由此可见，暴力伤医事件在行为人目的性和针对性很强的情况下，造成的伤亡后果会更严重。

第十一，辩护理由和判决理由。

在检索范围内，超过半数文书都会在说理部分强调维护医护人员的工作环境，但是也有案件未单独分析或者强调惩治暴力伤医的重要性。

第十二，涉及罪名。

在检索范围内，案涉罪名主要包括爆炸罪、妨害公务罪、放火罪、故意毁坏财物罪、故意杀人罪、故意伤害罪、聚众扰乱社会秩序罪、寻衅滋事罪，其中，起诉罪名占比前三的情况如下：寻衅滋事罪（29件）、故意杀人罪（16件）、故意伤害罪（12件）；在判决罪名中，寻衅滋事罪仍为最多（28件），但故意伤害罪和故意杀人罪数量相同（均为14件），后两罪在起诉罪名与判决罪名上存在分歧。具体为：以寻衅滋事罪起诉，判决认定故意伤害罪2件；以故意杀人罪起诉，判决认定故意杀人罪、故意伤害罪各1件；以故意杀人罪起诉，判决认定故意杀人罪、故意毁坏财物罪各1件；以故意杀人罪起诉，判决认定寻衅滋事罪1件。

第十三，刑罚裁量。

在检索范围内，量刑结果共计八类：拘役（4件）、三年以下有期徒刑（37件）、三年以上十年以下有期徒刑（12件）、十年以上有期徒刑（3件）、无期徒刑（2件）、死刑（10件）、强制医疗（1件）。其中，判处三年以下有期徒刑的有37件，占比最高；判处有期徒刑三年以上十年以下次之。在判处拘役或者三年以下有期徒刑的41件案件中，有11件判处缓刑，占比达到15.94%。值得注意的是，在暴力伤医案件中，被判处死刑的有10件，占比14.49%，其中8件为死刑立即执行，2件为死刑缓期两年执行。

第十四，医疗鉴定。

在检索范围内，案涉医疗纠纷是否进行鉴定以及鉴定结果分类如下：无鉴定（14件）、院方无责任（1件）、院方负次要责任（1件）、无须鉴定（55件）、其他（1件）。

（3）“暴力伤医”刑事纠纷的主要特点

通过以上对刑事裁判文书的内容分析和数据统计，可以得出如下结论：第一，“暴力伤医”犯罪的实际数量较少。尽管“暴力伤医”在日常生活和媒体中受到的关注度非常高，但是，真正进入刑事司法程序的案件仍然较少。这一现象，既有裁判文书上网比例不高等客观原因，也在一定程度上说明司法案件的实际情况和媒介信息传播所形成的一般印象之间存在较大的差距。第二，“暴力伤医”构成严重犯罪的比例较高。故意杀人罪和故意伤害罪案件占比分别为第二、三位，再加上爆炸罪，合计占案件总数的47.83%，接近一半。此部分案件多为引起公众广泛关注的案件，部分入选典型案例。其中，被判处死刑的有10件，占比14.49%；三年以上有期徒刑、无期徒刑的共19件，占比27.54%；以上合计占比42.03%。第三，造成的损害后果非常严重。“暴力”行为多造成医护人员死伤，有12件案件造成3人以上死伤，绝大部分是有预谋的犯罪，反映了极其严重的社会危害性。第四，“暴力伤医”的起因大多数与医疗纠纷有关，但是，这些纠纷并未经过正常的纠纷解决和鉴定途径，患方采取如此过激行为更多是其自身对于诊疗效果的片面理解。第五，“暴力伤医”和“医闹”存在一定的交叉。在检索范围内，30件寻衅滋事案件的行为人使用了暴力手段，但是未造成损害后果或者损害后果为轻伤以下，按照寻衅滋事罪定罪处罚。

二、“医保诈骗”刑事纠纷的实证分析

医疗保障是我国社会保障体系的重要组成部分，医保基金是社会保障制度的“生命线”、参保民众的“救命钱”，是全体参保人员的共同财富。随着我国医疗制度改革的不断深化和全面铺开，骗取医保基金的行为日益增多。对于此类新型犯罪现象展开实证分析，研究其实践样态、行为特点以及定罪量刑，有助于医保改革堵塞制度漏洞，尽可能预防和减少犯罪。

（一）术语界定

医保诈骗，又称“欺诈骗取医疗保障资金”“欺诈骗保”，是指医疗保障机关、定点医疗机构、参保人以及其他人员，利用医保基金管理制度的漏洞，使用虚构事实、隐瞒真相等方法，骗取医保基金的行为。

在官方文件中，此类行为被称为“欺诈骗取医疗保障基金”〔1〕，该用语的优势在于全面准确，从行为性质上，既包含民事上的欺诈，也包含刑事上的骗取；从行为对象上，明确为医疗保障基金。不足之处在于，作为专有名词过于冗长。因此，在有的表述中将其简缩为“欺诈骗保”〔2〕，该用语虽简洁，但却未能清晰反映行为性质及其对象。

本书将此类行为界定为“医保诈骗”，基于如下理由：第一，本书的研究对象限定为构成犯罪的骗取医保的行为，故行为性质为“诈骗”，民事性质的“欺诈”不在本书的研究范围内，故不再置于术语之中；第二，诈骗的对象是医疗保障资金，“医保”一词既说明了犯罪对象，不致引人误解，又足够简洁；第三，从词序上看，与刑法中的金融诈骗、保险诈骗、合同诈骗等罪名表述方式保持一致，本书使用“医保诈骗”。

（二）打击欺诈骗取医保基金专项行动

2018年5月31日，国家医疗保障局（以下简称国家医保局）正式揭牌，拉开了全国各级政府建立独立医疗保障机构的序幕。国家医保局设立资金监管司，专门负责建立健全医保基金的安全防控机制，确保医保基金规范使用，并查处医保基金使用中的违法违规行为。国家医保局成立以后，即以反欺诈骗取医保基金为切入点开展专项行动。

2018年9月，国家医保局联合国家卫生健康委员会、公安部、原药监局印发了《关于开展打击欺诈骗取医疗保障基金专项行动的通知》，在全国范围内于2018年9月～2019年1月集中开展打击欺诈骗取医疗保障基金专项行动。这是国家医保局组建以来的第一个专项行动，也是我国医保制度

---

〔1〕《关于开展打击欺诈骗取医疗保障基金专项行动的通知》（国家医疗保障局、国家卫生健康委员会、公安部、原药监局，2018年9月11日）

〔2〕参见《国家医疗保障局举行打击欺诈骗取医疗保障基金专项行动发布会》，载国家医疗保障局官网，http://www.nhsa.gov.cn/art/2018/11/21/art_14_593.html，最后访问日期：2021年7月1日。

建立以来第一次专门打击欺诈骗保行为的全国性专项行动。[1]2018年11月，中国中央电视台曝光“沈阳骗保案”，国家医保局就在各地自查基础上快速开展“回头看”，强化打击骗保工作。[2]2019年1月，国务院办公厅印发《关于推进医疗保障基金监管制度体系改革的指导意见》，明确推进医保基金监管制度体系改革，建立全领域、全流程的基金安全防控机制，严厉打击欺诈骗保行为。2020年12月，国家医保局在全国范围内部署开展欺诈骗保行为集中专项整治工作，强化基金监管高压态势。2021年5月1日，《医疗保障基金使用监督管理条例》施行。

关于在专项行动中查处涉嫌犯罪移送司法机关处理的情况，2019年，违约医药机构移送司法机关357家、违法参保人员移送司法机关1183人[3]；2020年，违约医药机构移送司法机关286家、违法参保人员移送司法机关2062人[4]。2020年9月，北京市第二中级人民法院通报了近一年间医保诈骗犯罪案件审理情况，2019年8月～2020年8月，北京市第二中级人民法院及辖区共审理诈骗医保基金案件35件，被告人47人，犯罪金额4600余万元，人均涉案金额近100万元。其中，1人被判处无期徒刑，并处没收个人全部财产，5人被判处10年以上有期徒刑。造成犯罪数额较大的原因主要有，案件持续时间长，平均作案时间超过2年，最长的达7年；犯罪所针对的一般是单价较高、使用需求量较大的骨科、心脑血管科室等药品或诊疗

〔1〕 张尼:《国家医保局将“回头看”开展打击欺诈骗保专项行动》，载中国新闻网，http://www.chinanews.com/gn/2018/11-30/8689555.shtml，最后访问日期：2021年5月5日。

〔2〕《国家医疗保障局举行打击欺诈骗取医疗保障基金专项行动发布会》，载国家医疗保障保局官网，http://www.nhsa.gov.cn/art/2018/11/21/art_20_879.html，最后访问日期：2021年5月5日。

〔3〕 参见《2019年全国医疗保障事业发展统计公报》，载国家医疗保障局官网，http://www.nhsa.gov.cn/art/2020/6/24/art_7_3268.html，最后访问日期：2021年5月5日。

〔4〕 参见《2020年全国医疗保障事业发展统计公报》，载国家医疗保障局官网，http://www.nhsa.gov.cn/art/2021/6/8/art_7_5232.html，最后访问日期：2021年5月5日。

服务。〔1〕

(三)"医保诈骗"刑事纠纷的整体状况和主要特点——基于裁判文书的实证分析

1. 研究说明

尽管我国于2018年国家医保局成立后第一次开展打击欺诈骗取医保基金专项行动,但是骗取医疗保险基金的行为自我国医保制度建立30余年来就始终存在。故本书以"1997年10月1日～2020年12月31日"为检索时间段,以"医疗保险诈骗""医保诈骗"等为关键词,在中国裁判文书网、北大法意网、无讼案例网三个数据库的"刑事案由""刑事案件"栏目中,筛选、甄别,合计检索到71件与本书研究主题相关的裁判文书。通过对裁判文书进行内容分析,总结出医保诈骗刑事纠纷的整体状况和诉讼特点。

2."医保诈骗"的整体状况

(1)持续性

在检索范围内,案件普遍呈现持续性、长期性、多次性诈骗的特点。其中,2010年前开始实施诈骗行为的有4件,2010年～2015年11月前开始实施诈骗行为的共48件。

(2)判决时间

在检索范围内,1997年10月1日～2012年12月31日无相关判决书。2013～2020年,法院对该类案件的判决趋势总体呈现上升的趋势。但是,受诉讼流程时长影响和裁判文书上网情况限制,没有反映出2018年9月开展专项行动以来案件数量的大幅增长。

(3)行为主体

医保诈骗的行为主体包括自然人和单位,检索范围内的72件案件均

---

〔1〕 参见林平:《北京二中院:医保诈骗人均涉案近百万,个别医生不定期受贿》,载澎湃新闻2020年9月15日,https://www.thepaper.cn/newsDetail_forward_9180721,最后访问时间:2021年5月5日。

涉及自然人，仅有3件案件法院明确涉及单位犯罪，即“杨某某等医保诈骗案”[1]、“吴某等医保诈骗案”[2]、“梁某等医保诈骗案”[3]。在“杨某某等医保诈骗案中”，检察院并未将单位作为被告人予以起诉，法院最终也未要求追加单位为被告人，而是仅在裁判理由部分认定单位（医院）与被告自然人构成犯罪（合同诈骗罪）。在“吴某等医保诈骗案”“梁某等医保诈骗案”中，法院认为犯罪体现了医院的意志，但是，没有追加医院为被告人，仅认定相关自然人构成犯罪。[4]对于单位的诈骗行为，实际上以行政处罚作为终局性处罚。

（4）犯罪主体身份

对裁判文书内容进行分析，发现医保诈骗的犯罪主体身份可以划分为以下四类：合法持卡人（卡主本人）；非法持卡人（含亲友借用、伪造发票等）；医疗保险服务机构及其工作人员（医院、药店、诊所等）；医保政府主管部门及其工作人员。合法持卡人也可能成为医保诈骗的犯罪主体（3件，4%）；非法持卡人比例最高（40件，56%）；医疗保险服务机构及其工作人员、医保政府主管部门及其工作人员也会成为涉医保诈骗类案件的犯罪主体，分别占比25%、8%（18件、6件）。其中，“陈某某等医保诈骗案”[5]、“孙某某等医保诈骗案”[6]、“张某某医保诈骗案”[7]由合法持卡人、非法持卡人实施共同犯罪；“邹某某等医保诈骗案”[8]、“刘某某等医保诈骗案”[9]由

---

〔1〕 参见（2018）豫1282刑初501号。

〔2〕 参见（2019）渝0108刑初38号。

〔3〕 参见（2019）渝0108刑初526号。

〔4〕 2014年4月24日，全国人大常委会第八次会议通过的《关于〈中华人民共和国刑法〉第二百六十六条的解释》规定：“以欺诈、伪造证明材料或者其他手段骗取养老、医疗、工伤、失业、生育等社会保险金或者其他社会保障待遇的，属于刑法第二百六十六条规定的诈骗公私财物的行为。”可知诈骗罪的犯罪主体仅限于自然人。

〔5〕 参见（2014）闸刑初字第749号。

〔6〕 参见（2016）浙0102刑初418号。

〔7〕 参见（2018）黑1225刑初100号。

〔8〕 参见（2018）浙0103刑初404号。

〔9〕 参见（2017）吉0204刑初153号。

合法持卡人、医疗保险服务机构及其工作人员实施共同犯罪。

（5）医保诈骗行为方式

对裁判文书内容进行分析，医保诈骗的行为方式主要有：①刷医保卡后倒卖医保药物，冒用、转让他人医保卡等违规使用的行为；②过度医疗、替换药品、多开少取、降低成本、提高报销数额、虚开理疗项目和次数、伪造病历空挂床等降低医院开支，提高病人住院花费，增加报销数额，骗取医保资金的行为；③伪造医院门诊、虚假病历、住院收费收据、住院清单、出院诊断证明、发票等虚假医疗材料，虚构医疗事实；④其他（疏于监管、出借等）。其中，第三种方式占比最高，达到51%，超过一半，该类犯罪行为主体主要为非法持卡人，占全体犯罪人比例的44%，即接近一半的犯罪主体为非法持卡人。

（6）犯罪数额

“两高”《关于办理诈骗刑事案件具体应用法律若干问题的解释》第1条第2款规定：“各省、自治区、直辖市高级人民法院、人民检察院可以结合本地区经济社会发展状况，在前款规定的数额幅度内，共同研究确定本地区执行的具体数额标准，报最高人民法院、最高人民检察院备案。”这就是“两高”授权各省确定诈骗犯罪定罪和量刑的具体标准。因此，本统计不是按照具体犯罪数额，而是按照裁判文书认定的“数额较大”“数额巨大”“数额特别巨大”三个等级来分类。其中，“数额较大”为8件，占比11.27%；“数额巨大”为37件，占比53.52%；“数额特别巨大”为20件，占比28.17%；不构成诈骗为5件，占比7.04%。

（7）涉及罪名

从检察院的起诉罪名和法院判决罪名来看，医保诈骗涉及的罪名主要有：诈骗罪，保险诈骗罪，合同诈骗罪，掩饰、隐瞒犯罪所得罪，伪造事业单位印章罪，单位行贿罪，非法经营罪，出售非法制造的发票罪，贪污罪，玩忽职守罪。其中，涉及数罪以及起诉罪名和判决罪名之间的分歧。在所有罪名中，诈骗罪数量最多、占比最高，起诉罪名占83.10%、判决罪名占87.32%。在5件玩忽职守罪案件中，起诉罪名和判决罪名一致，均为医保主管机关工作人员疏于监管所致（见表2-1）。

表2-1 判决罪名（与起诉罪名对比）

判决罪名分类	数量/件	占比/%	备注
诈骗罪	60	84.51	—
诈骗罪，掩饰、隐瞒犯罪所得罪	1	1.41	—
诈骗罪、保险诈骗罪	0	0	法院最终仅认定诈骗罪
诈骗罪、伪造事业单位印章罪	0	0	法院最终仅认定诈骗罪
诈骗罪、单位行贿罪	2	2.82	—
诈骗罪、非法经营罪	0	0	法院最终仅认定诈骗罪
诈骗罪、出售非法制造的发票罪	1	1.41	—
贪污罪	1	1.41	—
玩忽职守罪	5	7.04	—
合同诈骗罪	1	1.41	附表4中案件序号48，以诈骗罪起诉，最终判决合同诈骗罪（杨某某等医保诈骗案）

（8）刑罚裁量

在检索范围内，对于多人共同犯罪的案件，选取量刑最重的结果进行统计，量刑结果包括免予刑罚处罚、罚金、拘役、缓刑、三年以下有期徒刑、三年以上十年以下有期徒刑、十年以上有期徒刑、无期徒刑。其中，判处罚金的案件数量最多，占比高达92.96%，即除了5件玩忽职守罪案件以外，其余66件案件均被判处并处或者单处罚金。“程某某医保诈骗案”[1]被判单处罚金，其余65件案件均被判并处罚金。判处有期徒刑的案件数量居第二位，占比91.55%。其中，在被判处三年以下有期徒刑和拘役的31件案件中，缓刑的适用率高达86.67%。

〔1〕 参见（2017）川0812刑初53号。

3.“医保诈骗”的主要特点

通过以上对刑事裁判文书的内容分析和数据统计，可以得出如下结论：第一，骗取医保的行为一直存在，但是，真正进入刑事司法程序的案件非常少。在2018年开展专项行动以前，仅检索到零散的医保诈骗案件，刑事裁判文书仅有40份，新闻媒体的报道也不多见。尽管2019年、2020年的案件数量相对此前有所增加，合计有32件，但是，与专项行动中查处的欺诈骗取医保基金的案件总数量相比，涉嫌犯罪被移交司法机关的案件数量极少，绝大多数均以解除定点协议、行政处罚、追回医保基金方式结案。第二，近年来我国裁判文书上网比例过低。即使考虑到诉讼流程导致的判决时间滞后，与2019年移交司法机关1183人、2020年移交司法机关2062人相比，这两年仅检索到裁判文书32份，可以推测上网文书仅占实际审判案件极小的一部分。第三，从行为人身份看，主要是非法持卡人和定点医保机构人员实施骗取医保，构成诈骗罪。因诈骗罪的犯罪主体仅限于自然人，故无法追究定点医疗机构作为单位的刑事责任。在打击欺诈骗取医保基金专项行动中，对定点医保机构进行专项治理，具有极强的针对性。第四，从犯罪原因来看，主要是医保政策自身存在漏洞和医保监管失灵，因此，与医保诈骗相关，存在一定数量的医保监管人员的渎职犯罪，成立的罪名主要是玩忽职守罪。此外，合法医保持卡人也可能构成骗取医保的犯罪，但所占比例较小。第五，从裁判结果来看，检索范围内91%的案件构成诈骗罪，93%的案件被判处罚金，符合刑法的规定及惩治贪利型犯罪的特点。

本章小结

在刑事一体化学科群内，以刑法学为本位，以医疗领域相关犯罪涉及的刑事运行和刑事政策为着眼点，运用实证方法开展研究的目的在于清晰地揭示特定犯罪的事实认定、证据判断以及诉讼过程，从而为规范的解释和制度的完善提供实证基础，遵循社科法学研究的理论进路。

医疗事故罪是最典型的医疗犯罪，相关实证研究可以划分为四个阶段。本书主要研究2008年1月1日以后的刑事裁判文书，总结其诉讼特点，并且进一步以2018年1月1日为分界点，对于前后十年医疗事故刑事纠纷的处理情况进行对比分析。两阶段相同点在于，医疗事故罪在我国一直属于案发率极低的犯罪，始终具有较高的无罪率，医疗过失和因果关系的判断和阐明依然是审判实践中的争点和难点。不同点在于，后一阶段自诉案件明显增多，但较少获法院受理，诉讼文书质量明显提高，出现一些认定事实清晰、说理透彻，体现医疗纠纷特点的优秀判决书。

此外，涉医相关的刑事纠纷还包括医疗暴力刑事纠纷和医保诈骗刑事纠纷，其中，医疗暴力刑事纠纷可以进一步细分为“医闹”和“暴力伤医”两类。首先，“医闹”行为中，构成犯罪的极少，大多数按照《治安管理处罚法》进行行政处罚或者侵权损害赔偿，即使构成犯罪也以轻罪为主，2017年以后案件数量减少。其次，“暴力”伤医构成犯罪进入刑事诉讼程序的案件较少，但是，构成的罪名以故意杀人、故意伤害等重罪为主，造成的损害后果非常严重。最后，骗取医保的行为一直存在，但是，进入刑事诉程序的非常少，2018年启动了打击欺诈骗取医保专项行动，但是，移交司法机关处理的情况未在数据库可检索的刑事裁判文书中体现出来。犯罪人以非法持卡人和定点医疗机构人员为主，犯罪原因主要在于医保政策漏洞和监管失灵，91%的案件构成诈骗罪、93%的案件被判处罚金，符合刑法规定和贪利型犯罪的特点。

第二篇

医疗事故刑事纠纷中的鉴定与证明

刑事一体化既要关注实体法内容的证据意义以及成立要件的证据诉求，也要兼顾证据制度对实体法的现实制衡与价值实现。医疗事故罪普遍存在的证明难点是医疗过失和医疗损害的因果关系。鉴定意见是由相关领域的医疗专家或者法医根据其医疗专业知识对事实作出的说明，属于事实的范畴；法官审判时需要对鉴定意见进行理解、甄别，进而决定是否采信，最终以此为基础评价医疗过失和因果关系，属于法律的范畴。鉴定意见中的事实认定不能取代法官基于法律的观点作出的独立判断。然而，司法实践中，法官由于医学知识的匮乏往往完全依赖鉴定意见，混淆了事实与法律的界限，导致事实的判断完全取代了法律的判断，而鉴定的反复性和不稳定性动摇了法律判断的基础。

第三章 / 医疗事故刑事案件中的鉴定

我国医疗领域的鉴定需要澄清概念并明确其制度依据，梳理我国医疗领域鉴定制度的演进脉络，可以镜鉴医疗民事纠纷中鉴定的证据效力及其实况，并进一步厘清我国刑事鉴定的制度依据。通过详细分析医疗事故刑事纠纷中鉴定的模式和运行，考察法官在刑事诉讼中如何对鉴定意见展开实质判断。

第一节 我国医疗领域的鉴定制度

2021年4月1日，中华医学会制定的《医学会损害鉴定规则（试行）》正式施行，这是医学会自2002年开始组织医疗事故鉴定工作以来首次出台鉴定规则，再次将医疗领域的鉴定“双轨制”问题纳入了公众的视野。[1]本节首先澄清相关概念，然后梳理我国医疗领域鉴定制度的发展历程及其法律依据，重点借鉴民事证据规则关于医疗纠纷鉴定制度的规定。

---

〔1〕 参见柴会群:《医疗鉴定：能否并轨》，载《南方周末》2021年4月1日，法治版。

一、概念的澄清

在我国，医疗领域鉴定的“双轨制”通常包括医疗鉴定和司法鉴定，然而，关于“医疗鉴定”和“司法鉴定”却没有明确一致的概念。有观点采取广义、狭义司法鉴定的区分，认为广义的司法鉴定是指对所有医疗纠纷进行的鉴定，包括狭义的司法鉴定和医疗鉴定，其中，前者是对医疗事故以外的其他医疗纠纷的鉴定，后者是指医疗事故技术鉴定。〔1〕也有观点以实施鉴定的主体为标准，认为司法鉴定（法医鉴定）是指由司法鉴定机构的法医实施的鉴定，医学鉴定（同行鉴定）是指由医学会组织临床医生实施的鉴定。〔2〕还有观点以是否与诉讼活动有关为标准，认为司法鉴定是指在诉讼活动中法院委托具有专业知识的自然人实施的鉴定，医疗鉴定是指在非诉讼活动中由卫生行政部门移交或者受当事人委托，由医学会组织临床医生实施的鉴定。〔3〕

笔者认为，上述概念在一定程度上以《医疗事故处理条例》《医疗事故技术鉴定暂行办法》《关于司法鉴定管理问题的意见》等为依据，但是，对于司法鉴定的基本概念和相关规范的理解存在一定的误读，对于医疗纠纷与医疗事故的关系未作区分，对于鉴定的实践运作欠缺了解，导致了概念的含糊和混乱。

因此，本书以鉴定的基本理论为基础，结合《民法典》、《民事诉讼法》及配套规定和最新解释、《医疗纠纷预防和处理条例》等，将医疗领域的鉴定区分为“医疗损害的司法鉴定”和“医疗损害的医学会鉴定”，前者指由司法鉴定机构组织实施的关于医疗损害的鉴定，后者则指由医学会组织实

---

〔1〕 参见梁晓峰：《论医疗鉴定与司法鉴定之差异》，载《中共郑州市委党校学报》2007年第1期，第127页。

〔2〕 参见周钧、张岩：《医疗损害鉴定制度的改进》，载《中国卫生事业管理》2011年S1期，第133页。

〔3〕 参见张晨：《医疗事故争议两种鉴定活动的差异初探》，载《中国司法鉴定》2004年S1期，第61页。

施的关于医疗事故的鉴定。二者组织、实施和主导的主体不同，鉴定的内容、权限和角度也不同，但参与的专家通常既包括作为同行的临床专家，也包括法医。在无须区分鉴定主体的场合，则统称为“医疗损害鉴定”。

二、鉴定体制的变迁及其制度依据

医疗领域的鉴定体制不但影响医疗纠纷的处理，而且关系医疗体制、司法体制及立法层面的制度完善。我国医疗领域的鉴定制度始自1987年原《医疗事故处理办法》确立的卫生行政部门鉴定制度，历经2002年《医疗事故处理条例》修改为由医学会组织实施医疗事故鉴定，直至2005年《关于司法鉴定管理问题的决定》新增了司法鉴定机构对医疗损害进行鉴定，从而形成了双轨鉴定体制，并且随着原《侵权责任法》及《民法典》的实施持续进行调整。

（一）1987年《医疗事故处理办法》确立了卫生行政部门组织鉴定的模式

1987年6月27日，国务院颁布原《医疗事故处理办法》，规定了成立省、市、县三级医疗事故技术鉴定委员会，直辖市分别成立市、区（县）二级医疗事故技术鉴定委员会。医疗事故技术鉴定委员会由主治医师、主管护师以上医务人员和卫生行政管理干部若干人组成。

该模式具有强烈的“行政化”色彩，鉴定机构与鉴定人员归属卫生行政部门管理，从鉴定专家的组成到鉴定过程的完成基本上是由医疗专业人员完成的。尤其是将行政级别与法律效力挂钩，以省级医疗事故技术鉴定委员会的鉴定结论作为最终结论，违反了证据法的基本原理。由卫生行政部门来鉴定医生的行为是否构成医疗事故，被比喻为“父亲给儿子鉴定”，其公正性饱受诟病。直至天津李新荣案，最高人民法院1992年批复天津市第一中级人民法院，允许委托司法鉴定机构对医疗损害进行鉴定，从而改变了卫生行政部门对医疗事故鉴定的“垄断”。[1]

(二)《医疗事故处理条例》变更为医学会鉴定模式,《关于司法鉴定管理问题的决定》明确了司法鉴定的相关问题

2002年9月1日，国务院颁布的《医疗事故处理条例》正式实施，前述《医疗事故处理办法》同时废止。《医疗事故处理条例》第三章专章规定了“医疗事故的技术鉴定”，规定由医学会组织专家鉴定组负责医疗事故技术鉴定工作。该条例改变了此前由卫生行政部门组织鉴定的模式，交由形式上更中立的医学会组织鉴定，但是，其公正性仍然受到公众的质疑，被比喻为“叔叔给侄子作鉴定”[2]。

2005年10月1日，全国人大常委会《关于司法鉴定管理问题的决定》实施，该决定第1条规定“司法鉴定是指在诉讼活动中鉴定人运用科学技术或者专门知识对诉讼涉及的专门性问题进行鉴别和判断并提供鉴定意见的活动”，第2条第1款规定了对司法鉴定人和司法鉴定机构登记管理的范围包括法医类、物证类、声像资料类和其他根据诉讼需要登记的事项。若诉讼活动中根据实际情况法院委托医学会组织鉴定，则视医学会为其他非必须登记的鉴定机构，因为对于“实践中有的案件涉及的专门性问题需要鉴定，而登记范围以内的鉴定人或鉴定机构不能进行鉴定的，可以要求登记范围以外的技术部门或人员进行鉴定，并不妨碍司法鉴定工作”。[3]

---

〔1〕 1984年，李新荣在天津某医院做手术切除喉部肿瘤却被“误切”了甲状腺。天津市医疗事故鉴定委员会认为不构成医疗事故，李新荣不服，向法院起诉，法院委托天津市卫生局对该案鉴定组织复议，复议推翻了此前的鉴定结论，认为构成医疗事故。法院参照原《医疗事故处理办法》，判决医院补偿李新荣5000元。李新荣不服，向天津市第一中级人民法院上诉，天津市第一中级人民法院通过天津市高级人民法院向最高人民法院请示，最高人民法院于1992年作出复函，要求妥善处理。法院随后委托司法鉴定机构再次鉴定，结论有利于李新荣。1996年，天津市第一中级人民法院根据原《民法通则》作出终审判决，改判医院赔偿李新荣57万余元。参见柴会群:《医疗鉴定:能否并轨》，载《南方周末》2021年4月1日，法治版。

〔2〕 参见尤中华:《当前医疗事故技术鉴定中的问题及建议》，载《法律与医学杂志》2004年第1期，第12页。

〔3〕 全国人大常委会法制工作委员会刑法室编著:《全国人大常委会关于司法鉴定管理问题的决定释义》，法律出版社2005年版，第4-5页。

因为《医疗事故处理条例》是行政法规，是否适用于民事纠纷在实践中存在争议，所以最高人民法院于2003年发布了《关于参照〈医疗事故处理条例〉审理医疗纠纷民事案件的通知》(〔2003〕20号，已废止)进行折中处理，要求法院参照《医疗事故处理条例》处理医疗民事纠纷，并将医疗纠纷区分为医疗事故和其他医疗赔偿纠纷。该通知第2条规定："人民法院在民事审判中，根据当事人的申请或者依职权决定进行医疗事故司法鉴定〔1〕的，交由条例所规定的医学会组织鉴定。因医疗事故以外的原因引起的其他医疗赔偿纠纷需要进行司法鉴定的，按照《人民法院对外委托司法鉴定管理规定》组织鉴定。"也就是医疗事故鉴定由医学会组织实施，医疗事故以外的其他医疗赔偿纠纷鉴定由司法鉴定机构组织鉴定，从而明确了鉴定的"双轨制"。

2007年，针对"双轨制"在实践中导致的多头鉴定、重复鉴定、矛盾鉴定等问题，原卫生部机关报《健康报》组织了专门研讨，认为"双轨制"存在的原因在于医疗纠纷处理常常行政责任(原《医疗事故处理条例》)与民事责任(原《民法通则》)混同，两种鉴定模式各有利弊，各地在实践中对两种鉴定的取舍做法不同。建议将两种鉴定方式"并轨"，即建立独立于患者和卫生部门、受国家管理的"第三方"独立机构。〔2〕

(三)原《侵权责任法》相关解释强化了医疗损害鉴定由司法鉴定机构实施，《医疗纠纷预防和处理条例》继续坚持"双轨制"

2010年7月1日实施的原《侵权责任法》第54条规定："患者在诊疗活动中受到损害，医疗机构及其医务人员有过错的，由医疗机构承担赔偿责任。"2010年6月30日，最高人民法院发布了《关于适用〈中华人民共和国侵权责任法〉若干问题的通知》，该通知第3条规定："人民法院适用侵权责

〔1〕 本条中的"司法鉴定"采广义观点，即司法活动中对专门技术问题提供的鉴别和诊断。

〔2〕 参见徐晓宁:《医疗鉴定双轨制亟待"并轨"》，载《中国医药指南》2008年第1期，第23-24页。

任法审理民事纠纷案件，根据当事人的申请或者依职权决定进行医疗损害鉴定的，按照《全国人民代表大会常务委员会关于司法鉴定管理问题的决定》、《人民法院对外委托司法鉴定管理规定》及国家有关部门的规定组织鉴定。”

原《侵权责任法》施行以后，各地对于医疗纠纷的鉴定是采单一医疗损害鉴定还是继续“双轨”并行做法各不相同，导致了同类案件在不同地域判决结果存在不同。因此，2011年5月24日最高人民法院发布《关于统一医疗损害案件适用法律的通知》，统一了本类案件的案由、法律依据和鉴定机构，即“自2011年7月1日起，各级法院所受理的医疗纠纷案件，不再依照《医疗事故处理条例》处理，统一适用《侵权责任法》，其相关的鉴定也不再由医学会负责，统一由法院委托或医患双方共同商定有资质的司法鉴定机构进行。”因此，法院审理医疗损害诉讼时，不再委托医学会而是委托具备资质的鉴定机构进行医疗损害鉴定。2013年2月18日最高人民法院审判委员会第1569次会议通过了关于废止若干司法解释的规定，废止的解释中包括最初确立双轨制的司法解释，即《关于参照〈医疗事故处理条例〉审理医疗纠纷民事案件的通知》(〔2003〕20号)。

但是，2018年10月1日实施的《医疗纠纷预防和处理条例》仍然继续坚持“双轨制”。该条例将医疗纠纷界定为与医疗活动有关的一切争议，在医疗纠纷调解过程中，需要进行医疗损害鉴定以明确责任的，由医患双方共同委托或者同意由医疗纠纷人民调解委员会委托医学会或者司法鉴定机构进行鉴定。

需要注意的是，现在的“双轨制”与过去的“双轨制”存在差异，现在的双轨制是基于当事人选择，是由医学会还是由司法鉴定机构进行鉴定，过去的“双轨制”则是基于案由，即是以医疗事故纠纷还是医疗事故以外的其他赔偿纠纷来确定不同的鉴定机构。

（四）我国进入《民法典》时代，《医学会医疗损害鉴定规则（试行）》首次规定了医学会鉴定的规则

《民法典》吸收了原《侵权责任法》关于医疗损害赔偿责任的相关规定，最高人民法院也相应修正了《关于审理医疗损害责任纠纷案件适用法律若干问题的解释》，民事实体法及相关司法解释未规定鉴定机构等相关问题，医疗损害证据及鉴定问题主要规定在民事证据法中，下文将作详细阐明。

2021年1月6日，国家卫健委专门针对加强医疗鉴定工作发文，要求各级医学会“积极开展医疗损害鉴定工作”。2021年4月1日，中华医学会制定的《医学会医疗损害鉴定规则（试行）》施行，这是医学会自2002年组织医疗事故鉴定工作以来，首次出台鉴定规则。

三、当前医疗民事纠纷中鉴定的证据效力及其实践状况

考察我国医疗纠纷鉴定体制的发展历程，可以看到医疗领域的鉴定制度主要在行政法和民法的意义上展开，始自行政法规的医学会鉴定，在民事诉讼实践中与司法鉴定机构的鉴定并行，原《侵权责任法》《民法典》等民事实体法不断强化司法鉴定机构的鉴定，但医学会鉴定仍然一直保留并逐渐规范化，医学会鉴定和司法鉴定机构的鉴定虽然角度不同，但鉴定的实质内容逐渐趋同。

相比较而言，刑事领域尚无关于医疗损害鉴定制度的专门规定和研究，基于诉讼原理的一致性，需要详细考察民事诉讼中医疗损害鉴定的证据法规定及其实务状况。

（一）当前民事证据法关于医疗损害证据的主要规定

配合《民法典》的施行，2020年5月1日，最高人民法院《关于修改

〈关于民事诉讼证据的若干规定〉的决定》(法释〔2019〕19号，以下简称《2020年证据规定》)实施。在双轨制继续存在的前提下，对涉及医疗损害鉴定的相关证据制度予以明确。

1.删除了医疗损害纠纷“举证责任倒置”的规定

最高人民法院于2001年颁布、2002年4月1日正式实施的《关于民事诉讼证据的若干规定》(以下简称“《2002年证据规定》”)，对于医疗损害纠纷实行“举证责任倒置”，即由医方承担关于过错和因果关系的举证责任。该规定降低了患者的证明难度，导致医疗民事纠纷滥诉严重，浪费司法资源。此外，也引发医生和医疗机构实施防御性医疗，造成过度检查、医疗费用上涨、拒绝收治高危患者、不当开展保守治疗等后果。

《民法典》实施以后，2021年5月1日，最高人民法院相应修正了《关于审理医疗损害责任纠纷案件适用法律若干问题的解释》。该解释第4条规定患者依据《民法典》第1218条规定主张医疗机构承担赔偿责任的，需要提交就诊、受到损害的证据；对于患者无法提交医疗过错、因果关系的证据，人民法院应准许患者提出的医疗损害鉴定申请。

2.加强了对鉴定人的监督管理

《2020年证据规定》加强了对鉴定人的监督管理，要求鉴定人事前签署承诺书，应当遵守鉴定期限的规定，明确了勤勉义务。尤其是鉴定人故意进行虚假鉴定的，除应当退还鉴定费用外，还将按照妨碍民事诉讼进行处罚，以确保鉴定的规范性和公正性。

3.细化了鉴定人出庭的规定

《2020年证据规定》细化了鉴定人出庭的条件、费用以及拒不出庭的法律后果。当事人对鉴定书的内容有异议的，应当在人民法院指定期间内以书面方式提出异议，鉴定人需要对异议内容作出解释、说明或者补充。当事人在收到鉴定人的书面答复后仍有异议的，人民法院应当根据《诉讼费用交纳办法》第11条的规定，通知有异议的当事人预交鉴定人出庭费用，并通知鉴定人出庭。因鉴定意见不明确或者有瑕疵需要鉴定人出庭的，出庭费用由鉴定人自行负担。

4.确立了重新鉴定与补充鉴定的规则

多头鉴定、多次鉴定、矛盾鉴定是医疗损害鉴定中的痛点和难点，不但增加了法院查明事实的难度，也增加了当事人的诉累。《2020年证据规定》再次明确了准许重新鉴定的情形，即只有在鉴定人不具备相应资格、鉴定程序严重违法、鉴定意见明显依据不足、鉴定意见不能作为证据使用等情形下才能申请重新鉴定。此外，还新增了一种情形：鉴定人拒不出庭作证的，也准许重新鉴定。

为了少用、慎用重新鉴定，《2020年证据规定》规定了对于鉴定意见的瑕疵，可以通过补充鉴定、补正等方式解决的，不予准许重新鉴定。

（二）当前民事司法实践中鉴定运行的实证状况

医疗损害赔偿是我国民事司法实践中多发且疑难的案件。自2018年以来，有研究团队利用各类裁判文书数据库，对医疗损害责任赔偿纠纷〔1〕进行了详细的统计。在统计范围内，2017～2020年医疗损害责任纠纷案件数量分别为12，734件、12，249件、18，112件、18，670件。〔2〕案件数量变化清晰地反映出，我国医疗损害纠纷绝大部分通过民事途径解决，构成医疗事故的刑事案件极少，在全体医疗纠纷中所占的比例非常之小。

该研究团队对于2017～2020年医疗损害责任纠纷裁判文书内容进行

---

〔1〕 医疗损害责任纠纷可以划分为医疗过错责任纠纷、侵害患者知情同意权纠纷和医疗产品责任纠纷。其中，医疗过错责任纠纷占99%以上。

〔2〕 本部分数据，参见医法汇团队：《国内首份医疗损害责任纠纷案件大数据报告重磅来袭》，载医法汇网站，https://www.yifahui.com/1840.html，最后访问日期：2018年2月7日；《2018年全国医疗损害责任纠纷案件大数据报告》，载医法汇网站，https://www.yifahui.com/2120.html，最后访问日期：2019年1月21日；《2019年全国医疗损害责任纠纷案件大数据报告》，载医法汇网站，https://www.yifahui.com/2935.html，最后访问日期：2020年2月24日；《2020年医疗损害责任纠纷案件大数据报告》，载医法汇网站，https://www.yifahui.com/3989.html，最后访问日期：2021年2月18日。

分析，主要从医疗机构类型、上诉情况、判决情况、患方败诉原因、病历对医方责任认定的影响以及法院对鉴定意见的处理多个维度进行了研究。其中，法院对鉴定意见的处理是一个重要方面，反映出民事司法实践中医疗损害鉴定近四年的运行情况基本稳定。

经分析发现，首先，并非所有医疗损害责任纠纷均作了鉴定，在患方败诉的原因中，未作鉴定在所有原因中排第二位；其次，在二审争议的焦点中，鉴定意见可否采信在所有焦点中排第三位；最后，法院对鉴定意见的处理方式，比例从高到低大致是驳回当事人异议、要求鉴定人出庭、发出书面质询、决定重新鉴定、不采信鉴定意见和要求专家辅助人出庭。

以2020年二审涉及鉴定的案件为例，当事人对鉴定意见存在异议的案件有1662件，其中，异议被法院直接驳回的案件有762件，占比45.84%；鉴定人出庭接受质询的案件有343件，占比20.64%；书面接受质询的案件有391件，占比23.53%，较2019年的195件有较大幅度的提升，一方面应是受当年新冠疫情的影响，另一方面受最高人民法院《2020年证据规定》对书面质询相关规定的影响。法院同意重新申请鉴定案件有122件，占比7.34%；法院不采信鉴定意见案件有23件，占比1.38%；专家辅助人出庭案件21件，占比1.26%。

还需注意的是，2019年、2020年医疗损害责任纠纷的研究新增了对于医疗损害鉴定类型的分析。在2019年医疗损害责任纠纷二审案件中，共有3177件，申请鉴定案件2222件，其中申请医疗损害鉴定的案件共有1948件，占比高达87.69%；申请医疗事故鉴定进行维权的案件有224件，占比10.08%；不认可病历材料的真实性，申请对相关材料进行文检鉴定的案件有50件，占比2.25%。2020年二审案件共3096件，其中申请鉴定的案件共2482件，申请医疗损害鉴定的案件共有2157件，占比高达86.91%；申请医疗事故鉴定的案件有261件，占比10.52%；不认可病历材料的真实性，申请对相关材料进行文书检验鉴定的案件有64件，占比2.58%。可见，申请司法鉴定机构进行医疗损害鉴定仍然是人民法院委托鉴定的主要方式，符合最高人民法院《关于审理医疗损害责任纠纷案件适用法律若干问题的解释》。但遗憾的是，该研究未进一步讨论是否存在多头鉴定、鉴定意见之间存在矛盾时如何处理。

第二节 刑事诉讼法修改与医疗事故刑事纠纷中的鉴定

一、我国刑事证据制度中鉴定的定位

我国《刑事诉讼法》于2018年作出第三次修正，此次修正主要与监察制度设立有关，未涉及鉴定制度。鉴定制度改革是2012年《刑事诉讼法》第二次修正的重点之一。

刑事鉴定的定位和性质主要取决于一国刑事诉讼模式。例如，英美法系实行抗辩主义，鉴定人即专家证人，鉴定意见是控辩双方证明其诉讼主张的证据，本质上即为普通的证人和证据，因而被称为“当事人的科学助手”；大陆法系实行职权主义，法官根据需要主动委托专家对专业技术问题进行鉴定，鉴定人具有一定的独立性和特殊的法律地位，不同于一般的证人。因为鉴定人居于客观中立的地位，独立于控辩双方为法官服务，所以被称为“法官的科学辅助员”。[1]

我国刑事诉讼模式实行混合主义，鉴定在刑事诉讼中主要是侦查机关收集证据的一种活动。鉴定作为证明犯罪的手段，为侦查机关“自侦自

---

〔1〕 参见王沛、郝银钟：《司法鉴定制度完善论——以国际刑事司法鉴定人制度的特点为视角》，载《中国司法鉴定》2010年第5期，第16-18页。

鉴自证”提供了法律根据。然而，侦查与鉴定的“一体化”，不利于当事人权利的保障和诉讼公正的实现，也可能是出现某些错案的原因之一。[1]全国人大常委会于2005年2月发布了《关于司法鉴定管理问题的决定》，但其内容主要规定了鉴定人员、鉴定机构和鉴定活动的管理，并未明确鉴定本身的定位。有观点认为，需要对刑事诉讼中的鉴定制度进行明确定位，在《刑事诉讼法》总则部分规定刑事诉讼鉴定活动的基本原则，在“证据”一章专门规定鉴定制度，在诉讼的不同环节也予以具体规定。[2]

有观点从知识产权、医疗等专业性极强的新型案件出发，认为传统证据理论和制度不足以帮助法官查明案件事实。近年来，我国证据法从民事、行政到刑事，逐步引入了“有专门知识的人”，主要功能在于借助“有专门知识的人”来独立地对鉴定人进行质疑，对鉴定意见或者专门性问题发表意见。该建议借鉴了意大利鉴定制度改革的思路，体现了在增强当事人因素的背景下仍然保持了职权主义的特色。[3]

笔者认为，2012年修正《刑事诉讼法》将“鉴定结论”改为“鉴定意见”，强调必须经过质证才能成为定案的证据；公诉人、当事人及其辩护人、诉讼代理人等均可以申请鉴定人出庭，申请有专门知识的人出庭对鉴定意见提出意见；“有专门知识的人”发表的意见不是证据，但其参与对鉴定意见进行质证保证了鉴定意见的科学性、可靠性和可接受性；应当坚持鉴定意见作为证据服务于审判的核心地位，“专门知识的人”对于维护或者削弱鉴定意见的证据证明力发挥重要的作用，从而帮助法官理解案件所涉专门知识并形成内心确信。

---

〔1〕 参见戴玉忠：《刑事鉴定制度修改完善的几个关键问题》，载《中国司法鉴定》2011年第6期，第4页。

〔2〕 参见戴玉忠：《刑事鉴定制度修改完善的几个关键问题》，载《中国司法鉴定》2011年第6期，第4页。

〔3〕 参见郭华：《鉴定人与专家证人制度的冲突及其解决——评最高院有关专家证人的相关答复》，载《法学》2010年第17期，第16-17页。

二、医疗事故刑事诉讼中鉴定的依据

(一)《刑事诉讼法》及其解释关于刑事鉴定的一般规定

刑事鉴定的范围非常广泛,包括刑事技术鉴定、人身伤害的医学鉴定、精神病的医学鉴定、扣押物品的价格鉴定、文物鉴定、珍稀动植物及其制品鉴定、违禁品和危险品鉴定、电子数据鉴定等。医疗事故刑事纠纷的鉴定,归属于人身损害医学鉴定,应当遵守刑事证据法关于鉴定的一般规定。

我国刑事鉴定的基本依据是《刑事诉讼法》及其司法解释,以及相关解释性规定。2012年修正《刑事诉讼法》第一编“总则”之第五章“证据”规定的八类法定证据之一是“鉴定意见”;第二编“立案、侦查和提起公诉”的第二章“侦查”在第七节规定了“鉴定”,主要规定了鉴定的程序及法律责任、鉴定意见告知及异议和处理;第三编“审判”的第二章“第一审程序”规定了法庭调查阶段询问鉴定人、强制鉴定人出庭作证等。此外,最高人民法院《关于适用〈中华人民共和国刑事诉讼法〉的解释》(2021年3月1日施行,以下简称2021年《刑诉法解释》)、公安部《公安机关办理刑事案件程序规定》(2013年1月1日施行)、最高人民检察院《人民检察院刑事诉讼规则(试行)》(2013年1月1日施行)、“两高”、公安部、国家安全部、司法部、全国人大常委会法制工作委员会《关于实施刑事诉讼法若干问题的规定》(2013年1月1日施行)等,就鉴定涉及的相应问题作了进一步具体的规定。

但是,我国《刑事诉讼法》及其解释对于鉴定的规定是一般性、普适性的,未像民事证据法那样针对医疗损害责任这一类纠纷专门规定鉴定的性质及类型。在刑事实体法领域,虽然有关于医疗事故罪的专门解释性规定,但是,仅限于对其实体成立要件“严重不负责任”“严重损害就诊人身体健康”的界定〔1〕，未能体现在证据上如何通过鉴定来证明上述要件。

（二）医疗事故刑事纠纷的鉴定可以实行“双轨制”

除了上述一般依据外，在刑事诉讼中对涉嫌医疗事故罪进行鉴定时，主要依据是《关于司法鉴定管理问题的决定》和《医疗纠纷预防和处理条例》，即二者均可适用。

第一，《关于司法鉴定管理问题的决定》规定的是诉讼活动中鉴定人运用科学技术或者专门知识提供鉴定意见的活动，适用于一切诉讼活动，既包括民事诉讼，也包括刑事诉讼。该决定第2条第1款规定了鉴定类型，涉嫌医疗事故罪的后果包括造成就诊人死亡或者严重损害就诊人健康，存在严重的人身损害后果，可以由司法鉴定机构组织医疗损害鉴定。需要注意的是，法医鉴定的范围非常广，在医疗事故刑事纠纷中，除了医疗损害鉴定以外，司法鉴定机构的法医类鉴定还可能涉及对被害人死因、损害程度、伤残等级等的单项鉴定，这些鉴定意见可能作为医疗损害鉴定的依据（如损害后果、因果关系等），也可以与医疗损害鉴定相互印证，形成证据链。本书以医疗损害的司法鉴定为中心，同时也不可避免地会涉及与具体个案有关的法医类其他司法鉴定。

第二，《医疗纠纷预防和处理条例》适用于医疗事故刑事纠纷。首先，从外延上看，医疗纠纷的范围非常之大，涉嫌犯罪的医疗事故纠纷仅为其中罕见的一部分〔2〕，医疗纠纷当然涵盖医疗事故刑事纠纷。其次，从法律规范之间的关系来看，《医疗纠纷预防和处理条例》是国务院颁布的行政法规，可以作为刑事法律规范的前置法，是判断犯罪成立要件的相关事实标准，但行政违法性并不必然推导出刑事违法性。简言之，根据《医疗纠

---

〔1〕 参见最高人民检察院、公安部《立案追诉标准（一）》（2008年6月25日）第56条。

〔2〕 关于广义医疗纠纷、狭义医疗纠纷、医疗事故罪之间逻辑关系的分析，参见杨丹：《医疗刑法研究》，中国人民大学出版社2010年版，第55页。

纷预防和处理条例》规定，由医学会鉴定构成医疗事故的，并不必然构成医疗事故罪，法官要对是否具有刑事过失和刑事损害后果进行法律上的判断。最后，需要特别注意的是，行政法规与刑法是前置法与最后保障法的关系，二者调整对象可以是同一的，但责任的性质不同。这明显不同于行政法规与民法必须针对不同的调整对象。2002年《医疗事故处理条例》颁布以后，最高人民法院考虑到行政法规可否在民事诉讼中直接适用的问题，专门于2003年发布了《关于参照〈医疗事故处理条例〉审理医疗纠纷民事案件的通知》界定为"参照"适用。该通知确立了"双轨制"的鉴定模式，人为将医疗纠纷划分为医疗事故损害纠纷和其他医疗损害纠纷，导致了损害赔偿标准的二元化。[1]

因此，医疗事故刑事纠纷的鉴定实行"双轨制"以如上法规作为依据，这是非常明确的，在刑事诉讼中赋予了司法机关和当事人选择不同鉴定方式的权利。笔者认为，过去要么侧重于对医学会鉴定的公正性的质疑，要么侧重于对司法鉴定机构专业性的质疑。近年来通过一系列改革，如鉴定人的组成、委托鉴定书的要求、鉴定意见书的内容、鉴定人强制出庭等，不断完善鉴定人制度。在医疗事故刑事纠纷的鉴定中，无论是选取某一种鉴定还是二者兼而有之，均须确保鉴定活动和鉴定意见的合法性、专业性和公正性。对于鉴定的内容，《医疗纠纷预防和处理条例》也对两种鉴定方式作了统一规定。[2]在此基础上，刑事法官在审判中心主义指导下，在庭审中通过质证和询问专家辅助人等途径，理解鉴定意见所载明的事实，依据证据规则并结合刑法规定，对相关事实是否充实犯罪成立要件作出法律上的判断。

---

〔1〕 参见徐晓宁:《医疗鉴定双轨制亟待"并轨"》,载《中国医药指南》2008年第1期,第21页。

〔2〕《医疗纠纷预防和处理条例》第36条规定:"医学会、司法鉴定机构作出的医疗损害鉴定意见应当载明并详细论述下列内容:(一)是否存在医疗损害以及损害程度;(二)是否存在医疗过错;(三)医疗过错与医疗损害是否存在因果关系;(四)医疗过错在医疗损害中的责任程度。"

三、我国医疗事故刑事诉讼实践中鉴定的运行状况

在本书第二章第一节"医疗事故刑事纠纷的实证分析"确定的检索范围内，共统计并筛选出72件案件，除三个裁定（驳回自诉、不予受理、减刑）未涉及鉴定以外，对其余69份裁判文书所载明的鉴定意见进行统计并分析，可以一窥我国医疗事故刑事诉讼实践中鉴定制度的运行状况。

（一）鉴定并非必需，但绝大部分案件均作了鉴定

尽管医疗事故罪的认定具有高度专业性，通常以鉴定作为认定事实的重要依据，但是，并未作出强制鉴定的制度设计，实践中的确也存在未予以鉴定的案件。在研究范围的69件案件中，只有2件案件未作鉴定，占比2.90%；其余67件案件均作了鉴定，占比97.10%。

这两个未作鉴定的案件正好代表了两个极端，一是事实极其简单，因果关系非常清楚的案件，即"赵某医疗事故案"。被告人赵某系村卫生所医生，在不具备接生条件的情况下，擅自为他人进行生育手术，造成产后大出血，虽及时抢救并转送县医院，但仍致他人死亡。在本案中，双方达成赔偿协议，被告人对认定事实无异议，虽未经鉴定，法院直接认定构成医疗事故罪。[1]

二是案情特殊，受害面广、社会影响恶劣的案件，即"赵某某医疗事故案"。被告人赵某某系浙江省中医院检验科主管技师，具体负责该院为降低妇女流产概率而提供的"封闭抗体治疗"服务项目中淋巴细胞的分离、培养、收集、提纯操作。2016年某日，赵某某在培养室独自收集、提纯培养后的整批共34份男性淋巴细胞时，未认真做操作前的检查、准备工作，在操作开始后发现备用的一次性吸管不够的情况下，抱持侥幸心理，严重违

〔1〕 参见（2011）泌刑初字第291号。

反相关法规制度关于“一人一管一抛弃”的规定，重复使用同一根吸管交叉吸取、搅拌、提取上述培养后的淋巴细胞，致使该批次淋巴细胞被交叉污染。随后，赵某某将受污染的淋巴细胞交由护理部医护人员对该批34名男性的配偶实施皮内注射。后得知，该批次其中一名男性沈某在被抽取血样前已感染艾滋病病毒，经紧急排查，该批次有5名女性艾滋病抗体检测结果为阳性，且所感染的艾滋病毒株核酸序列与沈某的核酸序列属单系传播簇、高度同源。本案未作鉴定，证明被告人存在重大过失和因果关系的主要证据包括：(1)现场勘验检查笔录、侦查实验视频。公安机关对涉案临床实验室进行了现场勘查，该院医疗人员对“封闭抗体治疗”过程进行了全程模拟演示，证明淋巴细胞分离、培养、收集、提纯过程如操作不规范，可能导致标本交叉感染。(2)调查报告及专家组意见。浙江省卫生计生委对赵某某医疗事故案的基本情况、发生过程以及目前的病毒感染情况进行了调查。专家组经讨论后认为，本案是一起因医院技术人员严重违反操作规程，造成交叉污染，导致的医源性艾滋病病毒感染事件。[1]虽然本案没有严格意义上的鉴定意见，但其他证据已经达到了证明要求。

还须值得注意的是，研究范围内(2008～2015年)有1件不予受理自诉的裁定，以及自2015年起自诉案件大幅增长至55件，但其中有52件不予受理或者被驳回起诉，法院不予受理或者驳回的核心原因是不能提供“证明犯罪事实的证据”，关键即在于是否有支持自诉请求的鉴定意见。

(二)医疗损害的医学会鉴定和司法鉴定并行，各有侧重，互相印证

在医疗事故刑事纠纷中，对于究竟应当由医学会组织同行鉴定还是由司法鉴定机构组织鉴定，并不存在强烈的争议，在实践中往往由医方、患方、公安机关、法院等启动鉴定程序，视具体情况选择医学会进行医疗事

---

〔1〕 参见(2017)浙0102刑初428号。

故技术鉴定，或者选择司法鉴定，或者二者兼而有之。但是，这里的司法鉴定并不仅局限于医疗损害鉴定，而是司法鉴定中的法医大类鉴定，具体包括医疗损害鉴定、死因病理鉴定、损害程度（伤残等级）鉴定和药品化验鉴定等。

在研究范围内，进行鉴定的67件案件中，鉴定方式不详的4件，占比5.97%；仅有医学会鉴定意见的18件，占比26.87%；仅有司法机构鉴定意见的18件，占比26.87%；既有医学会鉴定又有司法鉴定机构鉴定的27件，占比40.30%。可见，“双轨制”鉴定在医疗事故刑事纠纷中所占的比例最高。

（三）医学会鉴定意见的名称和内容均比较规范，部分存在多次鉴定

由医学会组织的医疗损害鉴定，在2018年10月1日以前以《医疗事故处理条例》为基本依据[1]，鉴定意见名称清晰，即《医疗事故技术鉴定书》；内容规范，即在确认事实的基础上，划定事故等级[2]和医方责任。

在研究范围内，进行鉴定的67件案件中，排除4件鉴定方式不详的，有18件案件仅作了司法鉴定，有45件案件的证据中载明了《医疗事故技术鉴定书》，占比67.16%，即大部分案件由医学会组织进行鉴定，其中，医学会鉴定次数为1次的有33件，2次的有10件，3次的有2件，重复鉴定虽然存在，但不突出。

在医学会鉴定了两次的案件中，存在原医学会重新鉴定和上一级医学会再作鉴定两种情形。两次鉴定意见有一致的，如“胡某某医疗事故

---

〔1〕 2018年10月1日《医疗纠纷预防和处理条例》实施，取消了《医疗事故处理条例》关于鉴定等级的规定。但是，对诊疗活动中医疗事故的行政调查处理，依照《医疗事故处理条例》的相关规定执行，即两个条例在某些问题上处于并行状态。

〔2〕 《医疗事故处理条例》第3条规定了四级医疗事故，具体分级标准由国务院卫生行政部门制定；《医疗纠纷预防和处理条例》取消了等级规定，第34条第3款规定医疗损害鉴定的具体管理办法由国务院卫生、司法行政部门共同制定。国家卫健委与司法部曾联合起草了《医疗损害鉴定管理办法》（草案），并向社会征求意见。然而至今《医疗损害鉴定管理办法》仍未出台；2021年2月1日，中华医学会制定的《医学会医疗损害鉴定规则（试行）》实施。

案”[1]；有的则存在差异，对于不一致的，法院对于采信哪一次鉴定进行了说明，如“王某某医疗事故案”[2]。医学会鉴定次数最多的为3次，在“陈某某医疗事故案”中，海口市、海南省和中华医学会逐次进行了鉴定，在对医方责任程度的判断上，海口市医学会和中华医学会是一致的，认定医方负次要责任，海南省医学会的鉴定意见则认定医方承担主要责任，法院采信了前两者的意见。[3]另一件医学会鉴定了三次的案件是“刘某等医疗事故案”，四平市医学会先后作了两次鉴定，对于是否构成医疗事故得出相反结论，后由吉林省医学会进行第三次鉴定，认定构成一级甲等医疗事故，医方负次要责任。[4]

（四）司法鉴定基本上属于法医鉴定类，进一步细分并共同证明医疗过失与因果关系

医疗事故刑事纠纷一旦立案，除了司法鉴定机构受委托进行医疗损害临床鉴定以外，公安机关常常会启动尸体检验、死因鉴定、药品检验等。在裁判文书中，这些鉴定意见被笼统归为“司法鉴定”，没有统一的规范名称，其具体细分为哪一类鉴定，还需要通过鉴定意见的文书号和具体内容等予以确定。

在67件进行鉴定的案件中，载明了司法鉴定机构鉴定意见的有45件。其中，医疗损害临床司法鉴定有19件，其中1件作了2次损害临床鉴定；死因司法鉴定有30件；毒物检验鉴定4件；其他鉴定（如伤残等级、损害程度）5件。其中，同时涉及医疗损害临床鉴定、死因鉴定的案件10件，同时涉及医疗损害临床鉴定、死因鉴定、药物鉴定的案件1件，同时涉及死因鉴定、

---

〔1〕 参见（2008）巢刑终字第36号。
〔2〕 参见（2014）望刑初字第41号。
〔3〕 参见（2011）海南一中刑终字第26号。
〔4〕 参见（2018）吉0322刑初5号。

药物鉴定的案件3件，同时涉及医疗损害临床鉴定、其他鉴定的案件1件，同时涉及死因鉴定、其他鉴定的案件1件，两次鉴定同为损害临床鉴定、其他鉴定的案件各有1件。

在司法鉴定机构的鉴定意见中，医疗损害鉴定的内容最全面，应当包括医疗行为存在的过错、造成的损害结果、因果关系等，但是量化说明医疗行为的事故参与度、为判断医方责任提供了明确标准的仅有19件，占比28.36%。

其他司法鉴定则侧重于某一个问题，例如，尸体检验报告证明死亡原因，“死者系某某药物过敏休克死亡”，药物检验报告证明在案发现场搜集到的输液管内残留的药物为“某某药物”。但是，此类鉴定意见不能独立证明医疗事故的发生，只能作为医疗损害临床鉴定的依据，或者与其他证据相印证形成证据链条。例如，医学会鉴定意见会在因果关系证明中引用尸检报告关于死因的说明；反之，也有医学会鉴定意见以未做尸检为由，无法证明造成损害的原因。[1]

（五）仅有极少数案件对鉴定意见提出异议，但大多未获接受，个别异议被接受以启动重新鉴定

在67件进行鉴定的案件中，对于鉴定意见明确提出异议的有19件，占比28.36%。与民事案件相比，被告人（辩护人）提出异议的比例相对较低。在2020年3096份医疗损害责任民事二审判决书中，当事人对于鉴定意见提出异议的有1662件[2]，占比53.68%，即医疗纠纷民事二审中有一半以上对鉴定意见提出异议，笔者认为，这与民事诉讼中原被告双方在诉讼地位和诉讼能力上更加“势均力敌”有关。

---

〔1〕 参见（2008）巢刑终字第36号。

〔2〕 参见医法汇：《2020年全国医疗损害责任大数据》，载https://www.yifahui.com/3989.html，最后访问日期：2021年4月26日。

对于被告人(辩护人)针对鉴定意见提出的异议,法院处理情况如下:直接驳回异议12件,采信异议3件,重新鉴定4件。

在对鉴定意见明确提出异议的案件中,异议表现为四种形式:第一类异议针对鉴定意见在刑事诉讼中作为认定医疗事故罪的证据提出,既可能是对没有医学会作出医疗事故的鉴定意见即认定本罪提出异议,也可能是对医学会鉴定意见作为刑事证据提出异议。例如,在“洛某某医疗事故案”中,四个司法鉴定机构分别作出了医疗损害临床鉴定、死因鉴定、药物分析检验报告、文书鉴定。但是,被告人及其辩护人提出“一审判决未对肖某乙的死亡是否构成医疗事故作出鉴定,认定洛某某构成医疗事故罪证据不足”。法院认为,本案现有证据足以认定,是否作出医疗事故鉴定不影响对本案事实的认定,未采纳该异议。相反,也有异议是针对医学会的鉴定意见,认为医学会的鉴定不能作为刑事诉讼的证据,同样也被驳回。〔1〕

第二类异议针对鉴定意见形式上的合法性提出。例如,在“陈某医疗事故案”中,辩护人认为温州市医学会出具的鉴定意见书无鉴定人签名,且存在多处错误,但是,法院认为,无鉴定人签名这一理由不足以将该鉴定意见作为非法证据排除。〔2〕

第三类异议针对鉴定意见的内容提出。例如,在“李某某医疗事故案”中,被告人对十堰市医学会医疗事故技术鉴定结论不服,认为其诊疗行为没有严重过错,与被害人死亡没有因果关系,提出了异议,要求重新鉴定。法院退回补充侦查,侦查机关另行委托司法鉴定机构再行鉴定。〔3〕

第四类异议针对鉴定意见形式、内容等从多个方面提出。例如,在“高某某医疗事故案”中,被告人(辩护人)提出司法鉴定程序违法,鉴定依据事实材料不充分,没有细菌学报告,鉴定机构无鉴定资质,鉴定结论

---

〔1〕 参见(2015)一中刑终字第1247号。

〔2〕 参见(2012)温瑞刑初字第1919号。

〔3〕 参见(2018)鄂03刑终71号。

错误等，要求重新鉴定。但是，法院以该案已经失去重新鉴定的条件、被告人未提供新证据为由，未予许可。[1]

此外，在相当一部分案件中，被告人（辩护人）会辩解其行为并非严重不负责任，或者与被害人损害没有因果关系等，但是，这类泛泛的辩解不是针对鉴定意见的形式或者内容作出，更没有明确提出异议，对于被告人无罪或者罪轻的影响非常有限。

（六）个别案件鉴定人出庭或者提供书面陈述，对鉴定意见的有效质证尚需加强

在67件案件中，仅有1件案件一审鉴定人出庭作证、1件案件提供了鉴定人的书面陈述。在“黄某某医疗事故案”一审期间，鉴定人出庭就鉴定原则、鉴定的事实依据、胆道全层破裂、胆管损伤概率与执业资质、执业经验的关系等作出了合理的解释和说明，其中胆管损伤非胆囊切除手术所必然造成的后果，其损伤概率、补救措施等均与执业资质、执业经验等存在内在联系。该案二审期间，被告人（辩护人）申请重新鉴定，法院未予许可。

载明鉴定人书面陈述的案件是天津“张某某医疗事故案”。在该案中，天津市宝坻区医学会作出鉴定，认为该病例属于一级甲等医疗事故，医方承担主要责任。鉴定组的三名成员，即医院方、医学会负责人、药学专家证明了鉴定的过程、效力和专业判断。[2]但判决书将三人的陈述列为证言，证据归类有失严谨。

四、法官对鉴定意见的审查

医疗纠纷高度倚赖医疗领域的专业鉴定，如前述所示，我国医疗事故

〔1〕 参见（2014）南刑一终字第00008号。
〔2〕 参见（2015）宝刑初字第230号。

刑事纠纷的鉴定率达到97.10%。然而，鉴定意见存在多类、多次甚至互相矛盾情形，对于鉴定意见本身的质疑或者对与鉴定意见密切相关事实的辩解普遍存在。

因此，法官必须确立对于鉴定意见的实质审查权和对于案件事实的最终认定权，应当对鉴定意见的效力、形式和内容等进行实质审查。

（一）法官审查鉴定意见在刑事诉讼法上的意义

1.鉴定意见本质上是一种证据，只限于对医疗客观事实的描述和判断

首先，医疗损害鉴定意见更具有专业性。医疗领域的鉴定意见不同于一般人身损害鉴定之处，正在于被害人因自身罹患的疾病而参与到医疗过程中，对于损害结果的发生，到底是医疗行为所致还是疾病的自然转归，更需要基于临床知识和经验作出高度专业的鉴定意见。但是，无论鉴定意见自身的专业性和科学性如何，其在本质上只是一种证据方法，是辅助法官厘清事实的依据；作为一种意见性证据，鉴定意见是鉴定人对于案件中特定的医疗问题基于其专业知识得出的意见。因此，医疗鉴定的任务在于提供科学性的知识和相关医疗专业领域的经验法则，确定只能通过专业医学知识才能确定的事实，判断以及推论以上科学性的知识与相关医学专业领域的经验法则为背景所涵盖的各项事实。

其次，法官裁判案件的权力不可让渡。鉴定人的职责仅限于运用医疗专业知识的“鉴定”，不能取代法官对事实的“认定”以及进而得出的对责任的“判定”。法官作为裁判者只是司法领域的专家，其对于其他领域的知识和经验也是有限的，很难在法律以外的领域作出确定的自由心证。法官只有借助于鉴定人的意见，才能准确地认定事实。并且，现代社会日益复杂化、技术化、专业化，诉讼越来越依赖专门知识，对鉴定的重视日益加深。法官缺乏医学专业背景和知识，鉴定人极易在事实上处于特别强势的地位，对于这种现象，德国法官科赫评论道“实际上，诉讼程序裁判的重

心，几乎从法官移到了医生，这是必须接受的事实”[1]。若法官不加分析机械地适用鉴定意见，“以鉴代审”，实质上就是将裁判权让渡给了鉴定人。

最后，鉴定意见应恪守其事实边界。鉴定意见是对裁判者说明具有重要性的事实主张的陈述。鉴定人对于医疗行为的专业判断，应当限于事实的范畴而不应作出价值的判断，否则就闯入了法律评价的领域、侵入了法官的裁判权。鉴定意见如何恪守事实判断，核心取决于在鉴定委托书中列明的待鉴定事项和质证的方式。我国《医疗纠纷预防和处理条例》第36条列明了医疗损害鉴定意见应当载明并详细论述的内容主要包括：是否存在医疗损害以及损害程度，是否存在医疗过错，医疗过错与医疗损害是否存在因果关系，医疗过错在医疗损害中的责任程度。

2.鉴定意见作为法律明文规定的一类证据，必须由法官遵循证据审查的要求和程序进行认定

首先，从事实上看，鉴定意见因其自身的局限性不宜被直接援用，法官的甄别、判断是必经程序。尽管鉴定意见的主要侧面是其客观性和科学性，但不可否认的是，鉴定意见同样也具有主观性和局限性，尤其是医学的不确定性更加剧了其局限性。鉴定意见中可能存在错误，也可能多个鉴定意见彼此冲突。法官全程主持案件的审理，对案件有更全面的了解，能够运用自己的专业知识、证据审查方法，结合其他证据，发现鉴定意见可能存在的错误，特别是在多个鉴定意见不一致的情况下，通过比对差异来形成内心确信。这个发现并形成内心确信的过程，就是证据的审查过程，需在裁判理由部分予以阐述。

其次，从法律上看，鉴定意见属于一类法定证据。《刑事诉讼法》第50条第1款明确列举了八类证据，鉴定意见作为其中之一，与其他种类证据处

---

[1] Koch, Die Zusammenarbeit zwischen Richter und ärztlichem Sachverständigen in Unterbringungs-verfahren NJW 1974, S.595f.

于相同的法律地位，该条第2款同时规定："证据必须经过查证属实，才能作为定案的根据。"从证据分类的意义上看，鉴定意见属于间接证据，本身尚需要其他证据予以支持和印证，必须经过质证之后才能采信。鉴定意见可能是裁判的必要条件，但并非充分条件，不是法官裁判唯一而且绝对的基础。因此，在质证阶段对于鉴定意见的证据能力和证明力进行审查，是刑事诉讼的重要任务。

最后，从程序上看，法官审查鉴定意见应遵循相应要求。《刑诉法解释》第84条规定了审查鉴定意见应当着重审查的十项内容，第85条规定了鉴定意见不得作为定案根据的情形，第86条规定了鉴定人出庭作证的问题。《刑事诉讼法》第147条规定了鉴定的程序及法律责任；第148条规定了鉴定意见的告知义务，对鉴定意见的异议及其处理；第192条规定了鉴定人出庭作证的条件及拒不出庭的后果；第194条规定了对于鉴定人的发问和询问等。医疗事故刑事诉讼中审查医疗损害的鉴定意见同样适用以上规定。法官依据要求和程序对于鉴定意见进行审查，不能未经质证即机械引用鉴定意见，应当在裁判理由中阐明采信鉴定意见的理由；若法官不采信鉴定意见，更应当充分说明不采信的理由，具有说理上的论据才能获得各方的信服。是否采信应当基于对鉴定意见的分析来加以论证，不能罔顾鉴定意见恣意作出裁断。

综上，医疗事故刑事诉讼程序中的鉴定人，是非常重要而特殊的角色；但是，鉴定人仅是法官的辅助者，只需在客观事实上对于医疗行为进行描述和说明，其余的交由法官来审查认定。

（二）对医疗事故刑事诉讼中鉴定意见效力的审查

在医疗事故刑事纠纷中，证据体系的核心是鉴定类证据，医疗损害鉴定包括医学会组织的鉴定和司法鉴定机构组织的鉴定。对于以上两类鉴定意见本身是否能够作为证据，在实务中存在异议；部分案件存在多次鉴定的情形，产生了多份鉴定意见之间的效力问题。因此，法官审查医疗损害鉴定意见的效力，有如下三种情形：

第一种，医学会的医疗事故技术鉴定书可否在刑事诉讼中作为证据使用。

在45件由医学会鉴定的案件中，有2件案件对此提出异议。例如，在“杨某医疗事故案”中，被告人杨某在北京某精神医院住院部作为大夜班副班护士，违反该院相关规定，未严格履行巡视职责，对已约束的病人未按规定定时松解保护带，在其值班期间，被害人崔某（男，时年24岁，精神病人）被同室精神病人唐某（男，时年39岁）扼颈机械性窒息死亡。经司法精神病鉴定，唐某实施违法行为时丧失辨认、控制能力，无责任能力。北京医学会、中华医学会两次进行医疗事故鉴定，结论均为：属于一级甲等医疗事故，医院在患者的损伤结果中承担次要责任。

本案被害人家属委托的诉讼代理人提出，“医学会的鉴定不能作为刑事案件的证据”。法院在事实查明部分阐述了该医疗事故技术鉴定产生的事由，鉴定的依据、程序、人员、过程，最后说明该鉴定意见符合证据的“三性”（合法性、客观性、关联性），具有证明力，医学会鉴定可以作为刑事案件的证据。“北京医学会和中华医学会接受北京市公安局的委托，医患双方按照中华人民共和国卫生部颁布的《医疗事故技术鉴定暂行办法》规定的程序和要求确定专业人员，专业人员在充分听取医患双方意见的基础上形成结论意见，上述意见是对案件涉及的医疗领域中专门性问题作出的分析论证，具有真实性、合法性、关联性，对案件的事实有证明作用。”[1]在“李某某医疗事故案”中，辩护人也提出医学会不具有司法鉴定机构的资质，福建省医学会作出的《医疗事故技术鉴定书》不是刑诉法上的司法鉴定，不能作为证据使用。法院同样未采纳该辩护意见，而是以《医疗事故

---

〔1〕（2015）一中刑终字第1247号。

处理条例》为依据，说明鉴定机构和鉴定人员具有法定资质，鉴定程序符合法律及有关规定，可以作为定案根据。[1]

第二种，仅有司法鉴定机构的鉴定意见及其他证据但无医学会事故鉴定，是否足以定罪。

与第一种情形相反，在个别案件中，有辩护人以仅有司法鉴定意见，医学会未认定构成医疗事故为由提出辩解。在“洛某某医疗事故案”中，肖某甲请医生到家中为其儿子肖某乙治病，该卫生所医生陈某某开具处方后让护士洛某某（其妻）去为肖某乙打针。洛某某为病人测量了体温，在明知其体温低于正常标准情况下，仍按处方为病人准备好两瓶药物，并在静脉点滴第一瓶药物时离开。后病人在静脉点滴第二瓶药物（清开灵）的过程中出现过敏反应，在送往医院途中死亡。[2]

该案由司法鉴定科学技术研究所司法鉴定中心出具鉴定意见书，证明病人死因；吉林省公正司法鉴定中心出具司法鉴定意见书，证明病人死亡与医疗过错行为的因果关系。该案未委托医学会组织鉴定，故无是否构成医疗事故及其等级的鉴定意见。在本案二审中，被告人及其辩护人均提出，“一审判决未对被害人的死亡是否构成医疗事故作出鉴定，认定医疗事故罪证据不足”。法院认为，本案现有证据足以证实被害人是在静脉点滴洛某某为其配制的清开灵药物过程中发生过敏反应，后因自身疾病与过敏反应共同作用致急性呼吸、循环功能衰竭而死亡的事实，因此，是否作出医疗事故鉴定不影响对本案事实的认定。在18件仅作司法鉴定、未作医学会鉴定的案件中，只有“洛某某医疗事故案”提出该问题。

第三种，审查数份医疗损害鉴定意见相互冲突时的效力问题。

在部分医疗事故刑事纠纷中，存在多头鉴定（既有医学会鉴定又有司法

---

〔1〕 参见（2017）闽01刑终1458号。

〔2〕 参见（2014）年长刑终字第00190号。

鉴定或者其他多个司法鉴定)、重复鉴定(2次以上医学会鉴定)的情形,从而形成数份鉴定意见。有的案件的数份鉴定意见能够形成一个完整的证据链条,证明医疗事故罪成立。例如,"杜某某医疗事故案"从不同角度共计作了3次司法鉴定和1次医学会鉴定,法院认为四份鉴定意见分别证实了被害人的死亡原因、被告人的医疗行为构成医疗事故、医疗行为与死亡存在因果关系、诊疗行为与死亡存在轻微因果关系,并且鉴定意见与本案的物证、书证、证人证言及被告人供述能够相互印证,并形成完整的证据链条。[1]

然而,有的案件中数份鉴定意见之间则存在冲突,需要法官审查鉴定意见的效力,决定采用哪些作为定案根据。例如,在"刘某等医疗事故案"中,四平市医学会作了2次鉴定,吉林省医学会作了1次鉴定,吉林公正司法鉴定中心作了1次鉴定,对于是否构成医疗事故、事故等级及医方责任程度认定存在差异。因该案附带民事诉讼,审理过程中与"双轨制"有关的最高人民法院《关于参照〈医疗事故处理条例〉审理医疗纠纷民事案件的通知》(〔2003〕20号)司法解释被废止,故法院认为:"该事故按照当时的法律进行了医疗事故鉴定,符合当时的法律规定,虽然在2013年患方又依照司法鉴定程序进行了鉴定,按照刑法'不溯既往''从旧兼从轻'等原则,从程序上应认定省医学会鉴定具有法律效力。"[2]笔者认为,该认定是对刑法溯及力原则的误读和错用,医疗损害鉴定作为程序性事项和对于事实的认定,不适用刑法的溯及力原则。

相反,在"李某某医疗事故案"中,法院通过对鉴定意见内容和案件事实的分析,对于相互冲突的鉴定意见如何采信进行了详细的说明。该案中,湖北医学院法医司法鉴定所作出法医病理检验报告,说明了死亡原因;十堰市医学会出具医疗事故技术鉴定书,认为本事件构成一级甲等医疗事

---

〔1〕 参见(2016)黑02刑终100号。

〔2〕 参见(2018)吉0322刑初5号。

故，医方承担主要责任。但是，被告人对医疗事故技术鉴定结论部分提出异议并要求重新鉴定。法院将案件退回补充侦查，侦查机关委托四川求实司法鉴定所进行鉴定，其鉴定结论为被告人对被害人实施的医疗行为无明显过错，与其死亡无因果关系。法院明确指出，十堰市医学会医疗事故技术鉴定意见与四川求实司法鉴定所法医学医疗纠纷鉴定意见存在矛盾之处，对案件被告人定罪及民事赔偿有重大影响。专门作出如下评判："两家鉴定机构的鉴定意见并不存在效力高低之分。依据本案查明的事实情况，李某某违反执业医师法，没有独立执业资格而独立从事诊疗活动，在患者输液出现不良反应后，擅离职守，严重违反国家明确规定的诊疗技术规范和常规的行为，严重不负责任，行为与患者的死亡有一定因果关系。四川求实司法鉴定所的鉴定意见，缺乏事实基础和理论依据，对该鉴定意见，不予采纳。十堰市医学会鉴定医疗事故技术鉴定意见，全面，客观，有理，有据，予以采纳。"〔1〕笔者认为，鉴定意见不存在效力高低的论断是正确的，审理法院以查明的事实为依据，对于采信和不采信的理由均作了较充分的论证，得出了明确的结论，是非常可取的。

（三）对医疗事故刑事诉讼中鉴定意见的形式审查

对于鉴定意见的形式审查，是指对鉴定主体资质、鉴定材料获取、鉴定意见的要件、鉴定程序等的审查。

2021年《刑诉法解释》第97条〔2〕规定了鉴定意见的审查要点，其中第1～5项即为对各类鉴定意见的形式审查的提示，具体是："（一）鉴定机

〔1〕 参见（2018）鄂03刑终71号。

〔2〕 2012年《刑事诉讼法》修正以后，最高人民法院发布《刑诉法解释》并于2013年1月1日起施行；《刑事诉讼法》于2018年再次修正，最高人民法院发布2021年《刑诉法解释》并于2021年3月1日起施行。前后两部司法解释关于鉴定的规定没有实质变化，只是修正少量文字表述并调整条文顺序。例如，关于鉴定意见的审查要点，规定在2013年《刑诉法解释》第84条。本书研究范围内的案件，均发生在2013年《刑诉法解释》施行期间。

构和鉴定人是否具有法定资质;(二)鉴定人是否存在应当回避的情形;(三)检材的来源、取得、保管、送检是否符合法律、有关规定,与相关提取笔录、扣押清单等记载的内容是否相符,检材是否可靠;(四)鉴定意见的形式要件是否完备,是否注明提起鉴定的事由、鉴定委托人、鉴定机构、鉴定要求、鉴定过程、鉴定方法、鉴定日期等相关内容,是否由鉴定机构盖章并由鉴定人签名;(五)鉴定程序是否符合法律、有关规定……"

《医疗纠纷预防和处理条例》和《医学会医疗损害鉴定准则(试行)》对于医疗损害鉴定的形式要件进一步作了具体的规定。但是,这两部规范分别于2018年10月1日、2021年4月1日方才实施,晚于检索范围内的案件发生时间,故在审判当时依据的主要是《医疗事故处理条例》和《关于司法鉴定管理问题的规定》。

在医疗事故刑事纠纷的处理过程中,被告人(辩护人)针对鉴定意见形式提出的异议主要是鉴定人的资格和签名问题。例如,在"陈某医疗事故案"中,被告人(辩护人)提出医学会出具的鉴定意见无鉴定人签名,但是法院认为"仅依据该理由尚不足以认定该份医学鉴定书为非法证据而将其予以排除"。笔者认为,尽管当时依据的《医疗事故处理条例》未对鉴定意见的签名问题作出明确的规定[1],对于鉴定意见是否必须由鉴定人签名存在相当的争议,但是,法院的这一论断违背了证据法的一般原理,即2013年《刑诉法解释》第85条第7项规定的"鉴定文书缺少签名、盖章"[2]不得作为定案的根据。

再如,在"刘某某医疗事故案"中,湖北同济法医学司法鉴定中心出具《法医病理学检验意见书》说明被害人死因,后又针对该意见书出具《补充说明》,后又针对《补充说明》再进行说明。被告人(辩护人)认为,《补充

---

〔1〕 参见(2012)温瑞刑初字第1919号。

〔2〕 该项规定于2013年《刑诉法解释》第85条第7项,规定于2021年《刑诉法解释》第98条第7项。

说明》形式不合法，没有鉴定人签名，仅仅加盖了公章；该鉴定机构对补充说明又出具了一份证明，不符合法律规定。司法鉴定机构在质证中认为，《补充说明》为该鉴定机构组织相关专家集体讨论作出的司法鉴定意见，仅盖行政专用章，代表本中心多数鉴定人员的鉴定意见，与该机构的鉴定专用章性质一样；《补充说明》的主要起草人是其中的三位鉴定人，代表他们的鉴定意见。[1]法院采纳了该辩解，仍将以上说明作为定案的证据。笔者认为，《补充说明》以及针对《补充说明》的说明，其证据地位值得研究，究竟是鉴定意见的构成部分之一，还是辅助鉴定意见的材料。但是，本案中鉴定人资格及其签名以及司法鉴定机构的盖章无疑是不规范的，一定程度上反映了我国鉴定领域的种种乱象。

此外，也有针对鉴定程序的质疑。在“李某某医疗事故案”中，被告人（鉴定人）提出福建省医学会鉴定在程序上违反《医疗事故处理条例》第31条规定，未经专家鉴定组成员表决形成鉴定意见，鉴定程序违法，不能作为定案根据。法院则认为，福建省医学会《医疗事故技术鉴定书》，系由两名法医参加鉴定，鉴定机构和鉴定人员具有法定资质，鉴定程序符合法律及有关规定，应作为定案根据。法院在认可省医学会的鉴定意见可以作为证据使用以后，在内容上仅对鉴定意见作了部分采信。

（四）对医疗事故刑事诉讼中鉴定意见内容的审查

对于鉴定意见内容的审查，是指对于鉴定意见形成的过程、方法、结论、关联性、能否形成证据链等的审查，具有更多的医学专业的考量。在鉴定意见的内容审查中，被告医师或者有医学背景的诉讼参与人，有能力对鉴定意见不正确、非关联等问题提出异议，间接辅助法院对于鉴定意见作出评价；若有专家辅助人作为中立的参与方，则能够直接辅助法院对于

---

〔1〕 参见（2013）淮刑初字第39号。

鉴定意见进行更专业的评判。

2021年《刑诉法解释》第97条规定了鉴定意见的审查要点，其中第6～10项即为对各类鉴定意见的实质审查的提示，具体是："（六）鉴定的过程和方法是否符合相关专业的规范要求；（七）鉴定意见是否明确；（八）鉴定意见与案件事实有无关联；（九）鉴定意见与勘验、检查笔录及相关照片等其他证据是否矛盾；存在矛盾的，能否得到合理解释；（十）鉴定意见是否依法及时告知相关人员，当事人对鉴定意见有无异议。"

《医疗纠纷预防和处理条例》和《医学会医疗损害鉴定准则（试行）》对鉴定意见的内容进一步作了具体规定。有学者通过对医疗损害鉴定意见的内容进行实证分析，对于法官的内容审查作出了极具针对性的指引：案情概要与个案情节是否相符，调查鉴定意见所依据医疗文献或者通案鉴定意见的可信度，鉴定意见内容与所根据医疗文献内容之间是否一致，答复的内容与委托鉴定事项是否相对应，通案鉴定意见与描述的情节与个案是否相同，由通案到个案的论理过程是否正确，等等。

对于鉴定意见的内容（也包含一定的程序问题）作出详细审查和回应的典型案件是"李某某医疗事故案"。该案由福州市医学会和福建省医学会出具鉴定意见，被告人（辩护人）主要针对省医学会的鉴定意见提出：（1）未做尸检，死亡原因不能确定，关于产后出血导致失血性休克死亡的死因认定意见，不具有唯一性、排他性；（2）认为患者存在子痫前期重度的前提与医学诊断不符，与宫缩乏力导致产后出血有一定关系的鉴定意见，不具有科学性；（3）福建省医学会医疗鉴定办公室对于其鉴定意见作出的补充说明中，存在多处医学专业判断错误，特别是其关于李某某对产妇陈某某术后病情观察存在认识不足的说明，与患者病情不符。法院在充分参考了医学文献和专家辅助人的意见以后，认为：（1）死因认定不具有唯一性和排他性。福建省医学会鉴定意见是基于病症作出的推断结论，是临床诊断，没有进行法医尸检，没有进行病理诊断，不予采信。（2）诊断、处理和分娩方式并无不当。患者没有子痫前期重度，且待产、分娩的过程中也未发现有其他剖宫产的指征，采取阴道分娩方式并无不当。福建省医学会医疗事故鉴定意见对子痫前期重度的诊断、出血量和补液量的评估、生命体征数值取值时间点、产后出血原因等方面存在问题，相关部分的认定意见不予采信。据此，法院二审改判李某某无罪。〔1〕

在“杜某某医疗事故案”中，被告人（辩护人）对鉴定意见提出异议，除了认为鉴定主体缺失以外，还有鉴定意见未能完全反映死者死亡的真实原因、相关医疗主体的完整过错事实及其相应的过错程度，因而不能作为证据使用。法院认为，该案做了四次鉴定，四份鉴定意见分别证实了被害人的死亡原因、医疗行为构成医疗事故、医疗行为与死亡的因果关系等，并且鉴定意见与本案的物证、书证、证人证言及被告人供述能够相互印证形成完整的证据链条，故对该异议未予采纳。〔2〕

在“李某某医疗事故案”中，被告人对十堰市医学会的鉴定提出异议要求重新鉴定，退侦后由侦查机关委托其他司法鉴定机构进行鉴定，前者认为构成一级甲等医疗事故，医方负主要责任；后者认为被告人无明显过错，与被害人死亡无因果关系。法院针对两份矛盾的鉴定意见进行详细的内容审查。司法鉴定意见中陈述“患者家处于边远山区，距十堰市约18公里，李兴旺作为个体诊所医生，可以独立从事一般医疗活动，为患者诊治没有违反执业医师法”，法院查明，“患者居住在汉江街办居民区而非边远山区，李兴旺在汉江街办居民区的诊所执业而非在乡镇医疗机构执业，李兴旺作为执业助理医师按照执业医师法的规定不能独立执业”，从而否定了司法鉴定机构的鉴定意见，采信了医学会的鉴定意见。〔3〕

---

〔1〕 参见（2017）闽01刑终1458号。

〔2〕 参见（2016）黑02刑终100号。

〔3〕 参见（2018）鄂03刑终71号。

本章小结

刑事一体化既要关注实体法内容的证据意义以及成立要件的证据诉求，也要兼顾证据制度对实体法的现实制衡与价值实现。鉴定意见是由相关医疗领域的专家或者法医根据其专业知识对事实作出的说明，属于事实的范畴；评价医疗过失和因果关系是法官的职责，属于法律的范畴。法官审判时需要以鉴定所确认的事实为基础，但是，事实的认定并不能取代法官基于法律的观点而作出的独立判断。

医疗领域的鉴定可以分为医疗损害的司法鉴定和医疗损害的医学会鉴定，前者指由司法鉴定机构组织实施的对于医疗损害的鉴定，后者则指由医学会组织实施的关于医疗事故的鉴定。我国医疗损害鉴定由卫生行政部门组织鉴定模式变更为医学会鉴定并明确了司法鉴定的相关问题模式，原《侵权责任法》强化医疗损害鉴定由司法鉴定机构实施，同时《医疗纠纷预防和处理条例》继续坚持“双轨制”模式，进入《民法典》时代以后，《医学会医疗损害鉴定规则（试行）》实施首次确立了鉴定规则的模式。

当前，民事证据法在双轨制继续存在的前提下，对涉及医疗损害鉴定的相关证据制度予以明确，实证研究显示，我国医疗损害纠纷绝大部分通过民事途径解决，法院对鉴定意见的处理是审理的重要内容。

我国刑事诉讼模式实行混合主义，鉴定在刑事诉讼中主要作为侦查机关收集证据的一种活动。2012年修正《刑事诉讼法》及其解释对刑事鉴定进行了一般规定，将“鉴定结论”修改为“鉴定意见”，强调需经过质证才能成为定案的根据，规定了鉴定人出庭、有专门知识的人出庭等制度。通过对医疗事故刑事纠纷裁判文书内容进行分析，可以发现：鉴定不是绝对必需的，但绝大部分案件均作了鉴定；医疗损害的医学会鉴定和司法鉴定并行，各有侧重，互相印证；医学会鉴定意见的名称和内容均比较规范，部分案件中存在多次鉴定情形，医疗领域的司法鉴定基本上属于法医鉴定类，可以进一步细分为不同领域共同证明医疗过失及因果关系，仅有极少数案件被告人（辩护人）对鉴定意见提出了异议，但大多数异议未获认可，只有个别异议被法官接受并启动重新鉴定；仅有个别案件鉴定人出庭或者提供书面陈述，对鉴定意见的有效质证尚需加强。

法官对鉴定意见进行审查，在刑事诉讼上的意义在于，鉴定意见本质上是一种证据方法，只限于对医疗客观事实的描述和判断，鉴定意见作为法律明文规定的一类证据，必须由法官遵循证据审查的要求和程序作出认定，法官的审查主要从鉴定意见的效力和内容等维度展开。

第四章 / 医疗刑事过失的鉴定与证明

刑事实体法在理论层面对于医疗过失进行了非常系统、充分的研究。[1]过失的本质是违反注意义务，注意义务来源于法律规定、经验法则、先行行为以及社会共同体成员对于他人法益的尊重，具体到医疗这一特定领域，注意义务的依据则涵盖医疗法律、医疗契约、医疗机构的规则制度和操作规范、医学文献和医疗水准，以及医方对于患者生命健康法益应有的尊重。医疗刑事过失系重大过失，即对于注意义务的重大违反；行为人的注意能力采客观说，是理性人标准在医疗领域的具体化，即以“熟练地运用专业技能的普通医生”为标准。[2]

本章侧重于研究医疗刑事过失的证明及其司法认定，通过刑事程序法、刑事证据规则与刑事实体法的互动，为医疗事故罪主观方面的证明和裁断提供具体的指导方法，并对实践案例展开反思。

---

〔1〕 参见杨丹：《医疗刑法研究》，中国人民大学出版社2010年版，第112页以下。

〔2〕 参见杨丹：《医疗刑法研究》，中国人民大学出版社2010年版，第124-125页。

第一节　医疗刑事过失证明的一般原理

医疗刑事过失的证明及认定，通常以医疗损害鉴定意见〔1〕为前提，在鉴定意见提供的事实描述、应有的医疗水准及其依据的基础上，由法官依据医疗事故罪的主观方面的成立要件作出是否成立过失的裁断。

一、医疗损害鉴定意见提供了裁断过失的事实基础

医疗损害鉴定意见甄别、描述与医疗活动有关的事实，在医疗诉讼中占有重要地位，在有的案件中甚至是唯一证据，被称为医疗诉讼的“证据之王”。但是，医疗事故刑事诉讼并未要求必须进行医疗损害鉴定，有的过失非常明显的案件，或者极其特殊超出一般医疗损害鉴定范围需要采取其他证明方式的案件，也可以不作鉴定由法官径直作出裁判。〔2〕

（一）医疗损害鉴定意见须列明与过错相关的事实

在医疗事故刑事诉讼中，主要由司法机关委托医学会或者司法鉴定机构进行医疗损害鉴定；在刑事附带民事诉讼或者刑事自诉案件中，也可以由被害人或其家属委托作出鉴定。在委托鉴定中，委托书中如何表达和列

---

〔1〕 本书第三章第一节对我国医疗领域的鉴定制度进行了详细的历史考察，在不同阶段依据不同规范由不同鉴定主体作出的鉴定意见有不同的称谓。2018年10月1日施行的《医疗纠纷预防和处理条例》统一为“医疗损害鉴定”，其后2021年4月1日施行的《医学会医疗损害鉴定规则（试行）》也予以沿用。因此，在本章涉及医疗事故刑事纠纷鉴定的研究中，统一使用“医疗损害鉴定意见”，对于2018年9月30日以前判决书中的鉴定，视具体情形使用当时鉴定意见的名称或者统称“医疗损害鉴定意见”。

〔2〕 See Dieter Giesen, *International Medical Malpractice Law: A Comparative Law Study of Civil Liability arising from Medical Care*, Jacob Christine Benjamin Mohr, 1988, p.117.

明需鉴定的事项对于鉴定意见的作出具有非常重要的意义。德国联邦法院特别强调，在判断是不是成立重大医疗过失的问题上，只有法官才能作出裁判，也只有法官才能按照事实根据作出价值判断，这些事实根据则需顾及鉴定意见。

对于医疗损害鉴定的范围，我国相关条例或者规定对其作出了规定。国务院颁布的《医疗事故处理条例》(2002年9月1日施行)第31条规定了医疗事故技术鉴定书应当包括的主要内容，涉及过错的是第4项，“医疗行为是否违反医疗卫生管理法律、行政法规、部门规章和诊疗护理规范、常规”。根据该条例，原卫生部颁布的《医疗事故技术鉴定暂行办法》(2002年9月1日实施)第35条第1款第4项作了相同的规定。《医疗事故处理条例》和《医疗事故技术鉴定暂行办法》并未要求医疗事故技术鉴定书说明行为人是否存在过失。然而，从《医疗事故技术鉴定暂行办法》的规范逻辑来看，若成立医疗事故则当然是以医疗过失行为为前提，第10条规定了县级以上卫生行政部门接到医疗机构关于重大医疗过失行为的报告可以提起鉴定，第35条第1款第5、6项规定了医疗事故技术鉴定书需包括医疗过失行为与人身损害后果是否存在因果关系、医疗过失行为在医疗事故损害后果中的责任程度。对此，有观点认为，医疗事故鉴定只能说明是否构成医疗事故，不能对是否构成过失提出意见，否则便超出了事实范围，进入法律的辖区[1]；相反的观点则认为，医疗事故鉴定应包含法律判断，具有准司法的性质。[2]显然，如前所述，法官享有对鉴定意见的实质审查权，事实性是鉴定意见的重要属性，此处的过失只能从事实意义而非规范意义上进行理解，为了避免误解，以其他更准确的用语替代为宜。

---

〔1〕 参见郭华:《鉴定结论论》,中国人民公安大学出版社2007年版,第327页。

〔2〕 参见蔡晓霞:《鉴定结论证据能力及证明力分析——以医疗事故鉴定结论为视角》,载《医学与哲学(人文社会科学版)》2007年第9期,第52页。

国务院颁布的《医疗纠纷预防和处理条例》重要的变化之一，是将调整的范围界定为“医疗纠纷”取代了过去的“医疗事故”，避免了过去先行定性的逻辑谬误。该条例第36条规定的医疗损害鉴定意见应当载明并详细论述的内容中，第2项为“是否存在医疗过错”，该规定用事实用语“过错”取代了规范用语的“过失”，更有利于鉴定机构和人员进行陈述和说明，过错的外延更大，为法官保留了对“存在医疗过错”的鉴定意见依法进行审查，从而得出规范结论的空间。

中华医学会制定的《医学会损害鉴定规则（试行）》第24条详细列明了医疗损害鉴定意见书一般应包括的内容，其中第1款第6项是，“围绕委托鉴定事项对是否存在损害后果以及损害程度、是否存在医疗过错行为、医疗过错行为与损害后果是否存在因果关系、医疗过错行为在医疗损害中的原因力大小等内容的详细论述”。规则还规定了鉴定意见书的格式和书写要求。

综上，医疗损害刑事诉讼中的医疗损害鉴定意见，必须载明和详细论述“医疗过错行为”这一事项，其他司法鉴定不涉及该事项。

（二）医疗损害鉴定意见明确医疗水准作为是否存在过错的依据

医疗损害鉴定意见对于是否存在医疗过错的鉴定，应当包括两个要素：一是对于医疗行为事实的描述；二是对于过错的说明，即明确医疗水准及其参考依据。

1.对于医疗行为事实的客观描述

医疗活动的开展具有专业性、技术性、复杂性，通常涉及多环节、多人员和多专业领域交叉等。鉴定材料来源于医患双方的陈述材料、病历、依法作出的检查、建议、鉴定、调查等报告以及其他相关资料，鉴定人员需要甄别、总结、提炼，方能对医疗行为的全部过程和重要节点作出全面、系统、客观的描述和说明。

2. 对于医疗行为是否存在过错的说明及参考依据

在对医疗行为的相关事实进行客观描述的基础上，进一步判断是否存在过错，其核心在于医务人员的行为是否达到了相应的标准，或者说医务人员是否遵循了相关的规范。

医务人员的行为是否达到了其应有的标准，即是否符合医疗水准或医疗指引，是一个专门性和专业性的事实问题，并不涉及法律评价，应当在医疗损害鉴定意见中载明。鉴定意见中须明确具体情境下的医疗水准，以医疗指引代替鉴定人个人的经验判断，从而为法官裁断行为人是否尽到了注意义务提供关键的事实依据，为法官综合评价是否成立医疗过失提供医疗领域的专业支撑。厘清二者的关系，有利于划清医疗过错的事实鉴定和医疗过失的司法认定之间的界限，避免鉴定人越俎代庖行使司法权。

确定医疗水准所参考的依据为法律法规、医疗机构规定、医疗行为准则（临床指引，下同）、医学文献等，由于法官无从获知专业的医学知识，需要鉴定人在鉴定意见中予以列举并阐述，法官可以借助这些文献对鉴定意见进行评判并形成内心确信。在这些参考依据中，医疗行为准则居于核心地位。

所谓医疗行为准则，通常是指医师在开展医疗行为时必须依循的一系列标准程序。随着实证医学〔1〕的发展，医疗行为准则制定的依据和方式逐渐由过去的经验医学走向实证医学，临床指引是医疗行为准则中非常重要的一部分。临床指引是指遵循实证医学的要求，经过统计和系统化的研究，最终制定的关于医务人员在临床诊疗中的各种标准化的规范与流程、

---

〔1〕 实证医学（evidence-based medicine，EBM）始于20世纪90年代，又称“循证医学”，由加拿大麦克乌斯特大学实证医学小组提出，现已成为医疗界的“显学”。实证医学以流行病学和统计学的方法，在庞大的病历数据库中通过研读和整理，找出最值得信赖的文献证据，并结合医师个人的临床经验以及最新的临床研究结果，为患者设计一套最合理的诊断和治疗模式，使其能获得最佳的临床决策。See David L. Sackett, William M.Rosenberg. *On the Need for Evidence-Based Medicine*, Journal of Public Health, 1995, 17(3): 330-334.

建议与规则。临床指引可以协助医患双方在特定的临床情况下决定什么是适当的诊疗，从而降低医疗不一致性，提高医疗质量。对于医务人员来说，遵守医疗行为准则是其职业和具体诊疗行为的要求，若认真遵循，则无成立过错的空间。

医学文献是实证医学的基础，在医疗事故诉讼中，对于法官形成内心确信具有重要的作用。例如，在“李某某医疗事故案”中，福建省医学会的鉴定意见为医生未诊断出病人患有子痫前期重度，存在诊断错误，其诊断标准与原卫生部“十二五”规划教材《妇产科学》（人民卫生出版社2014年第8版）不符。然而，二审法院依据《妇产科学》第七、八版和《临床诊疗指南·妇产科学分册》的论述以及专家辅助人的意见，认为产妇首诊时的血压尚未达到子痫前期的诊断标准，诊断符合医疗常规。〔1〕

二、医疗事故罪及其相关解释性规定提供裁断刑事过失的规范依据

（一）民法和刑法关于医疗过失的规定

我国法律关于医疗过失的规范性界定，分别规定在《民法典》侵权责任编和《刑法》中。

原《侵权责任法》第57条规定医疗过失侵权行为之一为“医务人员在诊疗活动中未尽到与当时的医疗水平相应的诊疗义务”，该规定被纳入《民法典》，成为第1221条。有学者对“当时的医疗水平”进行了细致的解读，认为“当时”体现了医疗水平会不断进步的特点，医务人员执业后仍有继续学习的义务；“医疗水平”受地域和专业的影响；“符合”并非必然遵从常规诊疗。也就是说，医务人员在诊疗活动中的注意义务，是指合理谨慎的医生，根据个案情况比较权衡诊疗行为的危险性和效果，采

〔1〕 参见（2017）闽01刑终1458号。

取避免结果发生的恰当诊疗措施。[1]《民法典》第1222条（原《侵权责任法》第58条）还规定了过错推定制度，若诊疗活动“违反法律、行政法规、规章以及其他有关诊疗规范的规定”“隐匿或者拒绝提供与纠纷有关的病历资料”“遗失、伪造、篡改或者违法销毁病历资料”，即推定医疗机构有过错。

《刑法》第335条医疗事故罪规定“医务人员由于严重不负责任”明确了本罪主观方面系重大过失。关于“严重不负责任”的界定，过去理论界和实务界存在较多争议。[2]2008年6月25日最高人民检察院、公安部颁布《立案追诉标准（一）》，第56条第2款对本罪“严重不负责任”作了较为详细的列举，即“（一）擅离职守的；（二）无正当理由拒绝对危急就诊人实行必要的医疗救治的；（三）未经批准擅自开展试验性治疗的；（四）严重违反查对、复核制度的；（五）使用未经批准使用的药品、消毒药剂、医疗器械的；（六）严重违反国家法律法规及有明确规定的诊疗技术规范、常规的；（七）其他严重不负责任的情形。”

（二）以规范为依据对医疗刑事过失作出裁断

1. 民法规范和刑法规范对于医疗过失的认定具有质的一致性和量的差异性

民法规范确立了“当时的医疗水平”作为判断过失的标准，涵盖了医疗水平的时间性、地域性、具体情境性、医院等级和医师职级的考虑。关于过失的质的规定，民事规范和刑事规范是一致的：民法规范规定的未尽与当时的医疗水平相应的注意义务，与刑法规范（《刑法》第15条）关于过失的一般规定未尽注意义务是一致的。然而，对于过失的程度或者过失的

---

〔1〕 参见于佳佳：《论医疗过失的判断标准——解读〈侵权责任法〉第57条对医疗上注意义务的规定》，载《中南大学学报（社会科学版）》2016年第3期，第61页。

〔2〕 参见卢有学编：《医疗事故罪专题整理》，中国人民公安大学出版社2007年版，第26-28页。

量，二者存在较大的差异：民事过失既包括轻微过失，也包含重大过失；刑事过失则仅限于重大过失。该差异源于民事和刑事规范迥异的价值取向：民法的价值取向是填补损害，刑法的价值取向则是惩罚犯罪、保障人权、确认规范的效力。

民事规范和刑事规范在价值取向上的差异，不仅体现在实体法关于过失规定的差异，相应地，也反映在民事诉讼、刑事诉讼关于过失不同的证明标准。

二者价值取向的差异也体现在对于过错推定的态度。《民法典》第1222条规定了过失推定制度，其中“隐匿或者拒绝提供与纠纷有关的病历资料”“遗失、伪造、篡改或者违法销毁病历资料”的，推定医疗机构有过错。笔者认为，以上规定能够对医疗纠纷中居于强势地位的医院（医生）形成有力的约束，体现了医方承担提供真实病历资料的义务，若无法提供则推定医方有过错，可以有效填补被害人的损害。但是，该推定不能适用于刑事诉讼，对病历资料等的要求体现了对医疗行为的管理，但是病历资料存在问题并不能等同于存在医疗刑事过错，也无法证明损害后果与病历资料缺陷之间的因果关系。

2. 医疗刑事过失限于“重大过失”的规范依据

医疗刑事过失是医疗事故罪的主观构成要件要素。只有重大过失才构成犯罪的规范依据，正是罪状表述中的“严重不负责任”；同时，还受到本罪后果——“造成就诊人死亡或者严重损害就诊人身体健康”的约束。

首先，“严重不负责任”是客观的外在行为表现，《立案追诉标准（一）》第56条罗列了具体的行为方式。依裁判规范的逻辑，借助外在行为表现判断行为人主观上具有重大过失；依行为生成逻辑，则是行为人在重大过失心理支配下实施了严重不负责任的行为。对此，法官在裁断是否成立重大过失时，需要对医疗损害鉴定意见和其他证据进行质证，明确行为人实施了什么行为，当时应有的医疗水平（核心是医疗常规、医疗指引）是什么，是否远未达到或者严重偏离标准，从而得出是否“严重不负责任”，进而得出是否成立过失的结论。刑法所应该干涉的，是“忽略危害发生的高度可能性”的医疗行为。

其次，“造成就诊人死亡或者严重损害就诊人身体健康”作为危害后果，限制了重大过失的成立。换言之，若未造成严重危害后果，则行为人不具有刑法上的重大过失。只有在造成严重危害后果的情况下，才需要探究行为人主观上是否具有重大过失，这是由刑法的最后手段性和过失行为的特点所决定的。未造成严重后果的只能追究民事侵权损害赔偿责任，无需启动或者终止刑事诉讼程序。

3. 医疗刑事过失的举证责任

在医疗事故纠纷民事诉讼中，举证责任由谁承担是一个具有理论争议和制度反复的论题。由于医疗事故纠纷的高度专业性，医方具有更强的证明能力，故最高人民法院《2002年证据规定》规定了医疗纠纷“举证责任倒置”，即由医方承担关于过错和因果关系的举证责任。该制度在实践中引发了滥诉、防御性医疗等一系列弊端，故最高人民法院在《民法典》正式施行以后，于2021年发布《关于审理医疗损害责任纠纷案件适用法律若干问题的解释》，删除“举证责任倒置”的规定，由患者提交就诊、受到损害的证据，若无法提交医疗过错、因果关系的证据，人民法院应准许患者提出的医疗损害鉴定申请。这一解释将举证责任回归患方承担，由患方承担因举证不能败诉的风险。

在医疗事故刑事诉讼中，由控方承担证明被告人有罪的举证责任不存在争议，符合刑事诉讼的一般原理。《刑事诉讼法》第51条规定：“公诉案件中被告人有罪的举证责任由人民检察院承担，自诉案件中被告人有罪的举证责任由自诉人承担。”只有控方对于医务人员具有重大过失的证明达到了排除一切合理怀疑的程度，法院才能作出符合犯罪成立要件构成犯罪的判决。法官在裁判的过程中，必须将犯罪的成立要件事实涵摄到法律规范。为了协助法官确认事实适用法律，控方在程序法上承担证明被告人有罪的责任。刑事诉讼的举证责任意味着，当控方提供的证据无法让法官形成被告人具有重大过失的确信，按照无罪推定原则，被告人即为无罪。因此，医疗事故刑事诉讼中举证责任的承担与无罪推定、罪疑从无紧密关联，共同服从于刑事诉讼的人权保护价值。

但是，被告人一方也要承担某种程度的举证责任，即被告人为了避免被判处有罪，也可以为自己的主张提出证据，避免可能遭受不利的判决，如证明自身主观要素上并不存在重大过失或者并未严重不负责任。但是，同样也需要警惕过度强调被告人的举证责任，否则被告人可能因不能完全证明犯罪事实不存在，承担被追究刑事责任的“罪疑处罚”的不利后果。

第二节　医疗刑事过失证明的典型案例

罪过是行为人的主观心理活动，其认定一直是司法实践的难点。在高度专业化的医疗领域，这一问题尤显突出。在研究范围内的67份判决文书中，有29件案件的被告人（辩护人）对于其是否具有医疗过失提出了辩解。对裁判文书内容的分析，有助于发现在医疗刑事过失认定中具体争点所在及其类型。

一、鉴定意见笼统称医疗行为存在过错，被告方和法官对是否构成“严重不负责任”作出辩解和认定

在部分裁判文书中，鉴定意见仅笼统陈述医疗行为存在过错，其中，部分鉴定意见使用了“过失”一词。例如，在“王某某医疗事故案”中，

"经信阳市医学会鉴定，潘某某的死亡与被告人的过失行为之间有间接因果关系"。[1]又如，在"高某某医疗事故案"中，河南省淅川县公安局法医学检验鉴定意见与南阳万和司法鉴定中心法医检验报告相印证，证明柴某某系破伤风杆菌感染致呼吸衰竭死亡，与医方的医疗过失行为有因果关系。[2]再如，在"马某某医疗事故案"中，安徽省医学会皖医鉴（2013）15号《医疗事故技术鉴定书》第3条为"医方的医疗行为存在以下过失……"[3]。如前所述，过错和过失分别属于事实和规范层面，但是部分鉴定意见对此未作严格区分，在事实层面混用了这两个词。

被告人（辩护人）对于是否存在过失的辩解，较少针对鉴定意见所描述的事实是否存在或者是否准确，主要针对鉴定意见所称的过错是否符合"严重不负责任"，也较少论证是否构成重大过失。例如，在前述"王某某医疗事故案"中，辩护人辩称本案证据材料充分证明，被告人王某某对被害人的诊疗不存在"严重不负责任"现象，但未具体说明。法院即直接引用了《刑法》（2006年）第335条，认为"被告人王某某身为国家医务人员（系执业助理医师和乡级卫生院负责人）却在诊治病人过程中，严重不负责任，造成就诊人死亡，其行为已构成医疗事故罪"[4]。

但是，有一件药物过敏案件的辩护人对于医务人员的行为是否存在过错提出了质疑，即"许某某医疗事故案"[5]。在本案中，被告人许某某诊断患者罗某为支气管哮喘、肺炎，在未对患者罗某进行过敏性测试的情况下向患者罗某注射头孢曲松钠1支（1克）、地塞米松5毫克、利多卡因4毫克。约五分钟后，罗某出现过敏反应，经抢救无效死亡。德阳市医学会医疗事

---

〔1〕（2009）息刑初字第124号。法院在本案判决书中事实部分对鉴定意见的引述是"过失"，但证据部分载明的鉴定意见则为"过错"，可见，法官也未能严格区分二者。

〔2〕参见（2014）南刑一终字第00008号。

〔3〕参见（2015）田刑初字第00016号。

〔4〕参见（2009）息刑初字第124号。

〔5〕参见（2020）川0623刑初26号。

故鉴定意见认为，头孢抗生素药物是否必须作过敏测试存在争议，相关的法律法规均没有明确规定，被告人仅违反了临床上的“约定俗成的行规”。故辩护意见认为，即使被告人未给被害人作过敏测试就注射了头孢曲松钠，导致其过敏性休克死亡，也没有违反国家的相关规定，不属于“严重不负责任”的情形。

然而，法院并未采纳辩护意见，认为被告人接诊以后未按国家相关规定，不按照药品使用说明书中药品适应症、药理作用、用法、用量、禁忌、不良反应和注意事项等开具处方，违反医疗常规，对患者未作过敏测试而直接对其注射药物，致罗某被注射药物后即在就诊处发生过敏反应。因此，被告人严重违反国家法律法规及诊疗技术规范、常规的行为，造成了被害人罗某死亡的严重后果。

遗憾的是，对于双方争议的焦点，即注射头孢类药物前是否必须作过敏性测试、过敏性测试是否属于医疗常规，被告人严重违反的国家法律法规及诊疗技术规范具体是什么，法院均未作出明确充分的说明。药物过敏性反应致患者死亡在医疗事故刑事案件中占有相当大的比例，在研究范围内的67份判决书中，有7份系此类医疗事故，但是，只有1件案件的辩护人对于是否存在违反医疗常规的过错提出辩护意见。

二、鉴定意见具体列明医疗行为存在的过错，被告方和法官对是否构成“严重不负责任”作出辩解和认定

在大多数案件中，鉴定意见对医疗行为存在过错的内容作了较为具体详细的说明，但是，有的只是列明过错，有的不仅列明过错还列明了过错行为所违反的依据。被告人（辩护人）和法官从规范的层面，对于行为人的行为是否构成“严重不负责任”和是否构成重大过失进行了一定程度的阐释。

（一）鉴定意见对于医疗过错的具体说明

1.仅列明过错，未指明过错所违反的依据

例如，在“沈某医疗事故案”中，鉴定机构认为：“经鉴定，湖州市中心医院存在病历书写不规范和管理不善、急性肾衰后治疗不力、不具备会诊医师资格的医师进行会诊、吗啡药物使用后患者意识障碍、告知缺陷的医疗过错。”该案系自诉案件，法院认为湖州市中心医院存在医疗过错，与患者死亡具有因果关系，已判处湖州市中心医院承担民事赔偿责任。但是，现在无证据证明患者的死亡是沈某不具备会诊医师资格，在毕业试用期间参与会诊所造成的。故二审法院维持了一审驳回自诉人起诉的裁定。〔1〕

2.既列明过错，又指出过错所违反的规范和依据

例如，在“杨某医疗事故案”中，鉴定意见明确了医疗过错违反的医疗护理常规。中华医学会鉴定意见认为，医院对被害人的诊断治疗是正确的，但医院未将被害人与其他病人隔离，且未按精神科护理等级观察，护理人员夜班接班后没有按规定对同居一室的被害人和另一名患者进行巡视，未按规定定时松解被害人保护带，属于违反医院护理常规等有关规定的过失行为。〔2〕

又如，在“刘某某医疗事故案”中，鉴定意见列明了医疗过错违反的行政部门临床管理办法和诊疗常规。盐城市医学会的鉴定意见认为，刘某某对陈某某的诊疗行为存在过错：（1）在对陈某某未作出明确诊断的情况下，即联合使用了抗菌药物，特别是头孢噻肟钠属限制使用级抗菌药物，违反了卫生行政部门抗菌药物临床应用管理办法；（2）在为陈某某输液后不久即离开，违反了诊疗常规。〔3〕

---

〔1〕 参见（2009）浙湖刑受终字第1号。

〔2〕 参见（2015）一中刑终字第1247号。

〔3〕 参见（2015）射刑初字第00183号。

再如，在“赵某某医疗事故案”中，鉴定意见列明了违反的行政规章和医院管理规定。该案因重大特殊，未作医疗损害鉴定，调查报告和专家组意见认为，赵某某的操作违反了《艾滋病防治条例》第33条“医疗卫生机构和出入境检验检疫机构应当按照国务院卫生主管部门的规定，遵守标准防护原则，严格执行操作规程和消毒管理制度，防止发生艾滋病医院感染和医源性感染”，以及浙江省中医院《加样器使用、维护标准操作程序》中有关“改吸不同液体、样品或试剂前要更换新吸嘴”的规定。〔1〕

笔者认为，医疗损害鉴定意见必须列明诊疗行为中存在的具体过错，而不应笼统称医疗行为存在过错；并且，应当明确过错行为所违反的具体依据，既为鉴定意见所认定的过错提供扎实的基础，更为法官形成心证并独立作出规范层面上的判断提供重要参考。

（二）被告方对于医疗过错是否构成严重不负责任和是否成立重大过失的辩解

1. 被告方仅对医疗过错是否构成“严重不负责任”进行辩解

在被告人（辩护人）作出无罪或者罪轻的辩解中，有小部分辩解仅针对鉴定意见所认定的医疗过错，作出了不构成“严重不负责任”的辩解。例如，在“李某某医疗事故案”中，淮南市医学会医疗事故技术鉴定意见认定，医生用药错误，诊断与治疗不符；药师未按《处方管理办法》相关规定发药，即未予以审核处方就发药；维库溴铵是致死的主要原因，不排除该药过敏致死（在未进行尸检的情况下）。辩护意见第1条则认为，起诉书指控被告人李某某在工作中严重不负责任缺乏依据，但是法院直接引用了鉴定意见，对辩护意见未予采纳。〔2〕

---

〔1〕 参见（2017）浙0102刑初428号。

〔2〕 参见（2016）皖0402刑初122号。

2.被告方既对医疗过错是否构成“严重不负责任”进行辩解，又对是否成立“重大过失”进行辩解

在大部分提出无罪或者罪轻意见的案件中，被告人（辩护人）针对鉴定意见，既对客观上是否属于“严重不负责任”进行辩解，又进一步对主观上是否成立重大过失进行了阐述。

辩护人论证较为充分的典型案件是“马某某医疗事故案”。在该案中，安徽省医学会皖医鉴（2013）15号《医疗事故技术鉴定书》认为：“医方的医疗行为存在以下过失：（1）有违规操作；从产妇入院临产后到胎儿娩出均由无助产资格的护士进行，（2）医方的医疗文书记录与临床实际存在不相符现象。其产程记录与实际结果不符；在产程活跃延缓时（15：30～20：30）未能积极处理，（3）新生儿抢救复苏记录不详细。资料中无完整的新生儿抢救记录，就其医嘱记载分析，其新生儿抢救复苏不规范、不及时，如抢救插管在出生后10分钟进行，（4）医方的医疗文书存在不规范现象。新生儿抢救及转诊，无详细病程记录。”

辩护人提出，只有“严重不负责任”导致的医疗事故才考虑是否构成犯罪。最高人民检察院、公安部《立案追诉标准（一）》第56条第2款列明了七种情形，医疗事故罪要求行为人主观上存在重大过失而不是一般过失。医学是一门自然科学，医生都有一个成长的过程，如果把一般过失行为确定为犯罪，于情理上有失公平，于法律上则过于严苛，也不利于医学科学的发展，最终受害的还是广大患者。市、省医疗鉴定分析意见均未提及费某某的具体行为不当，起诉书没有指控被告人费某某“严重不负责任”的具体犯罪情节。〔1〕

笔者认为，该案辩护意见对于涉及医疗过错的客观、主观两个要点作了非常充分的论证。第一，说明了相关立案标准罗列的七种严重不负责任

〔1〕 参见（2015）田刑初字第00016号。

的情形；第二，详细论述了医疗事故罪的主观要素应为重大过失的理由；第三，将本案鉴定意见和起诉书与前两点进行比对，说明了本案不符合以上要件。遗憾的是，法院未对以上关键辩护意见作出针对性的回应，而是泛泛而论被告人严重违反法律、法规、规章和诊疗护理规范、常规，还以被告人费某某不具有《母婴保健技术考核合格证书》为由，不采纳无罪的辩护意见，判决两名被告人均构成医疗事故罪，免予刑事处罚。

另一起典型的辩护意见与紧急医疗有关。在“罗某医疗事故案”中，被告人辩解该医疗行为属于紧急抢救手术，其主观上不存在过失；辩护人也指出，本案相关证据显示，行为不符合医疗事故罪的主观构成要件。根据省卫计委的回函，医师注册后有下列情况之一的，不属于超范围执业，其中包括“对病人实施紧急医疗救护的”，本案被告人虽然执业类别为中医，但为了抢救患者实施外科手术，并不构成超范围执业。应当参照云南省医学会的鉴定书作出是否违反诊疗程序、是否严重不负责任的认定。本案被告人不具备主观要件，属于紧急抢救的病例。被害人属于罕见的马蹄肾，在基层医疗条件下很难预料和克服。但是，法院仅采纳了被告人不构成超范围执业的辩护意见，直接引用了云南省医学会的鉴定意见，“由于被告人罗云对畸形变异肾脏缺乏认识，误将李某畸形肾脏（马蹄肾）全部切除，且在手术中未按医院规定进行口头报告，同时医院在手术切除肾脏时未再次告知患方，存在过失，被告人罗云的上述过失与李某肾脏完全缺失之间存在因果关系”，认定被告人成立医疗事故罪。〔1〕

笔者认为，该案未充分参酌案件发生地的医疗条件、紧急医疗、具体情境等因素，并且本案中“结果回避可能性”作为关键议题，判决和说理均有商榷的空间。

还有案件的辩护人重点论证了成立医疗事故罪所需要的过失程度的

〔1〕 参见（2017）云2822刑初285号。

要求，即认可被告人具有过失的，但是，尚未达到重大过失的程度。在“刘某某医疗事故案”中，辩护人指出，刘某某医疗技术水平低，不落实诊疗制度，抢救制度执行不严格，但尚未达到严重违反国家法律法规及有明确规定的诊疗技术规范、常规的程度，因而不能认定其主观上存在严重过失、客观上实施了严重不负责任的行为。该辩护意见被法院采纳，判决被告人无罪。[1]

（三）法官对于医疗过错行为是否属于严重不负责任、是否成立重大过失作出认定

1. 法官仅对于医疗过错行为是否属于“严重不负责任”作出认定

根据医疗鉴定意见，结合被告人（辩护人）的辩解，法官在裁判理由部分对于是否构成犯罪作出认定。有的裁判文书仅围绕《刑法》第335条规定的成立要件，对于医疗过错是否属于“严重不负责任”进行认定，未阐述医疗过失的问题。

例如，在“李某某医疗事故案”中，法院认为，被告人李某某作为药剂人员，在不了解注射用维库溴铵药性的情况下，没有对处方用药与临床诊断的相符性进行审核即将该药品发放给被害人，致被害人死亡，显然属于在工作中严重不负责任。

2. 法官既认定医疗过错行为是否属于“严重不负责任”，又进一步判断行为人主观上是否具有重大过失

在大部分裁判文书中，裁判理由部分会对严重不负责任和重大过失进行较为详细的说明。系统说明医疗事故罪成立要件的典型案件是“王某某医疗事故案”。在本案中，法院按照传统四要件构成理论依次对于医疗事故罪的主体、主观要件、客体、客观要件进行了论证。法院认为，从主观要

〔1〕 参见（2017）鲁01刑终295号。

件上看，医疗事故罪主观方面表现为过失，即行为人主观上对病人伤亡存在重大业务过失。本案中被告人将安痛定和庆大霉素同时使用违反药物使用规定，对陶某某的死亡存在重大业务过失。从客观要件上看，本罪在客观方面表现为严重不负责任，造成就诊人死亡或严重损害就诊人身体健康。严重不负责任是指在诊疗护理工作中违反规章制度和诊疗护理常规。引用了关于医疗事故罪“严重不负责任”的解释性规定之后，认定被告人违反安痛定使用说明书中关于不得与庆大霉素同时使用的规定，就属于上述“严重不负责任”的情形之一。[1]简言之，本案被告人违反药物说明书关于相关药物不得同时使用的规定，既构成重大业务过失，也属于严重不负责任的行为。笔者认为，对于何为重大过失，可以按照过失的构造“应注意能注意不注意”作进一步的阐明。

例如，在“赵某某医疗事故案”中，法院对医疗刑事过失进行了阐释，并对辩护人的意见作出了针对性的回应。辩护人提出，赵某某主观上认为男方在治疗前均已作过传染病筛查，出于侥幸才违反规范进行操作，且系初犯、偶犯，应予从轻。法院认为，被告人作为医务人员，在批量处理他人血样时严重不负责任，违规操作，致使多人身体健康遭受严重损害，其行为已构成医疗事故罪。对于赵某某主观上系出于侥幸为由要求从轻的意见，审理认为，正因为医疗事故罪主观方面系由过失构成，刑法规定了相对轻缓的刑罚，再以过失为由要求从轻处罚显然于法无据，故不予支持。[2]

控辩审三方均作了非常充分阐述的典型案件是“李某某医疗事故案”。在该案中，福州市医学会的鉴定意见是：医方对病情观察不仔细，产后出血量估计不足，处理不到位。福建省医学会的鉴定意见是：医方对

[1] 参见（2014）望刑初字第41号。

[2] 参见（2017）浙0102刑初428号。

病情认识不足，抢救措施不力。控方的意见建立在鉴定意见的基础上，围绕注意义务、不法、罪责等进行了一定的论证，构成医疗事故罪的核心是严重不负责任的行为是否存在，严重不负责任的行为与死亡结果是否有因果关系。李某某作为值班医生没有主动注意陈某某的病情，违背注意义务，这是不法层面的严重不负责任；医学会鉴定意见是：化验结果提示了生产分娩的高风险，产后出血提示了护理高风险，休克指数提示了死亡高风险，李某某显然具有注意发现此问题的能力，其主观上构成严重不负责任。

辩护人则主要对鉴定意见从妇产科学、诊疗义务、法律规定三个方面进行了针对性的辩护。第一，辩护人向法院提交了我国知名的妇产科专家陈某某教授的意见，该意见明确指出："被害人没有重度子痫前期，因为她血压不高……在没有安静状态下的血压升高、诊断重度子痫前期与教科书的诊断标准不符"；第二，在产妇被送入病房前李某某提示护士一级护理并下医嘱，已经尽到了诊疗、注意义务；第三，李某某在被告知产妇大出血的情况后，在整个救治过程中不存在任何不负责任的情形。

二审法院在听取诉讼各方意见的基础上，查阅大量有关诊疗规范著作、制度规定，咨询有关专业人员意见，结合案件事实、证据从多个方面进行评判，其中涉及医疗过失的有：第一，关于值班医师和经治医师等医生的岗位职责规定，李某某已履行其岗位职责；第二，关于对产妇的诊断是否有误，明确指出对市、省两级医学会医疗事故技术鉴定意见如何采信的问题，逐一分析了诊断、分娩方式选择、产前评估、产后出血治疗、止血、出血量估计、补血量、补液量、术后观察、生命体征判断、抢救、病历书写等诊疗措施，认定其履行了作为当日值班医师的职责，诊疗行为没有违反诊疗常规。因此，上诉人李某某实施的诊疗行为符合诊疗常规，不存在严重不负责任的情形，二审宣告无罪。

本章小结

医疗注意义务的依据包括医疗法律、医疗契约、医疗机构的规则制度和操作规范、医学文献和医疗水准，以及医方对于患者生命健康法益应有的尊重。对于重大医疗注意义务的严重违反构成医疗刑事过失。

医疗损害鉴定意见提供了裁断过失的事实基础，我国有关条例或者规定对鉴定事项作出了具体要求。在医疗损害刑事诉讼中，“医疗过错行为”是医疗损害鉴定意见必须载明和详细论述的事项，其他司法鉴定则不涉及该事项。

医疗损害鉴定意见对于是否存在医疗过错的确定，应当包括两个要素：一是对于医疗行为事实的描述；二是对于过错的说明，即明确医疗水准及其参考依据，确定医疗水准所依据法律法规、医疗机构规章指导、医疗行为准则（临床指引）、医学文献等。

医疗事故罪及其相关解释性规定提供裁断刑事过失的规范依据。民法规范和刑法规范中的医疗过失具有质的一致性和量的差异性。医疗刑事过失限于重大过失的规范依据，正是罪状表述中的“严重不负责任”；同时，受到本罪后果“造成就诊人死亡或者严重损害就诊人身体健康”约束。刑事诉讼“排除一切合理怀疑”的证明要求实质性提高了过失的程度，医疗刑事过失的举证责任由控方承担，受“罪疑从无”原则约束。

在研究范围内的67份裁判文书中，有29件案件的被告人（辩护人）对于其是否不具有医疗过失提出了辩解。通过对刑事裁判文书内容进行分析，可以发现，有的鉴定意见笼统陈述医疗行为具有过错（过失），有的鉴定意见具体列明医疗行为中存在的过错（过失），被告人（辩护人）对于是否构成“严重不负责任”进行辩解，有的案件中仅对于医疗过错行为是否属于“严重不负责任”作出认定，有的案件中既认定医疗过错行为是否属于“严重不负责任”，又进一步判断行为人主观上是否具有重大过失。“李某某医疗事故案”提供了典型样本，控辩审三方对于鉴定意见是否准确、是否可以采信，以及行为人是否具有重大过失作出了非常充分的说明和阐释。

第五章 / 医疗损害因果关系的鉴定与证明

刑法上的因果关系是确定行为人对危害结果承担刑事责任的客观基础，既是刑法学说史上的重要论题，也是实践中极具争议的问题。〔1〕我国传统理论认为，刑法上的因果关系是危害行为与危害结果之间的一种引起与被引起的关系。〔2〕大陆法系刑法理论通说主要采取相当因果关系说，在该理论的发展历程中，为了将导致构成要件结果的若干行为因素中意外的、不可预估的行为因素排除在外，避免不合理的刑事处罚，形成了客观归责理论。〔3〕德国刑法理论对于过失犯因果关系的审查，发展出两个层次的因果关系，第一层次是自然科学意义上的因果关系，第二层次是法律意义上违反注意义务与结果之间发生的因果检验。英美刑法学理论界和实务界通说均采取类似的"双层次原因学说"，将因果关系分为事实上的因果关系和法律上的因果关系。首先，从事实上判断行为是否是导致结果的原因，采取"若无……则……"的判断公式；其次，从事实原因中确定出具有法律价值的原因，即能够在法律上认为应当由行为人对危害结果承担责任的原因。〔4〕笔者认为，虽然以上学说因犯罪成立理论框架不同而呈现一

---

〔1〕 参见冯军等主编：《刑法总论》，中国人民大学出版社2016年版，第173页。

〔2〕 参见高铭暄等主编：《刑法学》，高等教育出版社2005年版，第83页。

〔3〕 正确认识因果关系与客观归责的关系，前提是清晰界定分别在何种意义上使用这两个概念。从某种意义上可以说，相当因果关系说是一种客观归责论，英美刑法理论中法律因果关系也是一种客观归责论。区别在于客观归责论将实行行为的定型和结果回避可能性等也纳入客观归责的范围。参见张明楷：《刑法学》（上），法律出版社2016年版，第181页。

〔4〕 参见张绍谦：《刑法因果关系研究》，中国检察出版社2004年版，第5-9页。

定的差异，但是，均认可刑法上的因果关系最终应当是基于规范本质和价值的判断。

在医疗事故刑事纠纷中，疾病自身的风险和医疗行为带来的风险相互交错，医方和患者在诊疗中不断互动，加之医疗技术的有限性、不确定和专业性，使得对医疗损害因果关系的判断更加困难。医疗损害鉴定意见以及相关司法鉴定意见确定的是事实上的因果关系，法官对鉴定意见进行审查，在此基础上作出医疗过失行为与严重损害后果之间是否具有刑法上因果关系的规范判断。

本章聚焦于研究鉴定意见如何发现事实上的因果关系以及法官如何通过司法认定确定法律上的因果关系，通过刑事程序法、刑事证据规则与刑事实体法的互动，为医疗事故罪因果关系的裁断提供具体的规则，并对实践案例展开反思。

第一节　医疗损害因果关系证明的一般原理

医疗损害因果关系的证明及其认定，通常以鉴定意见作为基础。在刑事纠纷中，与因果关系有关的鉴定，不仅有医疗损害鉴定，还有涉及死因的尸体检验鉴定、涉及损害后果的伤残等级鉴定等，以各类鉴定意见为主体形成证据链条共同证明医疗损害的因果关系。

一、鉴定意见证明损害后果与医疗行为在事实上的因果关系

在普通刑事案件中，因果关系的判断主要基于生活经验法则和社会交往秩序的一般要求，思维活动把握因果关系的过程，事实判断和规范判断基本上是同步的。然而，由于医疗活动的专业性，医疗事故刑事纠纷需

要先从医学角度对医疗行为与损害后果是否具有事实上的因果关系作出判断。

（一）医疗损害鉴定意见须载明事实因果关系的依据

本书第四章第一节关于医疗损害鉴定对于过错判断的研究，如鉴定意见在证明中的地位、鉴定的启动等，与因果关系的鉴定是共通的，此处不再赘述。本节重点研究医疗损害因果关系鉴定特有的问题。

我国相关条例或者规定对于医疗损害鉴定进行了规范，规定了鉴定意见应当包含的内容。国务院颁布的《医疗事故处理条例》第31条规定了医疗事故技术鉴定书应当包括的主要内容，涉及因果关系的主要有三项，即“（五）医疗过失行为与人身损害后果之间是否存在因果关系；（六）医疗过失行为在医疗事故损害后果中的责任程度；（七）医疗事故等级”。该条例第4条划分了四级医疗事故。根据该条例，原卫生部颁布的《医疗事故技术鉴定暂行办法》第35条对医疗事故技术鉴定书的内容作了与《医疗事故处理条例》第31条相同的规定，并将医疗过失行为的责任程度划分为完全责任、主要责任、次要责任、轻微责任四级。

国务院颁布的《医疗纠纷预防和处理条例》第36条规定的医疗损害鉴定意见应当载明并详细论述的内容中，涉及因果关系的有两项，即“（三）医疗过错与医疗损害是否存在因果关系；（四）医疗过错在医疗损害中的责任程度”。

中华医学会制定的《医学会医疗损害鉴定规则（试行）》第24条第1款详细列明了医疗损害鉴定意见书一般应包括的内容，其中第6项规定了“围绕委托鉴定事项对是否存在损害后果以及损害程度、是否存在医疗过错行为、医疗过错行为与损害后果是否存在因果关系、医疗过错行为在医疗损害中的原因力大小等内容的详细论述”。

综上，《医学会医疗损害鉴定规则（试行）》关于医疗损害因果关系的鉴定要求更为科学和全面，体现了医疗损害因果关系鉴定的逻辑思维流程，即首先鉴定是否存在损害后果，其次鉴定是否存在医疗过错，再次鉴定因果关系，最后鉴定医疗过错行为在医疗损害中的原因力大小。与过去的鉴定规范相比，《医学会医疗损害鉴定规则（试行）》有两点较大的变化：其一，强调了首先需确定损害后果以及损害程度。对于医疗事故刑事纠纷而言，损害后果的鉴定是案件是否成立犯罪的重要因素，决定了案件的刑民分野，对于诉讼程序具有直接影响，决定了刑事诉讼能否继续推进（公安机关委托鉴定的公诉案件）或者能否启动（自诉案件）；其二，将医疗过错行为在医疗损害中的"责任程度"修改为"原因力大小"，从较抽象的定性意见转化为更直观的定量描述。

（二）医疗损害因果关系鉴定中的"原因力大小"

普通事故类犯罪中，在存在若干过错行为的情况下，因果关系判断的难点主要在于如何判断先行的原因事实对于最后结果的支配性。比较而言，医疗损害因果关系的复杂性在于，疾病本身是在先的原因事实，医疗行为的参与是在后的原因事实，疾病对于最后结果的支配性可以通过医学经验加以判断，但是，医疗行为的介入，使得因果关系的难点在于如何判断医疗过错对于最后结果的支配性，即原因力的有无及大小。

对于原因力的大小，可以借鉴日本学者渡边富雄提出的"事故参与度"理论。事故参与度是一个确认伤亡因果关系的量化指标，是为解决交通事故与受害人损害后果的因果关系而设定的，由于交通事故与医疗事故具有相当相似性，我国学者建议将事故参与度理论运用于确定医疗过错行为对损害后果的原因力大小。〔1〕

---

〔1〕 参见王岳：《刍议医疗技术鉴定中的因果关系及认定标准》，载《中国医院管理》2008年第5期，第42页。

鉴定人依照专业文献、鉴定的基本理论和实践来确定事故参与度的指标和级差，但不同的标准会采取不同的等级数量和级差度。《医疗事故技术鉴定暂行办法》将医疗过失行为的责任程度划分为完全责任、主要责任、次要责任和轻微责任四个等级。当前司法鉴定的管理规定以及相关司法解释均无关于事故参与度的统一规定，大多数情况下由司法鉴定行业协会的相关意见作出规定〔1〕，实务中通常将医疗过失参与度从A至F分为六个等级，分别对应的责任程度是无责任、轻微责任、次要责任、部分责任、主要责任和完全责任，理论责任系数对应为0、10%、25%、50%、75%、100%。〔2〕类似的规范性分级标准还有损伤参与度，国家标准《人身损害护理依赖程度评定》（GB/T 31147—2014）中的规范性附录收录了损伤参与度，损伤参与度采用百分比表示，分别为100%、75%、50%、25%、0五级。

笔者认为，事故参与度和诊疗行为拦截疾病损害的概率在方法论上均是力图以明确的量化指标来确定事实上的因果关系，并为下一步刑法上的判断提供重要依据。在规范上判断医疗损害的因果关系时，鉴定意见提供的事故参与度和诊疗行为拦截疾病的有效概率可以纳入客观归责框架的风险升高判断，即事故参与度能够说明医疗行为的风险升高程度，进而说明合法替代行为产生损害的可能性的大小〔3〕，正好对应了合法替代行为（正确诊疗）对于疾病损害拦截的有效概率。简言之，若事故参与度为100%，则医疗过错行为升高风险的程度是100%，正确诊疗拦截疾病损害的可能性也是100%，即若采取合法替代行为则损害结果确定地不发生，则损害结果可以归责于医疗过错行为。

〔1〕 例如，北京司法鉴定业协会发布了《关于办理医疗过失司法鉴定案件的若干意见》（京司鉴协发〔2009〕5号）。

〔2〕 参见邢学毅编：《医疗纠纷处理现状分析报告》，中国人民公安大学出版社2008年版，第90页。

〔3〕 参见杨丹：《医疗刑法研究》，中国人民大学出版社2010年版，第161－163页。

事故参与度和诊疗行为拦截疾病损害的概率能够准确反映风险升高程度和合法替代行为的作用，有助于判断医疗过错对于损害结果发生具有部分原因力的情形。法官依据载明以上内容的鉴定意见自由作出心证，若事故参与度达到一定程度（如50%以上）能够说明医疗行为较大地升高了风险，则可以将损害结果归责于医疗过错。鉴定人运用实证医学方法推导出的正确诊疗拦截疾病损害的概率，可以作为判断事故参与度、原因力大小的重要依据。

（三）涉及医疗损害因果关系的其他鉴定意见

与医疗损害因果关系有关的证据中，除了上述医学会或者司法鉴定机构作出的医疗损害鉴定意见以外，还可能存在其他鉴定意见。

第一类是法医作出的尸体检验鉴定意见，说明患者的死因。在发生被害人死亡的情形下，法医会进行尸体检验鉴定，说明被害人的死因如药物过敏休克死亡、破伤风杆菌感染致呼吸衰竭死亡等。此类鉴定由专业法医经解剖尸体等检验而得出，系专门的死因鉴定。该类鉴定意见可以作为医疗损害鉴定意见的参考依据，也可以与医疗损害鉴定意见相互印证。

第二类是法医对于损害后果或者伤残程度的鉴定。在患者健康严重受损的情况下，有的案件对被害人的损伤程度或者伤残等级单独作出鉴定。相比死因鉴定，此类鉴定较少，主要是因为医疗事故刑事纠纷绝大部分发生了死亡结果，对于少部分被害人健康严重受损的案件，损害后果及程度本身系医疗损害鉴定意见的一部分，因而单独作出鉴定的较少。但对于部分刑事附带民事诉讼案件，伤残等级鉴定对于赔偿数额具有重要影响，也可能单独作出。

此外，还可能存在病理鉴定意见、毒物检验鉴定、与病历相关的文书检验鉴定意见等，上述鉴定意见与作为主体的医疗损害鉴定意见一起，构成了医疗事故刑事证据的鉴定意见群。

二、刑法上因果关系的裁判及其限缩

在通过鉴定意见确定事实因果关系的基础上，法官需要对损害后果可否归责于医疗过错行为进一步作刑法上的考量。理论通常未对不同部门法规范中的因果关系作专门区分，不像医疗过失那样在民法和刑法上明确存在程度上的差异，即是否“重大”的区别。然而，事实上，受不同部门法规范具有不同价值取向和保护目的的影响，因果关系同样可能在民法和刑法上作出不同的裁断。刑法上的因果关系成立相较于民法更为限缩，原因有三：一是刑事实体法上的构成要件损害后果更为严重；二是刑事程序法上要求因果关系证明达到更高的标准；三是在刑事证据法上证明责任归属于控方且遵循罪疑从无原则。

（一）医疗事故罪的构成要件结果从实体法上限缩了因果关系的范围

法官判断医疗事故刑事纠纷中的因果关系，首先需要界定是否存在构成要件的损害结果，若无该当于构成要件的严重损害结果，则无须进一步判断可否归责于医疗行为。这是实体法上对于刑法因果关系的限缩，将未造成严重损害的其他医疗纠纷排除在刑事诉讼的范围以外。

根据《刑法》第335条的规定，本罪的结果包括“造成就诊人死亡”和“严重损害就诊人身体健康”。尽管死亡标准随着医学发展出现了变化，但死亡结果在实践中是确定的，绝大多数医疗事故刑事纠纷的产生就是由于发生了死亡结果。对于“严重损害就诊人身体健康”的含义，理论界和实务界一直存在较多争议，主要有医学标准说〔1〕、法学标准说〔2〕和折中

〔1〕 参见卢建平、田兴洪：《论医疗事故罪中“严重损害就诊人身体健康”之认定》，载《湖南社会科学》2003年第2期，第47页。

〔2〕 参见臧冬斌：《医疗犯罪比较研究》，中国人民公安大学出版社2005年版，第69页。

说[1]。笔者曾经从法教义学的角度，基于同一用语内涵的一致性、刑法体系内部的协调性、刑法规范与外部行政法规的衔接性，提出以“重伤”作为实质标准，以“医疗事故等级”作为形式标准，通过抽象比较医疗事故等级和人体重伤鉴定标准，在达到一定等级的医疗事故中，凡是经医疗损害鉴定为重伤的，即构成“严重损害就诊人身体健康”。“严重”不仅包括单一被害人损害结果的严重性，还包括数名（通常是三人以上）被害人相对较轻的伤害。[2]

2008年颁布的《立案追诉标准（一）》第56条明确了“严重损害就诊人身体健康”的含义，即“造成就诊人严重残疾、重伤、感染艾滋病、病毒性肝炎等难以治愈的疾病或者其他严重损害就诊人身体健康的后果”。可见，除了“其他”的兜底性规定以外，可以分为实际损害和感染特定疾病两类。

第一类后果是严重的实际损害，即严重残疾和重伤。《刑法》第234条第2款关于故意伤害罪结果加重犯的规定使用了“严重残疾”一词，可以参考关于“严重残疾”的解释来界定医疗事故罪的后果。根据1999年10月27日最高人民法院《全国法院维护农村稳定刑事审判工作座谈会纪要》规定，参照1996年原国家技术监督局制定的《职工工伤与职业病致残程度鉴定标准》，将“严重残疾”明确为下列情形之一：“被害人身体器官大部缺损、器官明显畸形、身体器官有中等功能障碍、造成严重并发症等。”残疾程度分为十级，其中六级以上视为“严重残疾”。2016年4月18日，“两高”、公安部、国家安全部、司法部发布《人体损伤致残程度分级》（2017年1月1日起施行），适用范围明确为职工工伤以外的所有人身损害致残程度等级鉴定，包含刑事案件的伤残鉴定。鉴定以损伤治疗后果或者结局为依

---

〔1〕 参见冯卫国：《医疗事故罪的认定与处理》，人民法院出版社2003年版，第129－131页。

〔2〕 参见杨丹：《医疗刑法研究》，中国人民大学出版社2010年版，第142－144页。

据，客观评价组织器官缺失和/或功能障碍程度，划分为10个等级，从一级（人体致残率100%）到十级（人体致残率10%），每级致残率相差10%。

“重伤”的鉴定依据原为《人体重伤鉴定标准》（司发〔1990〕070号），后被2013年8月30日“两高”、公安部、国家安全部、司法部发布的《人体损伤程度鉴定标准》所取代。根据新标准，重伤指“使人肢体残废、毁人容貌、丧失听觉、丧失视觉、丧失其他器官功能或者其他对于人身健康有重大伤害的损伤，包括重伤一级和重伤二级”。损伤鉴定以致伤因素对人体直接造成的原发性损伤及由损伤引起的并发症或者后遗症为依据。

可见，“严重残疾”的鉴定时机是治疗完成后的结果和最终结局，“重伤”的鉴定时机则是受伤当时或者伤情稳定以后。因此，重伤鉴定可以早于严重残疾的鉴定，对于一些需要长期治疗的案件来说尤显重要，只要具备以上两种后果之一，即可进一步作因果关系判断。

第二类后果是难以治愈的疾病感染。病人在接受治疗的过程中，因医疗过错导致感染艾滋病、病毒性肝炎等疾病，此类疾病较为特殊，感染初期的实际损害未必严重，但由于人类目前医学手段所限，此类疾病难以治愈并将逐步恶化，故作为可测实际损害之外的另一类型“严重损害健康”。在其他司法解释中，也有将感染艾滋病直接认定为重伤的规定。例如，最高人民法院、最高人民检察院《关于办理组织、强迫、引诱、容留、介绍卖淫刑事案件适用法律若干问题的解释》第12条第2款规定了，具有特定情形并致使他人感染艾滋病病毒的，认定为《刑法》第95条“重伤”的第3项“其他对于人身健康有重大伤害”的情形。

（二）刑事诉讼“排除一切合理怀疑”的证明标准从程序法上限缩了因果关系的范围

与过失在民事规范和刑事规范中明确规定为法定成立要件要素不同，因果关系未在规范中予以直接规定，而是以事物间的客观联系作为归责的依据，通过法律理性的思维方式作出裁判。除了实体法上对损害后果的限缩以外，刑事诉讼更严格的证明要求也起到了重要的限缩作用。正如加拿大研究者所指出的，1900～2007年，加拿大全国只有十七位医师因医疗过失遭到刑事指控，最终仅有一名被定罪。因此，刑法在医疗纠纷的处理中所起的作用极其微小，其主要原因在于刑事归责比民事归责提出了更高的实体和程序要求。〔1〕

在医疗事故刑事诉讼中，控方证明严重损害结果应归责于医疗过失行为需要达到排除一切合理怀疑的程度，相较于民事诉讼的优势证据标准，刑事证明标准要高得多。换言之，证据要足以让刑事法官形成内心确信：医疗过失行为是造成损害结果唯一的、排他的原因，不存在其他导致损害结果的可能。对于刑事归责的严格限制体现了罪责自负的要求，是由刑法保障人权、惩罚犯罪的价值取向所决定的。

在“李某某医疗事故案”中，二审法院对于医学会鉴定意见中涉及因果关系的问题从刑事诉讼的证明标准上进行了详细分析，认为鉴定意见中关于医疗行为与患者死亡的因果关系的描述无法形成超越合理怀疑的确信，故不能证明刑法上的因果关系。“福建省医学会鉴定意见认为，死因是产后出血导致产妇死亡，其鉴定意见是基于病症做出的推断结论，是临床诊断，没有进行法医尸检，没有进行病理诊断，对死亡原因的认定不具有唯一性、排他性，不能作为定案依据，本院不予采信。”〔2〕

（三）医疗损害因果关系的举证责任

如前文第四章所述，医疗损害纠纷的举证责任，在民事诉讼中经历了理论争议和制度反复，现已回归“谁主张，谁举证”的一般证明规则。

---

〔1〕 See Ken Oliphant, Richard Wright eds., Medical Malpractice and Compensation in Global Perspective, Berlin, de Gruyter, p.67-69.

〔2〕 (2017)闽01刑终1458号。

在医疗事故刑事诉讼中，遵循一般举证规则，即控方承担证明被告人有罪的举证责任。法官对于鉴定意见中表述的“主要”“次要”作用，“直接”“间接”因果关系等进行充分的参酌、说理并作出判断，只有证明医疗过失与损害结果之间存在的因果关系已达到排除一切合理怀疑的程度，法官才能认定刑法上因果关系的存在。若鉴定意见认定存在事实上的因果关系，而法官认为在刑法上不具有因果关系、不可归责于医疗过错行为时，则需要作更加充分的论证。控方提供的实证医学的文献对于法官裁判具有重要的参考作用。若控方提供的证据以及通过法庭质证无法让法官形成存在因果关系的内心确信，按照无罪推定原则，即可以认定被告人无罪，符合刑事诉讼无罪推定、保障人权的根本价值取向。

被指控犯罪的医务人员，在医学知识的理解和医疗过程的把握上处于专业的优势地位，被告人及其辩护人可以提出不具有因果关系或者损害后果由别的原因所导致等辩解，积极协助法官查明事实并作出裁断，但是，这样的协助并非举证责任，被告人无须承担举证不能的后果。

第二节　医疗损害因果关系证明的典型案例

医疗损害因果关系的证明，通常以医学上专业鉴定认定的事实因果关系为基础，进而在刑法上作出裁断。人体的复杂性和医学的不确定性，更加使得双层次的因果关系判断成为实践中的难题。在研究范围内载明鉴定意见的67份裁判文书中，有24件案件的被告人（辩护人）对于因果关系的有无和大小进行了辩解。本节重点分析医疗事故刑事纠纷的损害后果以及对于可否归责的裁断。

一、刑事纠纷的损害后果绝大部分为患者死亡，鉴定意见主要为一级甲等医疗事故，但鉴定不是认定犯罪的必然前提

在研究范围内的67份裁判文书中，有60件案件出现了患者死亡的结果，7件案件出现了患者健康受到严重损害的结果，即近90%的医疗事故刑事纠纷系因患者死亡所引发。在7件发生健康严重受损的案件中，损害后果涉及患者小肠穿孔伴小肠系膜穿孔、子宫穿孔，新生儿脑颅损失、脑瘫，双侧乳房受损完全丧失哺乳功能，双肾缺失并尿毒症晚期，梗阻性黄疸并肝功能受损，并有38位患者感染急性丙肝、5位患者感染艾滋病病毒等。实践中，对于健康受损结果的鉴定及其等级认定，存在一定的争议。例如，在"马某某医疗事故案"中，淮南市医学会鉴定该病例属于二级丁等医疗事故，安徽省医学会鉴定认为属于二级乙等医疗事故。〔1〕

在医疗事故等级鉴定中，有42件案件构成"一级甲等医疗事故"，根据《医疗事故分级标准（试行）》，"一级甲等医疗事故"即为发生死亡结果。其中，个别案件存在事故与否及其等级的争议。在"王某某医疗事故案"中，绥化市医学会的鉴定意见为"二级甲等医疗事故，医方承担完全责任"，黑龙江省医学会的鉴定意见为"一级甲等医疗事故，医方承担次要责任"。法院认为，鉴于市医学会"二级甲等医疗事故"的结论不符合《医疗事故处理条例》第4条"造成患者死亡、重度残疾的为一级医疗事故"的规定，故对市医学会的鉴定意见不予采纳；省医学会的鉴定程序和实体结论均符合《医疗事故处理条例》的规定，故对省医学会的鉴定意见予以采纳。〔2〕可见，医疗事故等级的鉴定标准就是损害结果。

---

〔1〕 参见（2015）田刑初字第0016号。

〔2〕 参见（2014）望刑初字第41号。

有5件案件经鉴定属于二级及以下医疗事故，分别为1件二级甲等医疗事故（双肾缺失并尿毒症晚期，一级伤残）、1件二级乙等医疗事故（新生儿脑颅损失、脑瘫）、1件三级乙等医疗事故（医疗梗阻性黄疸并肝功能受损，重伤二级）、1件三级丙等医疗事故（双侧乳房受损完全丧失哺乳功能，重伤二级）、1件四级医疗事故（38位患者感染急性丙肝）。尽管根据《医疗事故分级标准（试行）》规定，“将医疗事故一级乙等至三级戊等对应伤残等级一至十级”，但“罗某案”被认定属于二级甲等医疗事故，对应为二级伤残，最终鉴定为一级伤残。前述案件中不同的医疗事故等级被鉴定为相同的重伤二级，可知医疗事故等级与人体损害鉴定并非明确对应关系。因此，医疗事故等级的认定并不必然该当构成要件的损害后果，在伤害类后果中仍需进行伤残鉴定或者损失鉴定。

除了以上47件案件进行了医疗事故等级鉴定以外，研究范围内还有20件案件未载明医疗事故等级认定，其根本原因在于，只有医学会根据《医疗事故处理条例》的规定作出的医疗事故技术鉴定方才划定事故等级，司法鉴定无须也不能鉴定事故等级。并且，2018年10月1日起施行的《医疗纠纷预防和处理条例》、2021年4月1日起施行《医学会医疗损害鉴定规则（试行）》均未要求鉴定意见认定医疗事故等级。20件未载明医疗事故等级的案件，仅作了司法鉴定（医疗损害鉴定、死因鉴定、伤残鉴定等）或者未作鉴定，其中，18件出现死亡结果、1件出现三处十级伤残结果、1件导致5人感染艾滋病病毒，损害后果均该当于医疗事故罪的构成要件结果。

从以上实证分析可以清晰地看出，在医疗损害由医学会和司法鉴定机构“双轨制”鉴定的模式下，医学会鉴定不是医疗事故刑事诉讼的必经程序，构成医疗事故的鉴定意见并非成立医疗事故罪的必然前提，医疗事故等级不能直接该当于医疗事故罪的损害结果。例如，在“洛某某医疗事故案”中，被告人和辩护人提出，该案一审未对被害人的死亡是否构成医疗事故作出鉴定，认定其构成医疗事故罪缺乏依据；法院则明确回应，是否作出医疗事故鉴定不影响对本案事实的认定。[1]在“黄某某医疗事故案”中，被告人和辩护人提出三级乙等医疗事故不属于严重损害就诊人的情形，并对“重伤二级”的鉴定意见提出异议。法院经分析认为，本案法医学人体损伤程度鉴定的鉴定依据客观、真实，鉴定过程科学、合理，评定被害人构成重伤的意见正确，二审维持了“黄某某犯医疗事故罪，判处拘役五个月”的一审判决。[2]

二、鉴定意见对因果关系表述多样化，被告方能作一定辩解且法官独立作出规范判断

（一）鉴定意见对因果关系无统一规范表述，用语呈多样化

在研究范围内的67份裁判文书中，除了因仅作伤残等级鉴定不涉及因果关系、无法作医疗事故技术鉴定等6件案件以外，鉴定意见作断言式评价“有”“存在”因果关系的案件数为12，较为保守表述为“有一定”因果关系的有6件，评价因果关系程度为“直接”因果关系的有10件、认定为“间接”因果关系的有2件、认定为“主要”因果关系的有2件。未直接说明因果关系有无或者程度，但使用了明确体现行为与结果之间关系的“导致”“致”“引起”“造成”等用语的有22件。鉴定意见只是指出医疗行为存在的过错之处及结果，但未指明因果关系的有5件，还有2件指出“对造成液气胸的原因无法判断”“不排除因使用药物引起过敏休克死亡”。

尽管关于因果关系鉴定意见的表述具有以上如此大的差异，但是，上述差异与案件最终的审判结果相关性不大。在以上案件中，仅有4件案件

---

〔1〕 参见（2014）长刑终字第00190号。

〔2〕 参见（2017）川05刑终31号。

被判处无罪，其中3件案件鉴定为“有”因果关系、1件案件的鉴定意见未明确因果关系。可见，鉴定意见中对于因果关系除了明确予以否定的以外，认为有因果关系或者对因果关系不同程度的描述，均仅作为法官裁判的参考，法官对刑法上因果关系的规范判断方才具有决定性作用。

（二）被告方关于因果关系的辩解

在研究范围内67份裁判文书中，有24件案件的被告人（辩护人）对于鉴定意见中的因果关系提出了异议。除了7件案件主要与鉴定资质、程序有关，或者定案证据不足等笼统的异议以外，有12件案件的辩解为“无因果关系”，其中，部分案件进一步具体为“无刑法上因果关系”（2件）、“无直接因果关系”（2件）、“无必然因果关系”（1件）；有5件案件的辩解为“被害人死因不明”，系多种原因引起、不能完全排除其他原因，未作尸检不能证明死因等。

但是，被告人（辩护人）关于因果关系的辩解大多未获得认可，所起的作用极其有限。在研究范围内，仅有4件案件被判处无罪，其中3件案件无罪的主要原因在于法官认定不存在“严重不负责任”的行为。亦即，法官认定有因果关系，但行为人未违反注意义务而不成立犯罪，这在我国平面四要件构成体系下不存在明显的逻辑上的先后顺序问题。

仅有1件案件无罪的原因与因果关系有关，即“谢某某医疗事故案”。裁判理由是：“现有证据不能证实被告人在诊疗过程中存在严重不负责任的情形，且市、省医学会及法医鉴定中心的司法鉴定意见书均未认定本案中非那根的使用与被害人死亡之间存在因果关系。”〔1〕

〔1〕 参见（2015）东一法刑初字第3261号。

三、部分鉴定意见对医疗过错承担责任的大小作定性描述，少数有事故参与度的量化描述，被告方能作一定辩解且法官独立作出规范上的判断

（一）部分鉴定意见对于医方承担责任的程度进行定性描述

刑法中的责任，是一个内涵丰富的术语。[1]仅医疗事故罪就涉及在两种不同意义上使用“责任”一词。在罪状表述中，“严重不负责任”反映了行为人主观上具有重大过失，此处的“责任”是指义务和职责；相关规范规定医疗纠纷鉴定意见书的内容须包含“医疗过错在医疗损害中的责任程度”，此处的责任是指“归责”。

研究范围内的67份裁判文书中，有20件案件未说明责任的大小，有47件案件对于医方承担责任的大小进行了定性描述，使用了“完全”“主要”“次要”等词。认为医方应承担“完全”责任的案件有11件，应承担“主要”责任的有29件，应承担“次要”责任的有11件，其中，4件案件的数个鉴定意见对于责任程度认定有不同判断，出现重叠。

例如，在“陈某某医疗事故案”中，市医学会和中华医学会鉴定医方应承担“次要”责任，省医学会则鉴定为“主要”责任，法院认定为“次要”责任。[2]类似的还有“罗某医疗事故案”。[3]在“王某某医疗事故案”中，市医学鉴定乙方应承担“完全”责任，省医学会鉴定为“次要”责任，法院认定为“次要”责任。[4]值得注意的是，在“刘某某医疗事故案”中，市、省医学会均鉴定医方应承担“主要”责任，司法鉴定机构鉴定为“主要”责任，

〔1〕 参见冯军：《刑事责任论》，社会科学文献出版社2017年版，第9-15页。

〔2〕 参见（2011）海南一中刑终字第26号。

〔3〕 参见（2017）云2822刑初285号。

〔4〕 参见（2014）望刑初字第41号。

但最后法院判决被告人无罪。无罪的原因不在于因果关系，而在于认定行为人并无严重不负责任的行为。[1]在以上4件出现不同责任程度鉴定的案件中，尽管鉴定意见之间并不因鉴定主体的行政区划层级存在效力差异，但是，法官往往采纳的是更高级别行政区划医学会作出的鉴定意见。

（二）少数鉴定意见作出事故参与度的量化描述

在研究范围的67份裁判文书中，仅有9件案件以事故参与度的概念量化地说明了医疗行为对于损害结果发生作用的程度。量化的事故参与度不是鉴定意见书的必备要素，全国没有统一的标准，多以地方司法鉴定协会的指导意见为依据。在9件案件中，8件案件的事故参与度以数值标明，1件案件标明的是E级，对应数值为75%；5个案件的鉴定意见仅说明了事故参与度，未再说明责任程度；4件案件的鉴定意见既说明了事故参与度，又说明了责任程度。在同时说明两个要素的4件案件中，有3件案件的评价是一致的。例如，在“刘某某医疗事故案”中，桂林市医学会鉴定意见为医方承担主要责任，北京法源司法科学证据鉴定中心鉴定意见为“医学参与度理论分级为E级”。[2]有1件案件的评价存在极大差异，即“谢某某医疗事故案”，在该案件中东莞市医学会和广东省医学会均鉴定医方承担次要责任，中山大学法医鉴定中心认为“过错参与度为80%（供法庭参考）”。[3]

在9件说明了事故参与度的案件中，有6件案件的被告人（辩护人）对于鉴定意见提出异议，其中，2件案件对于因果关系提出质疑，认为鉴定意见“不能完全排除与诊疗无关的其他物质、原因引发过敏性休克死亡的可能”[4]、“被害人特殊体质是导致后果发生的原因之一”[5]；1件案件辩解只

---

〔1〕参见（2018）吉0322刑初5号。

〔2〕参见（2012）象刑初字第79号。

〔3〕参见（2015）东一法刑初字第3261号。

〔4〕参见（2020）川0623刑初26号。

〔5〕参见（2018）内0525刑初365号。

应承担民事赔偿责任；3件案件否定存在因果关系。在认为不存在因果关系的3件案件中，有2件案件的被告人（辩护人）对事故参与度进行了调整或者解释。例如，在“王某某医疗事故案”中，辩护人认为医疗行为与损害后果没有刑法上的因果关系，事故参与度应为30%（鉴定意见为40%）[1]；在“谢某某医疗事故案”中，辩护人解释“80%的过错应该是包括其他参与抢救的医生、工作人员以及医院本身没有β2受体激动剂等药在内的”，即非被告人一人的行为所致。

针对因果关系鉴定意见中事故参与度的以上异议，法院均未采纳，其中8件案件被判有罪，1件案件被判无罪。在被判有罪的8件案件中，尤其值得注意的是，过错参与度在50%以下的案件也被认定为有罪。在“王某某医疗事故案”中，鉴定事故参与度为40%[2]；在“刘某某医疗事故案”中，鉴定事故参与度为20%～40%[3]，均被认定有罪。在“杜某某医疗事故案”中，除了尸体解剖病理鉴定报告书和齐齐哈尔市医学会的医疗事故技术鉴定书以外，还有两份司法鉴定意见书。黑龙江新讼司法鉴定中心鉴定意见为医疗过错与患者死亡有一定因果关系，事故参与度为50%；哈尔滨工业大学医院司法鉴定中心鉴定意见为诊疗行为与患者死亡有轻微因果关系，事故参与度为10%。法院认定：“本案的四份鉴定意见分别证实了被害人的死亡原因、被告人的医疗行为构成医疗事故、被告人的医疗行为与被害人的死亡存在因果关系、被告人的诊疗行为与被害人死亡存在轻微因果关系，且上述鉴定意见与本案的物证、书证、证人证言及被告人供述能够相互印证，并形成完整的证据链条，认定被告人构成医疗事故罪的事实清楚，证据确实、充分。”[4]笔者认为，就目前我国的实践状况来看，法官在

〔1〕 参见（2009）息刑初字第124号。

〔2〕 参见（2009）息刑初字第124号。

〔3〕 参见（2013）淮刑初字第39号。

〔4〕 参见（2016）黑02刑终100号。

判断因果关系时事故参与度所起的作用有限，医疗事故罪的认定尚未如交通肇事罪那样建立明确的归责程度标准。在“杜某某医疗事故案”中，法院在两份司法鉴定书对于因果关系程度的定性（“一定”“轻微”）描述、定量（50%、10%）分析均存在较大差异的情况下，直接得出了“证据相互印证”的判断，不免有些轻率。

唯一被判无罪的是“谢某某医疗事故案”。但法院认定无罪的理由，因果关系方面不是针对辩护人所提出的80%的事故多由多方行为共同参与，而是因为药物使用与死亡结果不存在因果关系，即“本案的三份鉴定意见均未认定非那根的使用与被害人死亡之间存在因果关系，故被害人及其委托代理人认为被告人对非那根的使用属用药错误，且是造成患者死亡原因之一的依据不足，本院对该意见不予采信。”[1]

本章小结

尽管不同学说由于犯罪成立理论框架的不同而呈现一定的差异，但是，各学说均认可刑法上的因果关系最终应当是基于规范本质和价值的判断。疾病自身的风险和医疗行为带来的风险相互交错，医方和患者在诊疗中不断互动，医疗技术的有限性、不确定性和专业性，使得对医疗损害因果关系的判断更加困难。医疗损害因果关系的证明及其认定，通常以鉴定意见为基础。与医疗损害因果关系有关的鉴定涉及医疗损害鉴定、尸体检验鉴定、伤残等级鉴定等，以鉴定意见为主体形成证据链条共同证明医疗损害的因果关系。我国相关条例或者规定明确了医疗损害鉴定应当载明

〔1〕 参见（2015）东一法刑初字第3261号。

的内容包括因果关系的有无和原因力大小，刑法对鉴定意见载明的事实上的因果关系进行限缩和裁判，构成要件结果从实体法上限缩了因果关系的范围，刑事诉讼“排除一切合理怀疑”的证明标准从程序法上限缩了因果关系的范围；控方承担医疗损害因果关系的举证责任，若举证不能则“罪疑从无”。

在研究范围内载明鉴定意见的67份裁判文书中，有24件案件的被告人（辩护人）对于因果关系的有无和大小进行了辩解。通过分析裁判文书内容，发现如下特点：第一，在损害后果上，刑事纠纷绝大部分发生了患者死亡的后果，鉴定结论以一级甲等医疗事故为主，但是，医疗事故等级鉴定并非认定犯罪的必然前提。第二，鉴定意见对因果关系说明缺少统一规范的描述，部分鉴定意见对医疗过错对损害后果应承担责任的大小作出定性描述，少数鉴定意见作出事故参与度的量化描述。虽然被告人（辩护人）能够针对因果关系作出一定辩解，但是极少获得法官的采信，法官独立作出规范上的判断。

第三篇

医疗事故刑事诉讼的专业化运行

在刑事一体化视域中，实体法规定的医疗事故罪的成立要件及其刑罚需要通过刑事程序的有效运行才能得以认定并判处。解决医疗诉讼运行的问题，关键在于“专门化”。在审判组织的层面，专门法院、专门法庭、专门合议庭、专门审判团队等构成了专业化的主体保障，专业审判组织对于该领域案件实施“三审合一”模式，有利于提升专业化审判的质量和效率。在审判机制层面，侧重于对专业性事实采取多元化的查明措施，广泛吸收专家参与，除了医疗鉴定意见作为传统证据从专业角度协助查明事实、专家辅助人对鉴定意见提出有效质证以外，还可以探索在医疗事故刑事诉讼中引入技术调查官、专家陪审员、咨询专家等。

第六章 / 医疗刑事诉讼中的专门审判组织及法官

在我国，成立专门法院（法庭）是当前司法改革的一个重要趋势。2014年以来知识产权法院的开创性探索，互联网法院、金融法院的相继设立已经取得了相当成效，各类专门法庭试点早在20世纪90年代以来就已渐次展开。首先，本章梳理专门法院（法庭）的发展历程。其次，结合我国医疗纠纷的状况，参考境外医事专业法庭的运作，研究如何培养专门审理医疗纠纷的法官，吸纳更多医疗专家全程参与侦查、起诉和审判。这是我国在诉讼机制上提高医疗纠纷解决效率和质量的重要途径。

第一节　专门法院（法庭）概览

专业化是现代社会的显著特征。法院本身即是司法专业化、审判专门化的产物，法院在发展历程中也经历了内部不断细分专业领域的过程。[1]在不同国家的历史、文化和法律背景下，专门法院（法庭）的发展呈现了不同的模式，但是，从全球来看，设立专门法院不仅是常规做法，也是大势

---

〔1〕 参见［美］劳伦斯·鲍姆:《从专业化审判到专门法院：专门法院发展史》，何帆、方斯远译，北京大学出版社2019年版，第1-4页。

所趋。[1]

一、美国的专门法院（法庭）

美国对于专业化审判和专门法庭进行主题研究的专著，当推劳伦斯·鲍姆教授的《从专业化审判到专门法院》(Specializing the Courts)[2]，被誉为美国为数不多的同时检视联邦法院和州法院系统的著作。[3]

该书由我国最高人民法院从事司法体制改革研究的法官及学者译介，系统介绍了美国司法专业化的程度、动因、过程和趋势，全面、立体展示了专门法院（法庭）最活跃的四个领域，即部分联邦法院在外交政策和国家安全领域、州法院在刑事领域更精细化分工、联邦法院处理政府与私人之间的经济纠纷、联邦和州法院处理私人之间的经济纠纷[4]，有助于对美国的专门法院（法庭）有清晰的理解和认知。

在美国，司法专业化可以从两个层面展开：首先，与其他机构相比，法院由受过法律专业训练的人担任法官组成，这是司法权专业化的体现；其次，在法院体系内部，尽管通才型法院（审理各类案件的综合型法院）占据主导地位，但是联邦和州法院体系内部也在持续设立专门法院（法庭）。[5]法院体系内部设立专门法院（法庭）来审理细分领域的专门案件，本章正是在此意义上研究“司法专业化”。

---

〔1〕 参见何帆、方斯远：《法院该术业专攻还是无所不能：被误解的“专门法院”》（译者序），载［美］劳伦斯·鲍姆：《从专业化审判到专门法院：专门法院发展史》，何帆、方斯远译，北京大学出版社2019年版，第8页。

〔2〕 Lawrence Baum, *Specializing the Court*, Chicago, University of Chicago Press, 2010.

〔3〕 See Wasby, Stephen *Perspectives on Politics*, Vol.11, No. 1, 2013, p. 308–310.JSTOR, www.jstor.org/stable/43280759. Accessed 30 May 2021.

〔4〕 参见［美］劳伦斯·鲍姆：《从专业化审判到专门法院：专门法院发展史》，何帆、方斯远译，北京大学出版社2019年版，第30–31页。

〔5〕 参见［美］劳伦斯·鲍姆：《从专业化审判到专门法院：专门法院发展史》，何帆、方斯远译，北京大学出版社2019年版，第250页。

美国法院的典型形象是"通才"(generalist)[1],这与行政、立法等机构内部高度专业化的分工形成了鲜明对比,这被视为法院的基础特性和优势。[2]其中隐含的内在逻辑是,法官具有处理包罗万象的法律问题的能力,不必如其他职业那样进行专业化分工,比其他职业更具有优越性。然而,随着社会专业分工不断强化,通才型法院的主导地位事实上有所削弱,专门法院(法庭)持续增设,司法专业化的程度一直在提升。在州法院系统,各法院可以灵活创设专门审判组织,广泛采用各种类型的商事法院(法庭)和问题实质性解决型法庭,情况复杂多样;在联邦法院系统,司法专业化进程较为缓慢且不均衡,获得立法授权的专门法院(法庭)不断增加,联邦司法系统授权专门法院审理案件的比例不断提升。[3]

尤其值得注意的是,美国设置专门法院(法庭)最为活跃的四大领域,其中之一就是刑事审判领域。在州法院系统,普遍存在刑事领域大范围的司法专业化。例如,芝加哥是设立专门刑事法庭最普遍的城市,其专业化包含两种模式:一是指派部分法官专职审理刑事案件,法官在指派履职期间审理所有类型的刑事案件;二是指派部分法官在一定期间内专门审理特定类型的刑事案件,如未成年人法庭[4]、盗车法庭、诈骗法庭等。对于推进刑事领域专门化的动因,研究者认为,部分原因在于打击犯罪是政府的基本职能,政府指派法官专门审理特定类型的刑事案件能够有效提升司法效率。[5]

---

〔1〕 公众最熟悉的例子就是联邦最高法院九名大法官。

〔2〕 See Shapiro, Martin, *The Supreme Court and Administrative Agencies*, New York, Free Press, 1968, p.53.

〔3〕 参见[美]劳伦斯·鲍姆:《从专业化审判到专门法院:专门法院发展史》,何帆、方斯远译,北京大学出版社2019年版,第252-253页。

〔4〕 芝加哥于1899年年成立了世界上第一个未成年人法庭。相关研究,See Tanenhaus, David S., *Juvenile Justice in the Making*, New York, Oxford University Press, 2004。

〔5〕 参见[美]劳伦斯·鲍姆:《从专业化审判到专门法院:专门法院发展史》,何帆、方斯远译,北京大学出版社2019年版,第105-106页。

在普通法系国家中，美国的司法专业化程度位居前列，对其他国家产生了一定的影响。加拿大和澳大利亚也构建了以通才型法院为主体，兼有各类专门法院或者专业化审判部门的法院组织体系；英国法院的专业化特征也很明显，高等法院和对重大民事案件有管辖权的初审法院设立了专门审理特定类型案件的审判庭（组织），作为主要处理一审案件上诉的上诉法院，分别设立了民事和刑事审判庭。〔1〕

二、德国的专门法院（法庭）

大陆法系国家的司法系统总体上比普通法系国家具有更高的专业化程度，其中，德国的司法专业化水平最为明显。〔2〕与成文法体系中严格的部门法划分相适应，大陆法系国家法院审判领域的专业化划分构成了司法架构的基础。

德国的法院系统由宪法法院、普通法院和专门法院组成。宪法法院由联邦和州分别设置、各自独立，相互没有隶属关系，实行一审终审制。其中，联邦宪法法院享有最高的特殊地位。普通法院实行一体化组织结构，行使刑事审判权和民事审判权，分为四级，即联邦法院、州高等法院、州法院和区法院，实行四级三审终审制。专门法院是德国法院体系的突出特点，反映了德国行政法制的发达。〔3〕

德国的专门法院涵盖州和联邦系统，也划分为不同层级。具体包括劳动法院、公共事务和行政法院、财政税收法院和社会保险法院等。〔4〕劳动

---

〔1〕 参见［美］劳伦斯·鲍姆：《从专业化审判到专门法院：专门法院发展史》，何帆、方斯远译，北京大学出版社2019年版，第28-29页。

〔2〕 See Glennon, Mary Ann etc., *Comparative Legal Traditions in a Nutshell*, *St. Paul*, West Group, 2nd edition, 1999, p.66-71.

〔3〕 参见刘诚：《德国法院体系探析》，载《西南政法大学学报》2004年第6期，第63-64页。

〔4〕 See Blankenburg, Erhard, *Changes in Political Regimes and Continuity of the Rule of Law in Germany*, in Herbert Jacob et al., Court, Law and Politics in Comparative Perspective, New Haven, Yale University Press, 1996, p, 259-266.

法院专门审理劳动合同与集体合同争议，主要审理雇主与雇工的劳动纠纷、雇主和工会之间的纠纷，分为联邦、州和地方三级，实行三审终审制。公共事务和行政法院专门审理因政府机关的行政行为和行政合同引起的行政诉讼，若是社会法、财政税务等领域的行政案件，则由其他专门法院管理。此外，相当部分的行政登记管理案件由普通法院管辖，实行与劳动法院类似的三审终审制。财政税收法院专门审理税收争议，主要涉及纳税人有异议起诉国家财税机关的案件。涉嫌构成税收犯罪的，则由普通法院管辖。财政税收法院分为联邦财政税收法院和州财政税收法院，实行二审终审制。州财政税收法院审判庭由三名专职法官和两名兼职法官（财税专家）组成，联邦财政税收法院则全部由专职法官组成。社会保险法院专门审理社会保险、社会补偿和社会救济等争议，分为联邦、州和地方三级，实行三审终审制。〔1〕

研究者从法官地位的角度讨论了大陆法系法院专业化程度高的原因。德国的司法和行政分支之间没有过于明显的区分，法官在职业生涯的初期就进入法院，遵循与公务员类似的晋升体系，其地位不及普通法系的法官。大陆法系的法官更可能被视为公务员系统的一部分，因而容易被赋予行政机构特有的专业化特征。〔2〕有研究者则认为，德国专门法院的性质介于行政机关和司法机关之间，本质属于行政司法系统，虽然行政色彩浓厚，但与法国的专门法院归于行政系统不同，德国的专门法院仍然归属于司法系统。〔3〕

三、我国的专门法院（法庭）

专门法院在我国已经有相当长的历史。自中华人民共和国成立以来，

---

〔1〕 参见刘诚：《德国法院体系探析》，载《西南政法大学学报》2004年第6期，第64–65页。

〔2〕 参见［美］劳伦斯·鲍姆：《从专业化审判到专门法院：专门法院发展史》，何帆、方斯远译，北京大学出版社2019年版，第29页。

〔3〕 参见何勤华等：《德国法律发达史》，法律出版社2000年版，第213页。

我国先后成立过军事法院、铁路运输法院、水上运输法院、森林法院、海事法院等专门法院。此后，水上运输法院和森林法院被取消，铁路运输法院不再具有专门色彩。[1]自2014年以来，根据现实的发展需求，我国新成立了知识产权法院、金融法院、互联网法院等专门法院。专门法庭[2]作为法院的内设机构，其种类和设置则更为灵活多样。

（一）设立专门法院的法律依据及其特点

设立专门法院的基本法律依据是《人民法院组织法》。2018年修订的《人民法院组织法》第12条规定："人民法院分为：（一）最高人民法院；（二）地方各级人民法院；（三）专门人民法院。"第15条规定："专门人民法院包括军事法院和海事法院、知识产权法院、金融法院等。专门人民法院的设置、组织、职权和法官任免，由全国人民代表大会常务委员会规定。"据此，专门法院是我国法院体系的重要组成部分，对于各专门法院具体设置的依据，由全国人大常委会进行规定。法定性、专业性、跨域性、特殊性成为专门法院的主要特征。[3]

有研究者侧重于从专门法院设置的角度，总结了我国专门法院的特点：首先，设置标准从专业导向转为政策导向。对于是否设立专门法院，除了专业区分度和案件集中度以外，也综合考虑发展战略、营商环境、法治形象等多种因素。其次，设置地点从全面覆盖转至重点城市。军事法

---

〔1〕 例如，广州铁路运输法院2012年转制移交广东属地管理，2015年12月25日更名为广州铁路运输第一法院，2018年10月1日与广州铁路运输第二法院撤并更名为广州铁路运输法院。广州铁路运输法院集中管辖广州地区一审行政案件和行政赔偿案件，对非诉行政执行案件进行合法性审查，并作出是否准予强制执行的裁定。

〔2〕 在我国，法庭传统上主要是按照部门法划分的业务庭，即民事审判庭、刑事审判庭、行政审判庭等。专门法庭主要指近年来设立审理特定领域或者特定类型案件的法庭，如破产法庭、环境资源法庭等。

〔3〕 参见程琥：《论我国专门法院制度的反思与重构》，载《中国应用法学》2019年第3期，第177-179页。

院、海事法院的管辖范围基本覆盖全国相关领域，自成立知识产权法院以来，专门法院集中于北京、上海、广州等龙头城市，更多考虑经济实力、辐射效应、产业状况以及案件数量和审判能力等，未形成全国性的覆盖体系。最后，审级设置从混合对接转向专业衔接。除了军事法院有独立贯通的审级体系以外，其他专门法院涉及设置对接地方法院，即专业法院与地方法院混合对接，既受理地方基层法院的第二审案件，其所审理的一审案件的上诉审法院也为地方高级法院。目前，专利案件的审级开始尝试进行专业衔接。根据全国人大常委会《关于专利等知识产权案件诉讼程序若干问题的决定》，当事人对于知识产权法案作出的发明专利等技术性较强案件的第一审判决、裁定不服，提起上诉的，由最高人民法院知识产权庭审理。这极大增强了专利案件在全国范围内法律适用的统一性。[1]

（二）新兴的专门法院

2014年，北京、上海、广州相继成立知识产权法院，开启了新一轮专门法院的设立。此后，成立了3个互联网法院、2个金融法院。专门法院的特点在于按照案件所涉领域的专门性，而非按照纠纷性质所属部门法领域来设立。

1.知识产权法院

2014年第十二届全国人大常委会第十次会议通过了《关于在北京、上海、广州设立知识产权法院的决定》，明确在三地设立知识产权法院，目的在于“推动实施国家创新驱动发展战略，进一步加强知识产权司法保护，切实依法保护权利人合法权益，维护社会公共利益”。通过设立专门的知识产权法院，遴选出综合能力更强、经验更丰富的法官专门从事知识产权

〔1〕 参见何帆、方斯远：《法院该术业专攻还是无所不能：被误解的专门法院》（译者序），载［美］劳伦斯·鲍姆：《从专业化审判到专门法院：专门法院发展史》，何帆、方斯远译，北京大学出版社2019年版，第9–10页。

案件审理，同时设计了“技术调查官”和“技术咨询专家”等配套制度，确保切实提升知识产权审判的专业性。

知识产权法院的级别设置对应为中级人民法院，管辖范围主要涵盖：技术类知识产权民事案件的一审，涉及驰名商标认定的民事案件的一审；知识产权行政案件的一审，非技术类知识产权民事案件的二审。目前采取的是民事和行政“二合一”的审判模式，尚未将刑事案件纳入受理范围。有学者建议，侵犯知识产权犯罪的刑事案件也应由知识产权法院统一审理，实现真正的“三审合一”，从而协调民事、行政与刑事审理程序，避免出现判决冲突，同时也能消除知识产权民事与刑事案件管辖级别不一致的问题。〔1〕

除了知识产权法院对于其管辖区域和管辖范围内的民事、行政案件进行审理以外，其他许多地方的法院也内设了知识产权庭，作为专门法庭审理其管辖区域内的知识产权案件。但是，知识产权犯罪案件的审理仍由刑事审判庭负责。

2.金融法院

我国首个金融法院于2018年在上海成立。2018年4月，第十三届全国人大常委会第二次会议作出了《关于设立上海金融法院的决定》；同年8月20日，上海金融法院正式成立。根据最高人民法院《关于上海金融法院案件管辖的规定》，上海金融法院作为一审法院管辖的范围为：应当由中级人民法院受理的第一审证券、期货、信托等金融民商事纠纷，以金融机构为债务人的破产纠纷，以上海市辖区内金融监管机构为被告的涉金融行政案件等。以上案件的二审法院是上海市高级人民法院。同时，上海金融法院还作为二审法院，管辖对上海市基层人民法院作出的第一审金融民商事案件和涉金融行政案件判决裁定提起上诉的案件。可见，上海金融法院对

〔1〕 参见杜颖、章可：《中国知识产权专门法院的建构》，载《财经法学》2016年第6期，第34页。

应的级别设置为中级人民法院，但审级对接地方法院，即受理来自上海基层法院的第二审案件，其上诉法院也为上海市高级人民法院。

北京作为我国的金融管理中心，设立了我国第二个金融法院。2020年12月30日，中央全面深化改革委员会第十七次会议审议通过了《关于设立北京金融法院的方案》；2021年1月22日，全国人大常委会作出了《关于设立北京金融法院的决定》；2021年3月18日，北京金融法院正式成立。北京金融法院三大任务为金融服务实体经济、防控金融风险、深化金融改革，目的在于发挥金融审判职能作用，为国家金融战略实施、加强国家金融管理中心功能建设、促进首都高质量发展提供优质司法服务和司法保障。〔1〕

根据全国人大常委会《关于设立北京金融法院的决定》，其管辖范围包括："（一）应由北京市的中级人民法院管辖的第一审金融民商事案件；（二）应由北京市的中级人民法院管辖的以金融监管机构为被告的第一审涉金融行政案件；（三）以住所地在北京市的金融基础设施机构为被告或者第三人，与其履行职责相关的第一审金融民商事案件和涉金融行政案件；（四）北京市基层人民法院第一审金融民商事案件和涉金融行政案件判决、裁定的上诉、抗诉案件以及再审案件；（五）依照法律规定应由其执行的案件；（六）最高人民法院确定由其管辖的其他金融案件。"同时规定："北京金融法院第一审判决、裁定的上诉案件，由北京市高级人民法院审理。"可见，北京金融法院对应级别设置也为中级人民法院，审级对接地方法院与上海金融法院相同。

上海金融法院和北京金融法院管辖的纠纷性质，与知识产权法院类似，仅限于民商事案件和相关行政案件的"二合一"审判模式，金融犯罪刑事案件仍然由刑事审判庭管辖。

---

〔1〕 参见北京金融法院：《北京金融法院正式成立》，载北京金融法院网，https://bjfc.bjcourt.gov.cn/cac/1616059883602.html，最后访问日期：2021年4月30日。

我国目前仅设立了上述两个金融法院。在此之前，全国首个专门金融法庭——深圳金融法庭早已于2017年12月在前海深港现代服务业合作区正式成立。该法庭为深圳市中级人民法院的内设机构，下设综合办公室，对深圳地区金融案件实行集中管辖，开创了“全国中级法院内设机构设置和专业化法庭架构的新模式”〔1〕。全国人大代表建议在此基础上设立深圳金融法院〔2〕，至今尚未实现。

3.互联网法院

我国首家互联网法院于2017年在“电商之城”杭州成立。2017年6月26日，原中央全面深化改革领导小组第三十六次会议审议通过了《关于设立杭州互联网法院的方案》。2017年8月18日，杭州互联网法院正式成立，集中管辖杭州市辖区内基层人民法院有管辖权的涉互联网的六类民事、行政一审案件。案件审理通过互联网进行，以“网上案件网上审理”的基本思路，通过全流程一体化在线服务平台完成所有诉讼活动。

2018年7月6日，中央全面深化改革委员会第三次会议审议通过了《关于设立北京互联网法院、广州互联网法院的方案》。2018年9月，北京互联网法院、广州互联网法院先后成立。二者的管辖范围与杭州互联网法院基本一致。〔3〕

2018年9月7日，最高人民法院颁布《关于互联网法院审理案件若干问

〔1〕 深圳市中级人民法院：《初心回响，不负先行：全国第一个金融法庭》，载微信公众号“深圳市中级人民法院”，2018年1月16日，https://mp.weixin.qq.com/s? __biz=MzA3ODA0OTEyMg==&mid=2653727763&idx=2&sn=a172c84eb2652110d7839748d395683f&chksm=8490b61eb3e73f08bb87ff82fa8d6d82d3f5e88073677315959801ce0d401d9c5f200a50721b#rd，最后访问日期：2023年12月6日。

〔2〕 参见陈小慧：《全国人大代表杨绪松建议：探索在深圳设立金融法院》，载《深圳商报》2020年5月27日，A02版；程丹：《全国人大代表、全国人大财经委副主任委员刘新华建议：在深圳设立金融法院加强资本市场司法保障》，载证券时报网，https://news.stcn.com/news/202103/t20210307_2886530.html，最后访问日期：2021年4月30日。

〔3〕 杭州互联网法院，同时也是杭州铁路运输法院，故其管辖范围除了涉互联网的六类民事、行政案件外，还包括知识产权案件、行政案件、与运输有关的民事案件和铁路监察机关提起公诉的刑事案件。北京互联网法院由北京铁路运输法院、广州互联网法院由广州第二铁路运输法院分别专设成立，但已完全剥离铁路运输法院职能，均仅管辖涉互联网一审民事、行政案件。

题的规定》，确定了互联网法院的管辖范围和上诉机制，明确了目前在线审理机制的运行规则，规定了在线诉讼如何适用民事诉讼法，从而设定互联网法院办理案件的规则边界和探索空间。本规定统一了互联网法院管辖的十一类案件范围，体现了更强的互联网特性、更广泛的所涉领域、更灵活的管辖方式。〔1〕

互联网法院的级别设置对应基层人民法院，审理管辖范围内一审案件，上诉审为其上一级法院，即中级人民法院。《关于互联网法院审理案件若干问题的规定》明确北京第四中级人民法院作为北京互联网法院管辖案件的二审法院，并且因为北京和广州设立了知识产权法院，故涉互联网的知识产权案件由知识产权法院二审管辖。

与知识产权法院、金融法院类似，互联网法院审理的纠纷性质也仅限于民事、行政案件，互联网犯罪案件仍由刑事审判庭负责审理。

（三）专门法庭（专业审判庭）

专门审理特定类型案件的法院内设组织机构，我国理论上多称之为专门法庭。有研究者从语义学的角度界定这一术语，“专门”法庭与专门法院保持一致，体现审理对象的专门性；同时“法庭”具有更广泛的外延。〔2〕有研究者则因翻译用语和为了叙述便利，将“专门法院/法庭”〔3〕并用。《人民法院组织法》使用的则是“专业审判庭”。本书基本在同一意义上使用上述术语。

---

〔1〕 参见《最高人民法院司改办负责人就互联网法院审理案件司法解释答记者问》，载中国法院网，https://www.chinacourt.org/article/detail/2018/09/id/3489190.shtml，最后访问日期：2021年5月2日。

〔2〕 参见陈鸣：《专门法庭的法律构造与机构建制》，载齐树洁主编：《东南司法评论》（第7卷），厦门大学出版社2014年版，第207页。

〔3〕 参见何帆、方斯远：《法院该术业专攻还是无所不能：被误解的“专门法院”》（译者序），载［美］劳伦斯·鲍姆：《从专业化审判到专门法院：专门法院发展史》，何帆、方斯远译，北京大学出版社2019年版，第4页。

专门法庭是对社会分工精细化和社会活动复杂化所要求的司法专业化的制度回应。作为法院的内设机构，专门法庭的设置更加灵活、类型更为多样、程序更为简便。

1.专门法庭的类型和设置

自20世纪90年代以来，我国专门法庭的设置进入一个快速发展期。有研究者统计了我国典型的专门法庭样态。从所涉领域来看，包括生态环保类、商事经济类（破产、垄断、金融、城市建设等）、服务特大活动类（奥运村法庭、世博法庭等）、特定纠纷事故类（医疗事故巡回法庭、交通事故巡回法庭等）、民生家事等（家事审判庭、涉台法庭等）；从具体类型来看，包括独立综合审判庭、独立专门审判庭、临时专门审判庭、专门巡回法庭、非独立专门合议庭等。[1]

对于专门法庭的设置，我国经历了一个实践自发、政策清理和立法明确的过程。在法院设置内部审判机构的过程中，专门法庭在改革创新的同时也出现了一定的混乱。1999年最高人民法院发布《人民法院五年改革纲要》，规定了“1999年底之前完成对现存各种‘专业法庭’和不符合条件、不利于依法独立公正地行使审判权的人民法庭的清理、调整和撤并工作”。根据纲要清撤并一批专门法庭以后，受审判专业化大势影响，知识产权法庭、金融法庭、环境资源法庭等专门法庭如雨后春笋纷纷设立，2018年《人民法院组织法》修订明确了专业审判庭的设立依据，第27条第1款规定了“人民法院根据审判工作需要，可以设必要的专业审判庭”，确保了其设立的合法性。

在以上若干类型的专门法庭中，环境资源法庭具有较强的代表性。[2]

---

〔1〕 陈鸣：《专门法庭的法律构造与机构建制》，载齐树洁主编：《东南司法评论》（第7卷），厦门大学出版社2014年版，第205-206页。

〔2〕 知识产权法庭、金融法庭也具有相当典型性，但因前文已对相关专门法院进行了介绍，故对此类专门法庭不再赘述。

一方面，环境资源法庭设立体现了环境保护的国家战略；另一方面，环境资源有关纠纷审理具有高度专业性，涉及损害后果确定、因果关系鉴定等多个方面。原告诉讼能力通常较为欠缺，而损害的取证、质证、鉴定等难度大且费用较高。环境资源纠纷与医疗损害纠纷审理具有极大的相似性，故本节关于具体专门法庭的研究集中于环境资源审判庭。

2. 环境资源审判庭

自2007年年底贵州省贵阳市中级人民法院在其下辖清镇市人民法院成立环境法庭以来，十余年间环境资源法庭遍地开花，包括最高人民法院于2014年6月成立的环境资源审判庭在内，各级法院陆续成立了数百家形式多样、名称各异的环境资源专门审判组织。[1]（见表6–1）

表6–1 2016～2020年环境资源专业法庭概况

项目	2016年	2017年	2018年	2019年	2020年
环境资源专业法庭	略	22家高级人民法院、164家中级人民法院、177家基层人民法院	22家高级人民法院，164家中级人民法院，203家基层人民法院	23家高级人民法院，166家中级人民法院等	略
管辖范围	最高人民法院推动跨行政区管辖			15家高级人民法院实行“二合一”或“三合一”归口审理	跨省域环境资源案件协作审判

资料来源：2017～2021年最高人民法院工作报告。

2020年基本形成了“高级法院普遍设立，中基层法院按需设立”的格局。截至2020年12月31日，我国共成立环境资源审判庭617个、合议庭

〔1〕 参见范永龙：《从专业法庭到专门法院——论设立环境资源法院的现实考量与机制构建》，载《山东法官培训学院学报》2019年第5期，第57页。

1167个、人民法庭（巡回法庭）209个，各类专门审判机构1993个。[1]

成立环境资源审判庭是环境资源司法专业化的体现，其专业化表现为环境审判机构、环境审判机制、环境审判程序、环境审判理论和环境审判团队“五位一体”的专门化。[2]

我国关于环境资源审判庭的管辖范围无统一规定，清镇、昆明、无锡的专门法庭是环境司法专门化的范例，均采用“三审合一”模式，即管辖涉环境资源民事纠纷、行政纠纷和犯罪。主要包括因大气、水资源、固体废物等污染引起的环境侵权案件，因非法砍伐、采掘、开垦、养殖等破坏环境引起的损害赔偿案件，环境民事公益诉讼案件等；起诉政府、环保部门、水利部门等享有环境行政管理权的行政主体不作为、环境行政管理相对人不服具体行政行为、环境行政赔偿等案件；以及涉嫌污染环境罪等刑事案件。[3]我国学者对“三审合一”的集中审判方式高度赞同，将其视为环境资源案件审判体制及审判工作机制的重大改革和创新，完全符合环境司法专门化的改革方向。[4]

在环境资源审判“三审合一”的模式下，环境犯罪案件所占比例极高是一个非常重要的特点。有研究者以清镇市人民法院、无锡两级法院、昆明市中级人民法院和重庆渝北区人民法院四家法院所涉的环保资源审判庭作为对象开展实证研究，发现环境资源审判庭审理的刑事案件所占比例非常高，甚至远超民事案件和行政案件，与通常民事案件比重最大、刑事

---

〔1〕 参见最高人民法院环境资源司法研究中心、清华大学环境资源与能源法研究中心：《中国环境司法发展报告（2020年）》，载最高人民法院网，http://www.court.gov.cn/zixun-xiangqing-307461.html，最后访问时间：2021年6月20日。

〔2〕 参见吕忠梅等：《环境司法专门化：现状调查与制度重构》，法律出版社2017年版，第2页。

〔3〕 参见《江苏省高级人民法院关于开展资源环境案件“三审合一”集中审判的若干意见》，载周继业主编：《司法的责任与担当》（第5辑），法律出版社2014年版，第209页；《关于贵阳市中级人民法院环境保护审判庭、清镇市人民法院环境保护法庭案件受理范围的规定》；《江苏省无锡市中级人民法院关于环境保护案件管辖的若干规定》等。

〔4〕 参见王树义：《论生态文明建设与环境司法改革》，载《中国法学》2014年第3期，第67页。

次之、行政再次之的情况不符。[1]

正是环境司法专业化具有明显效果，世界上很多国家重视设立环保专门法庭（法院）。具体包括：方便诉讼以提供便捷的环境司法服务；适应环保案件日益增多的需求；有效解决环境纠纷，尤其是环境污染损害案件；正确执行环保法律；引导和鼓励公众对环境损害纠纷寻求司法救济避免群体性事件；等等。[2]

同时，有学者根据我国环境资源法庭的现实运行状况，分析了其面临的困境，包括生态保护理念缺位、法律依据不完善、法官专业化水平不高等。司法专业化的主要载体是审判机构的专门化和审判机制的专业化。在已经设立环境资源法庭的前提下，困境主要在于审判机制即诉讼程序的运行，缺少专门的诉讼规则、配套支持保障机制不完善（监测评估和鉴定机构）等。[3]

第二节 医疗纠纷审判的专门机构及专业法官

自20世纪90年代以来，我国医疗纠纷呈爆炸式增长，不仅数量多发，而且利益和诉求表达的方式比较激烈，甚至引发“医闹”“医疗暴力”等刑事犯罪。医疗关乎基本民生，社会关注度极高的同时又具有超越普通公众一般认知的高度专业性。因此，实现医疗审判的专业化是否必须设置专门审判机构，需要理性论证。

---

〔1〕 参见张忠民：《环境司法专门化发展的实证检视：以环境审判机构和环境审判机制为中心》，载《中国法学》2016年第6期，第182页。

〔2〕 参见王树义：《论生态文明建设与环境司法改革》，载《中国法学》2014年第3期，第63-64页。

〔3〕 参见范永龙：《从专业法庭到专门法院——论设立环境资源法院的现实考量与机制构建》，载《山东法官培训学院学报》2019年第5期，第60-62页。

一、域外医疗专门法庭设置概况

医疗行为的专业性是论证设立专门法庭的核心依据，这是其充分但非必要条件。从比较法考察来看，医疗专门法庭目前尚未普遍设立且存在较大争议，本部分对此做概要考察。

（一）美国

美国在联邦法院系统和州法院系统均分别设立了多种类型的专门法院（法庭），但真正最终成功设立的专门法院（法庭）仅仅是那些常年或者周期性提议设立的专门法院（法庭）中的一小部分。〔1〕

美国对于设立专门医事法庭进行了广泛的讨论。倡导侵权法改革的研究者将专门法庭作为改革的一部分，主张在州法院系统设立以实质性解决医疗纠纷为目的的专门法庭。在侵权法改革运动中，有些州考虑设立医疗事故专门法庭（medical malpractice court）简化复杂的医疗诉讼。专门法庭有可能取消陪审团，允许法官和医疗专家一起裁决案件，从而提高效率并降低成本。至少有伊利诺伊州、马里兰州、马萨诸塞州和宾夕法尼亚州正在通过立法、预算或者提议的试点计划对设立专门法庭展开辩论。〔2〕支持该提议的核心原因在于医疗事故诉讼涉及高度专业的技术性问题，专门法庭可以选任非常熟悉医疗问题的法官，并在更广的范围内选任陪审团。倡导教育和医疗事故法律改革的纽约非营利组织共同善（Common Good）也是医疗专门法庭的支持者，倡议并推动纽约州、弗吉尼亚州等十个州也考虑设立医疗专门法庭（special health court）。〔3〕还有支持者认为，

〔1〕 参见［美］劳伦斯·鲍姆：《从专业化审判到专门法院：专门法院发展史》，何帆、方斯远译，北京大学出版社2019年版，第251页。

〔2〕 See Fortado, Lindsay, *States Weigh Med-Mal Court*, National Law Journal, Dec.13, 2004.

〔3〕 See Steve Stanek, *Supporters to Push Med Mal Court in State Assembly*, Madison County Record, Jan.12, 2005.

设立医疗专门法庭除了更高效地解决纠纷和降低诉讼成本以外，更重要的意义在于，法官在医疗专家的帮助下作出判决，并保持裁判规则的稳定和统一，能够重建医患之间的信任。[1]但是，该提议也遭到了强烈的反对，反对者认为这是一种错误的补救措施。反对者主要来自律师协会，他们认为设立专门法庭将“掩盖一方控制司法程序的企图”，医疗法庭剥夺了原告接受陪审团审判的权利，限制了非经济损失，并伪装成无过错责任，认为“医疗法庭不仅会剥夺那些受伤害的人接受陪审团审判的机会，而且会用更少的钱来补偿他们”[2]。

在国会关于医疗保健系统改革的辩论中，也讨论了建立医疗法庭的议题。财政委员会的参议员考虑设立特别法庭的可能性，建议由具有医学专业知识的法官审理医疗事故案件，依据在于医事法官不会像非专业陪审团那样容易受情绪影响。改革建议同样关注在诉讼以外提供其他替代措施解决医疗纠纷。例如，奥巴马鼓励各州尝试实施减少诉讼和促进患者安全的计划：其一，“早期披露”或者“道歉”，即鼓励医生和医院承认自己的错误，向患者及其家人道歉，提供赔偿并承诺采取纠正措施，从而防止其他患者受到同样的错误伤害；其二，要求潜在的原告在告上法庭之前先咨询专家，从而预先剔除一些极小的案件。[3]

（二）日本

在日本，20世纪末21世纪初医疗职业群体自我规制的软弱、行政管理的轻视、非正常死亡调查和民事诉讼的低效，使医疗运作处于责任的真空。

---

〔1〕 See Howard, Philip K., *Just Medicine*, New York Times, Apr.2, 2009, A27.

〔2〕 Post, Leonard, *ABA Rejection of Special Health Courts Sparks Clash*, National Law Journal, Feb.27, 2006; Rhonda McMillion, *Wrong Remedy: ABA Testimony Voices Concerns About Health Court Proposals in Congress*, ABA Journal, Sep.24, 2006.

〔3〕 Alonso-Zaldivar, Ricardo & Erica Werner, *Health Negotiators Look at Malpractice Changes*, Associated Press, Sep.11, 2009.

为了填补医疗损害公法责任的鸿沟，日本的刑事司法系统介入了医疗业务过失导致伤害和死亡的案件。[1]刑法的介入对于此前缺乏责任机制的医疗群体做出了重要提醒，但是，刑法过度介入，并且刑法的作用被媒体放大以后，受到了医生群体的反对和抨击，使医疗刑事诉讼减少并且无罪率升高。[2]

法院在审理医疗过失案件的过程中遭到了程序过于拖延的批评，最高法院管理办公室提出了多项改革措施以提高司法程序的效率和质量。主要包括划定清晰的诉讼流程节点、集中收集证据、法官指定专家证人以及成立医疗专门审判庭。前三项改革措施于1998年实施，与《日本民事诉讼法典》修订同步，医疗专门审判庭则于2001年开始设立。[3]日本在东京、大阪、名古屋等民事案件审判量较大的法院设置了医疗专门审判庭，将这些地区的医疗过失案件集中于这几个专门法庭审判。专门法庭选任的是普通职业法官，基本上都拥有3～5年审理医疗案件的经验。[4]

尽管日本设置的多个医疗审判庭形成了各自特有的审判风格和习惯，但是，均具有如下三个明显特征：(1)法官培训的内容既包括医疗问题，又包括快速解决医疗案件的能力；(2)如何使用法庭指定的专家；(3)努力促

---

〔1〕 See Robert B. Leflar, *The Law of Misadventure in Japan*, in Wright , Richard W.& Oliphant, Ken eds., Medical Malpractice and Compensation in Global Perspective, Berlin/Boston: Walter de Gruyter GmbH, 2013, p.239–242.

〔2〕 See Robert B. Leflar, *The Law of Misadventure in Japan*, in Wright, Richard W. & Oliphant, Ken eds., Medical Malpractice and Compensation in Global Perspective, Berlin/Boston: Walter de Gruyter GmbH, 2013, p.271–272.

〔3〕 See Robert B. Leflar, *The Law of Misadventure in Japan*, in Wright , Richard W. & Oliphant, Ken eds., Medical Malpractice and Compensation in Global Perspective, Berlin/Boston: Walter de Gruyter GmbH, 2013, p.262.

〔4〕 See Eric Feldman, *Suing Doctors in Japan: Structure, Culture, and the Rise of Malpractice Litigation*, in David M. Engel & Michael McCann eds., Fault Lines: Tort Law As Culture Practice, 2006, p.223–224.

进纠纷解决。医疗审判庭的根本目的在于快速作出公开和统一的判决。[1]

二、我国医疗审判庭的设置状况

在我国，关于医疗纠纷专门审判机构的设立，学术文献中检索到的最早的是2008年山东省菏泽市牡丹区人民法院设立医疗事故巡回法庭。[2]此外，在各类新闻报道中，零星散见关于成立医疗审判庭的消息。

2011年11月，海南省海口市美兰区人民法院设立该省首家医疗纠纷法庭[3]，也被认为是我国法院系统首家有正规编制的医疗专业审判庭[4]。该法庭管辖海口市全部一审医疗案件，由3名审判员、3名书记员组成。自该法庭成立起到2013年2月底的15个月内，共审结案件58件，其中调解结案42件。该法庭在诉讼程序上的创新主要在鉴定制度方面，该法庭与南方医科大学等司法鉴定机构建立委托关系，通过法庭建设的远程网络视频鉴定、庭审质证平台等进行鉴定听证和庭审质证。该法庭在诉讼效率上的提高，体现为鉴定时间缩短，平均每个案件的鉴定只需要5个月，案件审理时长从每个案件平均1年下降到6个月。[5]2020年该法庭获得“全国法院先进集体”称号，自成立以来，审理各类医疗案件777件，审结704件。近年来，该法庭医疗纠纷审理机制创新还包括与海南省医疗纠纷调解委员会建立诉调对接机制，选任5名临床经验丰富的医疗专家作为人民陪审员，推行诉前鉴定制

---

〔1〕 See Robert B. Leflar, *Public and Private Justice: Redressing Health Care Harm in Japan*, Drexel Law Review, Vol.4, 2011, p.257-258.

〔2〕 参见陈鸣:《专门法庭的法律构造与机构建制》，载齐树洁主编:《东南司法评论》(第7卷)，厦门大学出版社2014年版，第205页。

〔3〕 参见梁依:《海口美兰：化解医患纠纷专门法庭的专业水准》，载《人民法院报》2017年2月6日，第7版。

〔4〕 参见吴晓峰、邢东伟:《全国首家医疗法庭试水视频调解办案》，载《法制日报》2012年8月20日，第4版。

〔5〕 参见罗斌等:《海口："医疗法庭" 治 "顽症"》，载《人民法院报》2013年3月10日，第5版。

度，设立鉴定费救助基金，与医院建立长效联络机制加强法制宣传等。[1]

2014年7月，四川省在绵阳市试点设立医事法庭，分别在绵阳市中级人民法院、涪城区人民法院和游仙区人民法院设立该省首批医事法庭。[2]2015年8月，四川省泸州市江阳区人民法院设立医事法庭，系该省第二个医疗审判专门法庭。法庭由8名法官和3名书记员组成，主要负责审判专业性和技术性较强的医疗纠纷案件。在此设立医事法庭的重要原因是泸州拥有四川医科大学及4家三级甲等医院，具有较强的医疗服务能力和较大医疗辐射面，影响扩大至四川南部、重庆西部、贵州南部等，医疗纠纷呈逐年上升趋势。[3]2016年8月，该法庭建立医疗纠纷案件专家咨询制度，成立了医疗纠纷案件专家咨询库，聘任辖区内三级甲等医院各领域权威专家共35名作为咨询专家。[4]

2015年10月，河南省宁陵县人民法院设立医事法庭，系该省首个医疗审判专门法庭。法庭由3名具有医学专业知识、审判经验丰富的法官和1名书记员组成，专门审理医疗纠纷案件。医事法庭在辖区内主要医疗机构设置巡回联系点，法官定期到巡回联系点参与医疗纠纷调解。[5]

从以上零星报道可以看出，目前我国医疗审判专门法庭的设立仍属于探索阶段，仅有少数几个省份尝试设立。法庭的名称、设立的地域、审理

---

〔1〕 参见美兰区法院：《创新机制化解医患纠纷 重视履职践行司法为民——美兰法院医疗法庭荣获全国法院先进集体》，载海南省高级人民法院天涯法律网，http://www.hicourt.gov.cn/preview/article?articleId=1ef88b3f-de91-4067-8337-70d8fbfee4d1，最后访问日期：2021年5月5日。

〔2〕 参见张文：《四川绵阳试点医事法庭》，载人民网—人民日报，http://politics.people.com.cn/n/2014/0711/c1001-25266870.html，最后访问日期：2021年5月5日。

〔3〕 参见泸州市江阳区法院政研室：《江阳区法院成立全市首家医事法庭》，载江阳区法院官网，http://www.lzjyfy.gov.cn/a/sifagongkaipingtai/xinwenxuanchuan/tupianxinwen/20150811294.html，最后访问日期：2021年5月5日。

〔4〕 参见泸州市江阳区法院政研室：《江阳法院聘请35名三甲医院专家 组建医疗纠纷案件"智囊团"》，载江阳区法院官网，http://www.lzjyfy.gov.cn/a/sifagongkaipingtai/xinwenxuanchuan/tupianxinwen/20180716520.html，最后访问日期：2021年5月5日。

〔5〕 参见谢建晓：《河南首个医事法庭在宁陵成立》，载河南日报—大河网，http://news.dahe.cn/2015/10-16/105809917.html，最后访问日期：2021年5月5日。

级别、法官来源等均无统一模式，但在审判机制，尤其是在提高鉴定效率、引入医疗专家参与审判等方面进行了一定的创新。

三、我国现阶段无须普遍设立医疗审判庭

在我国，鲜见对于专门法院（法庭）一般理论展开的研究〔1〕，绝大多数研究针对具体类型的专门法院（法庭）展开，主要集中于知识产权法院、环境资源法庭等。关于医疗专门审判庭，有研究论证了其必要性和可行性。〔2〕下文立足于设立专门法庭的依据和标准，借鉴其他专门法庭设置的效果，结合我国医疗诉讼案件的实际，分析我国医疗专门法庭设立的必要性。

（一）设立专门法庭的依据和标准

1.规范依据

2018年《人民法院组织法》修订明确了专业审判庭的设立依据，第27条第1款第1句规定："人民法院根据审判工作需要，可以设必要的专业审判庭。""可以"系授权，同时以"必要"为限。随后，中央机构编制委员会办公室和最高人民法院联合发布《关于积极推进省以下人民法院内设机构改革工作的通知》（法发〔2018〕8号），第3条"关于专业化审判组织建设"细化了设立专业审判庭的条件以及其他可选择举措，即"有条件的基层人民法院可在规定的内设机构总数内，根据案件数量、案件类型、办案法官、人员配备等实际情况，探索专业化审判组织的设置形式。案件数量、法官人数相对较少的，可在相关审判庭内设立专业化的合议庭或审判团队。"简言之，专业审判庭设置的主要条件是案件数量、案件类型、办案法官、人员配备。并且，除了专业审判庭以外，专业化合议庭或者审判团队也是审

〔1〕 代表性著作如，徐丽红：《我国专门法院（庭）设置的基础研究与前瞻》，法律出版社2020年版。

〔2〕 余德厚、张德雄：《设立专门医疗纠纷法庭的必要性和可行性分析》，载《医学与法学》2017年第1期，第30-34页。

判专业化的重要组织形式。

2.实践标准

在对运作的专门法院（法庭）进行研究的过程中，研究者从设立的角度探讨了实践样态下的设立标准。

有研究总结了近年来我国专门法院设立的一些变化及其特点。新设专门法院的主要考虑因素：一是政策导向，即国家发展战略、营商环境、法治形象等；二是所在城市的地位和法院实力，即城市的经济实力、辐射效应、产业状况以及案件数量和审判能力等。[1]

美国司法制度研究领军人物劳伦斯·鲍姆教授，对于美国专门法院（法庭）进行了系统化的研究，阐释了司法专业化的成因和成效。促进专门法院（法庭）设立的动力（目标）很多，首先是塑造司法政策的实质内容，其次是发挥专业化的中性优势以统一法律适用并提高效率，最后是专门法院（法庭）法官实现个体的职业成就感和提高职业地位。[2]但是，他进一步以经济学、社会学和流程理论为视角展开分析，认为流程理论能够更好地解释现实状况，即设立专门法院（法庭）涉及多种理由，设立目的大相径庭[3]，缺乏实证依据，常常是“无心插柳”之举。[4]

纽约大学罗谢尔·C.德雷格斯（Rochelle C. Dreyfuss）教授从功能评估的角度提出了成立专门法庭的三个检验标准，即判决质量、效率和正当程序。首先，判决质量包括三个内在关联的维度：准确度、精确度和连贯度。

---

〔1〕 参见何帆、方斯远：《法院该术业专攻还是无所不能：被误解的“专门法院”》（译者序），载［美］劳伦斯·鲍姆：《从专业化审判到专门法院：专门法院发展史》，何帆、方斯远译，北京大学出版社2019年版，第9页。

〔2〕 参见［美］劳伦斯·鲍姆：《从专业化审判到专门法院：专门法院发展史》，何帆、方斯远译，北京大学出版社2019年版，第229-231页。

〔3〕 参见［美］劳伦斯·鲍姆：《从专业化审判到专门法院：专门法院发展史》，何帆、方斯远译，北京大学出版社2019年版，第236-237页。

〔4〕 参见［美］劳伦斯·鲍姆：《从专业化审判到专门法院：专门法院发展史》，何帆、方斯远译，北京大学出版社2019年版，第235页。

“准确度”是指在法律范围内产生客观正确的结果；“精确度”是指可重复性，体现了法律的稳定性和可预测性；“连贯度”是指法律的各分支具有各自的主题，应交织融入法律体系实现更进一步的社会政策，并与原来的法律保持连续性。其次，效率同样包括三个维度，即法庭能否在审限内处理完案件，处理案件需要的法官（工作时数）数量，司法体系架构自身产生的案件以及论题的数量。最后，正当程序是指利用特定司法制度享有正当程序的宪法权利，包括通知、听证机会、自愿程序和居中裁判。据此，专门法庭的管辖范围限定于特定领域，法官重复处理该类型案件，有时间、动力和能力去作出高质量、高效率、符合正当程序的判决。[1]

综上所述，尽管对于专门法庭的设立，实践中并无完全统一的标准，但是，在我国总体上需要具备如下两方面条件：第一，宏观上，国家战略和政策对司法的需求和导向；第二，微观上，案件数量的需求，以及审判基础和法官人才队伍的支撑。正如时任最高人民法院院长周强在第十三届全国人大常委会第二十五次会议上作的《〈关于设立北京金融法院的决定（草案）〉的说明》，指出设立北京金融法院在战略上包括保障国家金融战略实施，进一步提升我国金融司法的国际影响力和国际话语权，在审判实践中，已经具有良好的审判基础、审判队伍人才基础和足够的案件数量支撑。

（二）我国目前尚不具备设立医疗审判庭的需求和条件

尽管我国实践中已有零星设立医疗审判庭的报道，但是，无论是设立专业审判庭（专门法庭）的政策导向、案件数量，还是审判基础和法官队伍，以及结合现有医疗审判庭的运作实际，我国目前都不存在设立医疗审

〔1〕 See Rochelle Dreyfuss, *Forums of the Future*: *The Role of Specialized Courts in Resolving Business Disputes*, Brooklyn Law Review, 61(1), 1995, p.12–17.

判庭的现实需求和条件。

1.“健康中国”战略下，医疗诉讼的处理只是其中局部性的技术问题

党的十九大提出了“实施健康中国战略”，2019年国务院发布《关于实施健康中国行动的意见》，2020年我国卫生与健康领域的首部基础性、综合性法律《基本医疗卫生与健康促进法》正式实施。该法立法目的在于落实宪法关于国家发展医疗卫生事业、保护人民健康的规定，引领医药卫生事业改革和发展大局，推动和保障健康中国战略的实施。[1]

《关于实施健康中国行动的意见》规定了坚持普及知识、提升素养，自主自律、健康生活，早期干预、完善服务，全民参与、共建共享的基本原则；明确了三方面共15个专项行动，包括全方位干预健康影响因素、维护全生命周期健康，加强重大疾病防控。《基本医疗卫生与健康促进法》共计10章110条，主要包括我国医疗卫生事业的性质方针和原则、基本医疗卫生服务、机构、人员、药品供应保障、健康促进、资金保障、监督管理、法律责任等。

可见，国家战略层面的“健康中国”是从建设角度，将“健康融入所有政策”[2]，《基本医疗卫生与健康促进法》是其中的基本法治保障，与《母婴保健法》等十三部法律共同构成了我国的卫生法律体系。

在宏观的“健康中国”战略下，违反医疗法的部分规定引发纠纷进入诉讼程序的案件，法律责任仅涉及特定类型侵权责任和个别罪名，属于其中局部性、细节性、技术性和后置性的问题，没有必要设立专门法庭予以解决。换言之，医疗纠纷不会引发医疗领域的系统化风险，不是关系“健康中国”战略全局的基本问题，也不涉及国家安全、营商环境、国际形象等其他领域的国家战略，因而不具有成立专门法院（法庭）予以解决的必

---

〔1〕 参见柳斌杰：《关于〈中华人民共和国基本医疗卫生与健康促进法（草案）〉的说明》，2017年12月22日在第十二届全国人民代表大会常务委员会第三十一次会议上。

〔2〕 柳斌杰：《关于〈中华人民共和国基本医疗卫生与健康促进法（草案）〉的说明》，2017年12月22日在第十二届全国人民代表大会常务委员会第三十一次会议上。

要性。

2. 医疗纠纷的数量不足以支撑专门的医疗审判庭

医疗活动与个体生活紧密关联，医疗纠纷常常引发公众和舆论的高度关注，因而容易造成我国医疗案件数量极多的印象。然而，对概念内涵和外延进行分析发现，广义的医疗纠纷是指医患双方之间的争议，包括费用、态度、效果、损害争议等；狭义的医疗纠纷仅限于对于医疗损害的争议，即医疗侵权和医疗犯罪仅属于医疗纠纷中极小的一部分。并且，从纠纷解决方式来看，医疗损害争议的解决途径包括和解、调解、仲裁、诉讼等多种方式，最终进入诉讼程序（包含民事和刑事）的医疗损害（事故）争议，在全部医疗纠纷中所占的比例极小。〔1〕因此，公众对于医疗纠纷数量极多的直观感觉和医疗诉讼案件的实际数量可能存在天壤之别。

第一，从总体上看，全国各级法院审结（含一审、二审、再审）的医疗损害责任纠纷民事案件数量，2017年为12,734件，2018年为12,249件，2019年为18,112件，2020年为18,670件。〔2〕与此对应，2017～2019年全国各级法院审结的民事案件数量，2017年为12,860,068件，2018年为26,801,137件，2019年为15,369,381件〔3〕。可见，医疗民事案件在全体民事案件中所占的比例仅为0.5‰～1‰。在医疗刑事案件中，典型的医疗事故罪年均不超过10件；打击非法行医专项行动当年刑事立案1256件〔4〕，即使加上涉医的扰乱

〔1〕 参见杨丹：《医疗刑法研究》，中国人民大学出版社2010年版，第54-55页。

〔2〕 本部分数据，参见医法汇团队：《国内首份医疗损害责任纠纷案件大数据报告重磅来袭》，载医法汇网，https://www.yifahui.com/1840.html，最后访问日期：2018年2月7日；《2018年全国医疗损害责任纠纷案件大数据报告》，载医法汇网，https://www.yifahui.com/2120.html，最后访问日期：2019年1月21日；《2019年全国医疗损害责任纠纷案件大数据报告》，载医法汇网，https://www.yifahui.com/2935.html，最后访问日期：2020年2月24日；《2020年医疗损害责任纠纷案件大数据报告》，载医法汇网，https://www.yifahui.com/3989.html，最后访问日期：2021年2月18日。

〔3〕 参见中国法律年鉴编辑部：《2017年全国法院审理民事案件情况统计表》，载伍晓梅：《中国法律年鉴（2018）》，中国法律年鉴社2018年版，第1177、1276、1323页。

〔4〕 参见国家卫生健康委员会综合监督局：《进一步整顿医疗秩序打击非法行医专项行动典型案例》，载国家卫健局网，http://www.nhc.gov.cn/zhjcj/s3578/201412/6a074a29ddeb43c3a013aed650f0badd.shtml，最后访问日期：2021年5月5日。

公共场所秩序罪、暴力犯罪和诈骗犯罪等，粗略估算我国涉及医疗的民事、刑事、行政案件的数量年均不超过20,000件，并且以民事案件为主体，对照我国每年审结的民事案件以千万件计算，医疗案件“三审合一”的数量也仅占其中的千分之一，不足以支撑一个专业审判庭的运作。

第二，从个别医疗审判庭的运作上看，即使集中管辖一定范围内的医疗案件，案件数量仍然明显偏少。以海口市美兰区人民法院医疗纠纷法庭为例，该法庭管辖海口市全部一审医疗案件，自2011年11月成立到2013年2月底的15个月时间内，共审结案件58件〔1〕，月均不到4件。2020年3月，该法庭获得“全国法院先进集体”荣誉称号，自成立起审理各类医疗案件777件〔2〕，年均不到100件。作为一个拥有3名法官、3名书记员的正式编制的审判庭，医疗案件数量远远低于基层法院一般业务庭，人均承办医疗案件数量也达不到基层法官办案标准。

3.医疗审判的基础条件和法官人才队伍尚未建立

医疗案件的分布不同于知识产权、金融、互联网等领域，其与经济发展水平、资源集中程度等不具有正相关性。发达地区医疗水平领先，医疗活动更频繁，同时医疗质量也更高，并不必然产生更多的医疗纠纷案件。实证研究显示，我国的医疗事故刑事案件大多数发生在农村卫生所、县城卫生院等较为偏远、落后的地区。因此，一方面，发达地区法官素质相对较高，与此同时审判工作量巨大，难以有充足的编制和内设机构来专门设立医疗法庭。另一方面，在相对不发达地区，法官的学习能力相对较弱，医疗案件数量也不多，未必能够有能力和精力专门从事医疗审判。

从目前我国医事法庭的试点来看，所处地域有省会城市（海口市美兰

---

〔1〕 参见罗斌等：《海口：“医疗法庭”治“顽症”》，载《人民法院报》2013年3月10日，第5版。

〔2〕 参见美兰区法院：《创新机制化解医患纠纷 重视履职践行司法为民——美兰法院医疗法庭荣获全国法院先进集体》，载海南省高级人民法院天涯法律网，http://www.hicourt.gov.cn/preview/article?articleId=1ef88b3f-de91-4067-8337-70d8fbfee4d1，最后访问日期：2021年5月5日。

区)、省内较大城市(泸州市江阳区)、普通县城(商丘市宁陵县),均不能产生辐射效应,也未形成扩散机制。

综上所述,尽管"健康中国"是一项国家战略,但是,医疗诉讼的审判组织形式只是技术性和内部性的细节问题;目前我国医疗案件集中度低,数量合计大约仅占民事案件总数量的1‰,不足以支撑一个审判庭的运作;医疗专门法官集中度也低,不具备专门法庭的审判基础和人才队伍。因此,目前我国无须普遍以正规编制专业审判庭(专门法庭)模式开展医疗诉讼的运作。

四、医疗专门合议庭和专业法官是我国医疗审判专业化的发展方向

最高人民法院指出:"案件数量、法官人数相对较少的,可在相关审判庭内设立专业化的合议庭或审判团队。"[1]目前我国无须普遍设立医疗审判庭来专门审理医疗案件,但是,面对医疗案件专业化的客观现实需求,可以以更灵活的审判组织形式来作出更有效的应对。

北京、广州、杭州等城市发布了医疗案件审理情况的白皮书,从中可以一窥司法实务中医疗案件的审理模式,组建侧重于审理医疗案件的合议庭、选任以审理医疗案件为专长的法官,是保障医疗审判专业化行之有效的经验。

(一)北京市第一中级人民法院发布《医疗损害责任纠纷审理白皮书》

2019年3月26日,北京市第一中级人民法院发布《医疗损害责任纠纷审判白皮书》并召开新闻发布会。在新闻发布会上,该院对审理医疗损害责任纠纷的经验进行了总结,其中专业化的重要保障分别是:专业化审判

〔1〕 中央机构编制委员会办公室、最高人民法院《关于积极推进省以下人民法院内设机构改革工作的通知》。

工作机制和专业化人才资源。[1]

首先，专业化审判工作机制。北京市第一中级人民法院实行归口审判，将涉医疗（民事）纠纷归口民事审判第二庭进行审理，二十余年来积累了较丰富的审判经验，逐渐形成相对统一的裁判标准。同时，法院通过业务指导和审级监督，推进统一辖区内涉及医疗问题案件裁判尺度。以法官会议和案件质量讲评两个平台，研究、讨论涉医疗纠纷中的专门性问题，以专业化审判为基础促进审判精细化。

其次，专业化的审判人才资源。北京市第一中级人民法院在建设专家型法官队伍的过程中，着力培养医疗审判业务专家。民事审判第二庭法官在长期集中审理医疗案件的过程中，积累了丰富的审判经验，同时运用极强的学习能力来积极掌握基本医疗知识。除了日常审判工作以外，注重调研和总结，通过撰写专项调研报告提高涉医疗纠纷审判的认识，进一步从理论上丰富对涉医疗纠纷法律问题的研究，切实为医疗专业化审判工作提供思路和方法。该院辖区内集中了中国人民解放军总医院、北京大学第三医院等国内顶级医疗机构，这些顶级医疗机构发生的医疗损害案件往往代表了医疗案件的最新发展动向，该院也一直处于医疗案件审判领域的最前沿。

（二）广州市中级人民法院发布《广州医疗纠纷情况白皮书》

广州市中级人民法院是我国较早针对医疗纠纷审判情况发布白皮书的法院。早在2015年，该院就发布了《广州医疗纠纷诉讼情况白皮书（2010年-2014年）》（以下简称2015年《白皮书》）；2018年发布《广州医疗纠纷诉讼情况白皮书（2015年-2017年）》（以下简称2018年《白皮书》）。

---

〔1〕 参见《一中院召开“医疗损害责任纠纷审理白皮书”新闻发布会》，载中国法院网，https://www.chinacourt.org/chat/chat/2019/03/id/51255.shtml，最后访问日期：2021年5月10日。

两份白皮书均提出了医疗纠纷审判的专业化问题。在2015年《白皮书》中，广州市中级人民法院针对当时医疗纠纷专业化审判基本停滞的状况，建议对医疗纠纷案件进行全市集中管辖，将所有市区基层法院管辖的一审医疗纠纷案件指定由1～2家基层法院审理，设立专门的医疗纠纷审判庭。〔1〕

但是，在2018年《白皮书》中，有关医疗纠纷专业化审判的经验是，广州市中级人民法院成立医疗纠纷专业合议庭，抽调业务骨干成立专业审判团队，集中受理二审医疗纠纷案件，延伸专业审判职能，制定审判规程，规范医疗纠纷审理、委托鉴定、鉴定人出庭等诉讼行为，统一法律适用，研究解决诉讼中出现的新情况、新问题，强化审判指导。在专业化审判机制方面，提供人员配备、案件绩效、考评考核等方面的政策支持，推广、鼓励法官参加鉴定听证会提升专业审判能力，提高临床医学专家参与一审医疗纠纷案件陪审率，健全人民法院遴选鉴定专家作为鉴定人、有专门知识的人的机制，提高人民法院对鉴定意见的实质审查能力。〔2〕

可见，广州市在2015年以后的司法实践中，将审判专业化的重点置于提升法官专业审判能力、组建医疗合议庭方面，完善法官的配套政策扶持和审判机制的配套制度支持，舍弃了此前成立专门的医疗纠纷审判庭的设想。

（三）杭州上城区人民法院发布《医疗纠纷类案件审理情况白皮书》

2017年11月，杭州市上城区人民法院总结了6年间的医疗纠纷审判实践，发布杭州地区首份《医疗纠纷类案件审理情况白皮书》。上城区人民法院在审判专业化方面的做法是，组建医疗纠纷专业审判团队，集中审理

---

〔1〕 参见广州市中级人民法院：《广州医疗纠纷诉讼情况白皮书（2010年—2014年）》，第30页。

〔2〕 参见广州市中级人民法院：《广州医疗纠纷诉讼情况白皮书（2015年—2017年）》，第39页。

医疗案件，同时任命7名具有医学专业知识的人民陪审员，引入8名医疗特邀调解员，辅助医疗纠纷类案件的审理和调解。专业化的法官、陪审员、调解员在案件审理过程中，能够在鉴定前准确把握争议要点，在部分鉴定过程中参加鉴定听证会，便于鉴定机构针对双方争议作出鉴定结论，有助于更好地从专业角度把握和理解案件所涉医疗专业知识。[1]

2020年，该院召开新闻发布会，通报近三年医疗纠纷审判工作情况，发布《医疗纠纷处理指南》和《医患调处七字歌》。该法院在医疗纠纷审判专业化方面积累了大量经验，其基本做法是继续坚持专业化的医疗纠纷审判小组，选任具有医学专业知识的人民陪审员。[2]

综上所述，北京、广州、杭州均是我国经济发达、医疗资源集中、辐射效应强的重要城市，能够专门发布关于医疗纠纷审判情况的白皮书，本身就体现了这些地区法院在涉医疗纠纷审判中丰富的经验积累和专业化的审判水平。以上法院在医疗审判方面的专业化体现为法官的专业化、合议庭（审判小组）的专业化及较完善的配套措施。但是，以上地区都没有设立医疗审判专门法庭，显然，当前尚无必要设立医疗审判专门法庭。尽管白皮书主要立足于医疗民事纠纷的审判，但医疗民事审判中积累的医疗领域的经验、知识和判断能力可以运用于一切涉医纠纷，当然也包括刑事纠纷。因此，医疗合议庭审理涉医刑事纠纷，以及在涉医刑事案件的合议庭成员中吸纳主要审理医疗纠纷的民事法官，均是提高审判专业化水平的可行做法。

〔1〕 参见孟焕良：《杭州上城区发布医疗审判白皮书》，载人民法院网，https://www.chinacourt.org/article/detail/2017/11/id/3082495.shtml，最后访问日期：2021年5月10日。

〔2〕 参见《医患纠纷怎么办？上城区人民法院召开新闻发布会发布〈医疗纠纷处理指南〉和〈医患调处七字歌〉》，载杭州市上城区人民法院官网，http://shangcheng.zjcourt.cn/art/2020/4/20/art_1622498_42784392.html，最后访问日期：2021年5月10日。

本章小结

解决医疗事故刑事诉讼运行中的问题，关键在于“专业化”。法院本身即是司法专业化、审判专门化的产物，法院在发展的过程中也在经历内部不断细分专业领域的过程。

在普通法系国家中，美国的司法专业化程度位居前列，对其他国家产生了一定的影响；大陆法系国家的司法系统，总体上具有比普通法系国家更高的专业化程度，其中，德国的司法专业化水平最为显著。在我国，《人民法院组织法》赋予了设立专门法院的合法性，实践中设立专门法院具有政策导向、重要城市布点和审级衔接专业化等特点。我国新兴的专门法院包括知识产权法院、金融法院、互联网法院，均实行民事、行政审判“二合一”模式，相关领域的刑事案件仍由刑事审判庭审理。

专门法庭作为法院的内设机构，其设置更加灵活、类型更为多样、程序更为简便。关于医疗专门法庭的设置，美国在侵权法改革运动和医疗保健系统改革的过程中进行了较为激烈的讨论，存在较大争议。日本设立了医疗专门法庭，但在实践中也面临专门化不够彻底的困境。目前，我国医疗审判专门法庭的设立仍处于探索阶段，仅有海口、泸州、商丘等少数城市尝试设立，法庭的名称、设立的地域、审理级别、法官来源等均无统一模式。

医疗专门法庭的设置标准应当是：宏观上符合国家战略和政策对司法的需求和导向，微观上案件达到一定数量并形成一定审判基础和法官人才队伍作为支撑。据此，尽管“健康中国”是一项国家战略，但是，医疗诉讼的审判组织形式只是技术性和内部性的细节问题；我国目前医疗案件集中度低，数量合计大约仅占民事案件总数量的1‰，不足以支撑一个审判庭的运作；医疗专门法官集中度也低，不具备专门法庭的审判基础和人才队伍。因此，目前我国无须普遍以正规编制专业审判庭（专门法庭）模式开展医疗诉讼的运作。通过解析北京、广州、杭州等城市发布的医疗案件审理情况白皮书，可以看出，以上法院在涉医疗纠纷审判中拥有丰富的经验积累和专业化的审判水平，体现为法官的专业化、合议庭（审判小组）的专业化以及完善的配套措施，法官在医疗民事审判中积累的医疗领域的经验、知识和判断能力可以运用于一切性质的涉医纠纷，因而，可以探索在组成审理涉医刑事案件的合议庭时，吸纳审理医疗纠纷的民事法官参与刑事审判。

第七章 / 医疗刑事诉讼专业化的相关辅助制度

在专业分工具有法律意义以及证据规则日益发达的历史背景下，关于专门审判组织和相应审判辅助机制的关系，正如波斯纳法官所言，由于现代诉讼产生的很多问题在技术上相当复杂，以逐步建立专门法院体系（该体系本身也存在问题）为目标，不是（或者主要）以当前全能型法院体系为模式，然而，目前大量依赖专家证人似乎成为唯一可以选择的方式。〔1〕

在我国，如前所述，医疗纠纷的审理以设立医疗审判合议庭并纳入具有一定医疗知识和丰富医疗审判经验的法官为依托，是医疗审判专业化的组织保障。但是，面对医疗本身不断精细的内部分工和快速更新的理论技术，除了以鉴定意见为主体的证据制度以外，还需要专家辅助人等一系列审判辅助机制来帮助法官理解事实、形成心证，将既有的法律规则正确地适用于千变万化的医疗案件。在我国现有诉讼模式和实定法体系下，医疗诉讼的审判辅助机制主要是“专家辅助人”，还须进一步探索“专家陪审员”、“专家咨询委员会”和“技术调查官”的可行性。

---

〔1〕 See Richard A. Posner, *The Federal Court: Challenge and Reform*, Harvard University Press, 1996, p.244.

第一节 医疗诉讼中的专家辅助人

一、概念辨析

具有专门知识的人参与到诉讼中是世界上主要法治国家的通行做法。[1]但是，各国对参与诉讼的专业人士有不同的称谓，例如，“专家证人”“诉讼辅佐人”“鉴定人”“专家辅助人”等。不同的称谓既源于各国法律文化和诉讼模式的差异，更关乎不同诉讼角色及其地位在不同社会环境和司法条件下发挥的不同功能及作用。因此，通过辨析以上术语有助于明确我国诉讼程序中专家辅助人的定位。

“专家证人”（Expert Witness）是英美法系的概念，是指“具有专家资格，被允许帮助陪审团理解某些普通人难以理解的复杂的专业性问题的证人。专家证人提供的意见称为专家证言”。“在法律上，如果科学、技术或者其他专业知识能够帮助陪审团理解证据或确定争议事实，那么，在知识、技能、经验或教育等方面具有专家资格的证人可以用意见或者其他方式作证。”[2]在《布莱克法律词典》中，专家证人标注见“证人”词条，是指“具备某种知识、技能、经验、接受过某种训练或教育，能够对证据或事实问题提供科学的、技术的或其他专业的意见的人”[3]。

“诉讼辅佐人”是大陆法系的概念，以日本民事诉讼法为例，诉讼辅佐人是指经法院准许，在辩论日陪同当事人、法定诉讼代理人或者委托代理

---

〔1〕 参见左宁：《我国刑事专家辅助人制度基本问题论略》，载《法学杂志》2012年第12期，第148页。

〔2〕 薛波主编：《元照英美法词典》，北京大学出版社2014年版，第515页。

〔3〕 Bryan A. Garner ed., *Black's Law Dictionary*, 7th ed., West Group, 1999, p.600, 1597.

人出庭，对以上人员的法庭陈述起补充作用的人。诉讼辅佐人的功能，不仅在于弥补当事人对专门性问题的知识欠缺，还可以弥补其听说能力的缺陷，在诉讼地位上被视作特别的代理人，不具有独立的诉讼地位。〔1〕

“专家辅助人”是我国立足现有诉讼模式、直面鉴定意见作为专业证据存在的困境，综合借鉴英美法系“专家证人”和大陆法系“鉴定人”等相关制度以后“产生灵感的一种立法设计，”〔2〕即诉讼双方聘请具有专门知识的人帮助解释和理解案件中的专门性问题，或者聘请法官允许出庭参加质证的专家。〔3〕专家辅助人不同于专家证人和诉讼辅佐人，也不同于我国诉讼制度中的“鉴定人”。若将鉴定人视为法院独占了专业知识与信息资源，则在立法中增设专家辅助人就是为了克服法院的独占和不平衡状态所采取的救济。

“鉴定意见”是法定证据形式，我国诉讼法明确规定鉴定人出庭作证以及近乎绝对性的传闻证据规则，即“鉴定人拒不出庭作证的，鉴定意见不得作为定案的依据或者认定事实的根据。”为了保障鉴定人出庭作证取得预期的实质性效果，诉讼法增加了“有专门知识的人”出庭对鉴定意见或者专业问题提出意见的制度。〔4〕专家辅助人的制度价值在于构成我国多层次、多元化的“专家”制度，有助于诉讼制度的现代化；弥补现有鉴定制度的缺陷与不足，降低法官对鉴定意见的过度依赖；为当事人提供质证鉴定意见的机会和能力，保障当事人诉讼权利的实现，提高司法裁判的公信力。〔5〕

---

〔1〕 参见李永泉：《功能主义视角下专家辅助人诉讼地位再认识》，载《现代法学》2018年第1期，第164页。

〔2〕 毕玉谦：《专家辅助人制度的机能定位与立法性疏漏之检讨》，载《法治研究》2019年第5期，第75页。

〔3〕 参见常林：《司法鉴定专家辅助人制度研究》，中国政法大学出版社2012年版，第189页。

〔4〕 参见郭华：《专家辅助人制度的中国模式》，经济科学出版社2015年版，第2页。

〔5〕 参见郭华：《专家辅助人制度的中国模式》，经济科学出版社2015年版，第47-48页。

二、专家辅助人在我国的制度源流

专家辅助人不是法定概念[1]，而是约定俗成的理论用语或者制度创新[2]。正如在2012年修正《刑事诉讼法》过程中学者所总结的："在法庭审判中增设专家辅助人，属于本次刑诉法修改的一个制度创新，也是对法治国家刑事诉讼以及我国民事诉讼有益经验的合理借鉴。"[3]该制度在我国起源于证据相关司法解释，后被立法吸纳，再在司法解释中进一步具体化，已全部覆盖我国三大诉讼法。

（一）2002年最高人民法院《关于民事诉讼证据的若干规定》最早作出规定

我国的专家辅助人制度最早通过司法解释予以确立，其初衷在于积极解决鉴定公信力下降、重复鉴定等实践中出现的问题，以满足规避鉴定意见风险的现实需求。

最高人民法院《2002年证据规定》第61条首次规定了专家辅助人制度，即"当事人可以向人民法院申请由一至二名具有专门知识的人员出庭就案件的专门性问题进行说明。人民法院准许其申请的，有关费用由提出

---

〔1〕 专家辅助人制度在立法上的基本依据：《刑事诉讼法》（2018年修正）第197条第2款规定："公诉人、当事人和辩护人、诉讼代理人可以申请法庭通知有专门知识的人出庭，就鉴定人作出的鉴定意见提出意见。"《民事诉讼法》（2021年修正）第82条规定："当事人可以申请人民法院通知有专门知识的人出庭，就鉴定人作出的鉴定意见或者专业问题提出意见。"法条没有写明专家辅助人，而是表述为"有专门知识的人"。

除了以上两条以外，《刑事诉讼法》第128条和第146条还有关于"（具）有专门知识的人"的表述，第128条适用于"勘验、检查"，第146条指的是"鉴定人"。

本章讨论的专家辅助人仅限于针对鉴定意见质证或者专业问题提出意见的人，是广义"有专门知识的人"的一种。

〔2〕 参见李学军、朱梦妮：《专家辅助人制度研析》，载《法学家》2015年第1期，第149页。

〔3〕 孙长永：《论刑事证据法规范体系及其合理构建——评刑事诉讼法修正案关于证据制度的修改》，载《政法论坛》2012年第5期，第31页。

申请的当事人负担。审判人员和当事人可以对出庭的具有专门知识的人员进行询问。经人民法院准许，可以由当事人各自申请的具有专门知识的人员就有关案件中的问题进行对质。具有专门知识的人员可以对鉴定人进行询问。”〔1〕

2002年10月1日实施的最高人民法院《关于行政诉讼证据若干问题的规定》第48条规定了类似的“专业人员”出庭说明、对质、询问等制度。

据此，我国关于民事证据和行政证据的解释性规定，开始在证据对质和核实部分尝试原则性地设立了专家辅助人制度。

（二）2012年《民事诉讼法》和《刑事诉讼法》修正正式确立

2012年《民事诉讼法》修正吸收了相关证据司法解释的规定，正式确立了专家辅助人制度，这一立法事实充分表明了该制度本身的重要性和对民事诉讼活动的意义。第79条规定了专门规定专家辅助人制度：“当事人可以申请人民法院通知有专门知识的人出庭，就鉴定人作出的鉴定意见或者专业问题提出意见。”

《刑事诉讼法》也于2012年进行了修正，借鉴了民事证据司法解释的相关规定，在刑事诉讼中确立了专家辅助人制度，以期能够对高度专业性、技术性的鉴定意见展开有效质证，协助法官准确地鉴别和判断鉴定意见的可信性从而形成对证据的确认或者否定。《刑事诉讼法》在庭审证据调查程序中增设了专家辅助人制度，第192条第2款规定：“公诉人、当事人和辩

---

〔1〕 2019年10月14日，最高人民法院修正该司法解释，专家辅助人的规定被修改并调整至第83条和第84条。第83条规定：“当事人依照民事诉讼法第七十九条和《最高人民法院关于适用〈中华人民共和国民事诉讼法〉的解释》第一百二十二条的规定，申请有专门知识的人出庭的，申请书中应当载明有专门知识的人的基本情况和申请的目的。人民法院准许当事人申请的，应当通知双方当事人。”第84条规定：“审判人员可以对有专门知识的人进行询问。经法庭准许，当事人可以对有专门知识的人进行询问，当事人各自申请的有专门知识的人可以就案件中的有关问题进行对质。有专门知识的人不得参与对鉴定意见质证或者就专业问题发表意见之外的法庭审理活动。”

护人、诉讼代理人可以申请法庭通知有专门知识的人出庭，就鉴定人作出的鉴定意见提出意见。”第192条第4款还规定，有专门知识的人出庭，适用鉴定人的有关规定。专家辅助人的作用在于协助控方或者辩方对于鉴定意见发表质证意见，若其意见得到采纳，则可能导致被质证的鉴定意见不能作为定案的根据。

需要注意的是，《民事诉讼法》和《刑事诉讼法》关于专家辅助人发表意见的范围存在一定的差异。在民事诉讼中，专家辅助人“就鉴定人作出的鉴定意见或者专业问题提出意见”，即专家辅助人既可以针对鉴定意见本身涉及的主体、资格、程序、原理、技术、方法等进行质证，还可以对鉴定意见以外的专业问题提出意见。例如，对于某些无法或者无须通过鉴定解决的专业问题提出专业意见，根据法官提问做出专业解答等。[1]比较而言，在刑事诉讼中专家辅助人只能“就鉴定人作出的鉴定意见提出意见”，即专家辅助人参与庭审活动限定于对鉴定意见进行质证，不能超出该范围。

（三）2015年最高人民法院《关于适用〈中华人民共和国民事诉讼法〉的解释》进一步细化

2015年，最高人民法院发布《关于适用〈中华人民共和国民事诉讼法〉的解释》，第122条、第123条规定了当事人可以申请具有专门知识的人出庭，代表当事人对鉴定意见进行质证或者对案件事实所涉专业问题提出意见，法院和当事人可以对其进行询问，当事人各自申请的具有专门知识的人可以对质，以及费用的承担、不得参与专业问题以外的庭审活动。该解释还规定了专家辅助人意见的证据属性“视为当事人的陈述”。这引起了研

〔1〕 参见毕玉谦：《专家辅助人制度的机能定位与立法性疏漏之检讨》，载《法治研究》2019年第5期，第77页。

究者的质疑：专家辅助人提出的是意见证据，涉及抽象事实；当事人陈述是事实证据，涉及事实发生的具体过程，二者在基本特质上缺乏可比性。[1]

（四）2017年《民事诉讼法》修正、2018年《刑事诉讼法》修正保持稳定

2017年《民事诉讼法》修正、2018年《刑事诉讼法》修正均未对专家辅助人制度作出任何文字或者实质上的修改，仅是法条顺序作了必要的调整。此后出台的司法解释，也未涉及专家辅助人制度细化规定。可见，我国专家辅助人制度的立法建构已经基本完成，下一步的重点应当关注其实践运行的样态并予以完善和强化。

三、医疗刑事诉讼中专家辅助人的运作状况

尽管2012年《民事诉讼法》和《刑事诉讼法》正式确立了专家辅助人制度，但该制度在诉讼实践中的应用率远低于预期。[2]同时，刑事审判中专家辅助人参与的典型个案引起了理论界的关注，成为研究制度实践运行的重要样本，其中，对于医疗刑事诉讼中专家辅助人的运作状况展开了深入的探讨。

（一）刑事诉讼中专家辅助人参与的典型个案分析

2012年修正《刑事诉讼法》第192条在证据调查程序部分正式确立了专家辅助人制度，研究者对于该制度有效落地所实现的效果寄予厚望。[3]

---

〔1〕 参见毕玉谦：《专家辅助人制度的机能定位与立法性疏漏之检讨》，载《法治研究》2019年第5期，第80页。

〔2〕 参见毕玉谦：《专家辅助人制度的机能定位与立法性疏漏之检讨》，载《法治研究》2019年第5期，第75页。

〔3〕 孙长永：《论刑事证据法规范体系及其合理构建——评刑事诉讼法修正案关于证据制度的修改》，载《政法论坛》2012年第5期，第31页。

然而，实证研究显示，专家辅助人参加刑事诉讼的比例非常之低。[1]2013年二审的“安徽警察方卫、王晖故意伤害案”是我国首例采用专家辅助人的案件，此后，在引起广泛关注的“福建念斌投放危险物质案”和“复旦大学林森浩投毒案”中，专家辅助人对于刑事诉讼活动产生了重要影响。

1.安徽警察方卫、王晖故意伤害案[2]

方卫、王晖系安徽省黄山市祁门县公安局刑警大队警察，在对一起盗窃案件的犯罪嫌疑人熊某审讯时，令其坐在该局自制铁椅上，将其双手分别铐在铁椅两侧，右脚腕加戴一副脚镣锁在铁椅上，并用一根电缆线斜束其胸前将其束缚在铁椅上。审讯持续了14个小时左右，其间除了上厕所，熊某一直保持该状态且未进食。方卫发现熊某生命垂危后与王晖共同施救，并拨打急救电话。从发现熊某垂危到急救车赶到现场约20分钟，熊某被抬上急救车经医师诊断，确定已经死亡。

本案在侦查阶段进行了两次死因鉴定，安徽省人民检察院司法鉴定中心的鉴定意见是死者生前“被长时间固定体位，在伴有寒冷、饥饿的情况下，机体内环境出现紊乱，诱发潜在性心脏疾病，致心源性猝死”。最高人民检察院司法鉴定中心进行了第二次死因鉴定，意见是死者“符合因饥饿、较长时间固定体位、寒冷，机体处于高度应激状态，在心脏潜在病变的基础上突然死亡；外来因素和其心脏潜在病变共同参与了死亡过程，其中寒冷等外来因素起主要作用，心脏潜在病变起一定的辅助作用”。此案二审时间是2013年2月，此时2012年修正《刑事诉讼法》已生效实施，方卫的辩护人根据第192条第1款，申请华中科技大学同济医学院法医学系主任、中国法学医学学会法医病理专业委员会副主任刘良作为专家辅助人出庭

〔1〕 研究者收集了2013年1月1日起至2016年1月1日为止，全国法院的刑事判决书中出现“鉴定意见”并含有“出庭作证”的案例一共686件，剔除与“鉴定人出庭作证”研究主题无关的案件以后，得到实践中鉴定人出庭的案例仅有14件，在这14件中，仅1件有专家辅助人。参见陈邦达：《鉴定人出庭作证制度实证研究》，载《法律科学（西北政法大学学报）》2016年第6期，第172页。

〔2〕 本案事实参见（2013）马刑终字第00051号。

质证，获得法院许可，该案成为我国刑事审判中专家辅助人出庭第一案。

刘良教授在出庭前准备了《对“方卫、王晖故意伤害案”法医鉴定的专家意见》，对以上两份死因鉴定意见进行了全面的分析，最后认为熊某的“死亡原因是心脏传导系统疾病所致的急性心功能不全而猝死，其本质是自然疾病死亡。从法医学专业角度来看，认定其生前存在饥饿、冷冻和高度应激状态的依据不足”。专家辅助人对死因鉴定提出的质疑具有针对性和说服力，尤其是在涉及“寒冷”“饥饿”是否为导致死亡的因素时，指出了鉴定意见的不科学和不合逻辑之处，这些质疑对于法官是否采信鉴定意见并作出心证起到了重要的提醒作用。但是，专家辅助人的质疑不具有澄清事实的作用，而是指出鉴定意见可能存在的错误提请法官注意，本案二审判决书较为明显地体现了这一点。

二审判决非常简略地描述了被害人的死因是“镣铐在审讯椅上进行长时间审讯，系变相使用肉刑逼取口供，诱发熊某潜在性心脏疾病，致其死亡”，“方卫、王晖的行为只是熊某心源性猝死的诱因”，即方卫、王晖“长时间”审讯有疲劳的因素，但排除了鉴定意见所认定的“寒冷”等所起的主要作用。

研究者深入分析了本案引入专家辅助人及其对鉴定意见的质证，认为专家辅助人在实践中产生的作用可能与设立这项制度的初衷和愿景完全符合。正面作用在于专家辅助人有助于帮助法官克服偏见，在质证的过程中让法官能多方听取意见从而对专业问题进行全面审查；负面作用体现为，专家辅助人是以“破”为主对鉴定意见进行审查判断，若无鉴定管理体制的配套改革作为保障，则无法保障鉴定意见的质量，还可能诱发更多重复鉴定损害司法效率。〔1〕

---

〔1〕 参见章礼明:《评“专家辅助人”制度的诉讼功能——借助于新〈刑事诉讼法〉实施之后司法首例的分析》，载《河北法学》2014年第3期，第109页。

2.福建念斌投放危险物质案[1]

2006年7月，福建省平潭县澳前村17号两户居民家中多人出现中毒症状，后两人经抢救无效死亡。警方经过侦查，确定系人为投入氟乙酸盐鼠药所致，被害人邻居念斌有重大作案嫌疑。念斌涉嫌投放危险物质案历时8年10次开庭审判，4次被判处死刑立即执行。最高人民法院未予以核准，发回重审。2014年8月22日，福建省高级人民法院作出终审判决，宣告念斌无罪。

福建省高级人民法院最后一次对念斌投放危险物质案进行二审，分别于2013年7月和2014年6月两次开庭，在庭审中引入2012年修正《刑事诉讼法》新设立的“专家辅助人”。2013年7月4日～7日第一次开庭审理，法院通知四名鉴定人出庭作证，四名有专门知识的人（本章所称专家辅助人，在该案判决书中称为“专业人员”）出庭就鉴定意见提出意见。2014年6月25日～26日第二次开庭审理，法院通知三名鉴定人出庭作证，另有五名“专业人员”出庭就鉴定意见提出意见。此次审判共有九名专家辅助人出庭，既有控方聘请的，也有辩护人聘请的，均出庭就理化检验报告和法医学鉴定意见提出意见；还有一名专家辅助人由法庭通知出庭，对有关仪器检测的原始数据和日志文件是否能够被更改提出意见。

在庭审过程中，法官依次通知鉴定人和专家辅助人出庭接受询问，但是，双方没有在法庭上会面并直接针对同一份证据轮流发表意见。

专家辅助人除了出庭质证以外，还在庭审前后主动向法庭提交了书面质证意见。这既是直接言词原则的贯彻，也充分考虑了质证意见专业性、完整性和准确性。该案二审开庭审理之前，辩护人张燕生律师获取侦查中毒物检验报告的原始数据，在庭审结束后送交专家，并由专家审阅后通过张燕生向福建省高级人民法院递交了《关于念斌投毒案理化检验报告及法

[1] 本案主要事实和庭审过程，参见福建高级人民法院（2012）闽刑终字第10号判决书。

医学鉴定书的专家意见书》;此后,又提交了《北京香港两地专家关于念斌投毒案理化检验报告的意见》。福建省人民检察院向福建省高级人民法院提交了检验结论会审意见、"补充实验"分析意见及公安机关移送的原始数据,辩方聘请的专家辅助人对此向法院提交了补充意见。

本案判决书列明了对有疑问的证据进行核对的情况,单独引用了专家辅助人提出的意见。例如,对于"理化检验部分的证据"的质证,判决书指出:"鉴定人出庭证实的被害人俞丙尿液、被害人俞乙心血和呕吐物的检验电子数据,因文件名与检材的名称不相符,真实性不能确认;辩方聘请的专业人员提出:鉴定机构对检材的处理操作不规范,缺乏唯一性标识,把同一个质谱图标记为不同的检材,把标样当成检材,严重影响检材的准确性;本案检验仪器检测氟乙酸盐非常灵敏,鉴定机构未能提供质谱图证实做过'空白'对照检验,说明检验过程未严格遵循操作规程,导致不能排除假阳性检验结果;上述物证的检验结果均不符合相关判定标准,检验结论不可信,本案现场物证的检验结论应该为未能发现氟乙酸盐鼠药成分,没有证据支持氟乙酸盐曾被使用过。"在对争议的焦点问题进行评判时,也大量引用了专家辅助人的意见。例如,对于被害人中毒原因,"根据俞丙心血、俞乙尿液检材的检验数据,能否判定检出氟乙酸盐鼠药成分,双方聘请的专业人员提出的意见严重分歧。因此,从俞丙心血、俞乙尿液中检出氟乙酸盐鼠药成分的检验结论可靠性存疑。"

但是,法庭没有明确专家辅助人意见的证据地位,专家辅助人提出的意见有的在辩护意见中予以重申,例如,张燕生律师的七条主要辩护意见中有两条系专家辅助人提出的。另外,法庭的判决理由部分,也没有说明是根据专家辅助人的意见作出裁断,而是法庭综合审查判断予以认定整合为法庭的意见,即"本院认为,二被害人系中毒死亡,但原判认定致死原因为氟乙酸盐鼠药中毒依据不足,认定的投毒方式依据不确实,毒物来源依据不充分,与上诉人的有罪供述不能相互印证,相关证据矛盾和疑点无法合理解释、排除，全案证据达不到确实、充分的证明标准，不能得出系上诉人念斌作案的唯一结论。”

可见，本案中，专家辅助人对于鉴定依据（医嘱单没有体现中毒症状）、鉴定程序（未如实按照记录步骤操作）、检材操作（标样当作检材等）、鉴定结论（现场未发现氟乙酸盐鼠药成分）等提出的意见，对于法庭最终作出无罪判决起到了关键作用。

3.复旦大学林森浩投毒案[1]

被告人林森浩与被害人均系复旦大学医学研究生，居住在同一间宿舍。林森浩因琐事对被害人心生不满逐渐怀恨在心，决意采用投毒方法加害被害人。林森浩通过同学获取二甲基亚硝胺并投入宿舍饮水机中，致使被害人饮用后中毒，在被害人就医期间，林森浩故意隐瞒病因最终导致被害人中毒死亡。一审判决被告人林森浩犯故意杀人罪，判处死刑，剥夺政治权利终身。被告人不服，上诉至上海市高级人民法院，在二审过程中，其辩护人斯伟江律师聘请法医胡某某担任该案专家辅助人。

在二审的法庭调查阶段，检方就被害人死亡原因为二甲基亚硝胺急性中毒进行举证，先由被告人和辩护人质证，再由辩护人向法庭申请专家辅助人胡某某出庭质证。到庭后，胡某某先针对《法医学书证审查意见书》的内容进行说明并提出对相关鉴定意见的意见，再由辩护人、公诉人、诉讼代理人、法官依次对其进行询问。质证结束以后，法官即对胡某某提出意见的证据定位予以明确，认为专家辅助人提交的对法医书证的审查意见书和当庭意见均只是对鉴定意见的质证意见，不是鉴定意见，不能单独作为定案依据。

胡某某退庭后，鉴定人陈某某出庭作证，对上海市司法鉴定中心《法医病理司法鉴定意见书》的鉴定依据进行说明，针对胡某某提出的意见进

---

〔1〕 本案主要事实和审判过程，参见上海市高级人民法院（2014）沪高刑终字第31号裁定书。

行了回应和反驳。但是，与念斌投放危险物质案一样，专家辅助人和鉴定人未能同时到庭、当面质证。

法院在对案件事实的综合评判中，对于辩护人和专家辅助人提出的意见进行了回应，认为《法医学书证审查意见书》和胡某某当庭发表的被害人“系爆发性乙型病毒性肝炎致急性肝坏死，最终因多器官功能衰竭死亡”的意见，与查明的事实不符，不予采信。并且，法院确认了鉴定意见的合法性、关联性、相互印证性，予以采信。

因此，本案中专家辅助人的意见尽管未被采信，但客观上促使了鉴定人出庭作证，也促使法庭对鉴定意见进行了更加审慎的审查、判断，作出了予以采信的结论，成为本案认定事实的基本证据。

（二）医疗刑事诉讼中专家辅助人参与的运作状况

医疗诉讼对于将专家引入审判程序具有最迫切和现实的需求。从起源看，专家参加诉讼的做法可以追溯到古埃及人、古希腊的毕达哥拉斯和西西里人时期，“早期专家证言的使用通常以医疗为中心议题”〔1〕。从我国的立法实践看，2012年修正《民事诉讼法》将专家辅助人制度正式纳入立法，回应了最高人民法院、部分地方人大和专家审议《民事诉讼法修正案（草案）》一审稿时提出的建议，体现了医疗领域的需求，“医疗事故、环境污染和知识产权等案件，专业性强，为了查明事实，分清是非，维护当事人的合法权益，在庭审过程中需要专家提供专业意见”〔2〕。

1.医疗民事诉讼中专家辅助人参与的总体状况

在我国医疗民事诉讼中，专家辅助人出庭参与审判的比例总体上非常低。检索范围内，2018年二审审结医疗损害责任纠纷2854件，当事人

---

〔1〕 Robert F. Taylor, *A Comparative Study of Expert Testimony in France and the United States: Philosophical Underpinning, History, Practice, and Procedure*, 31 Texas International Law Journal, 1996, p.184.

〔2〕 王胜明主编:《中华人民共和国民事诉讼法释义》，法律出版社2012年版，第731页。

申请专家辅助人出庭的仅有11件，与鉴定人的出庭比为1∶16。专家辅助人参与程度低的原因主要在于，医方、患方、代理人对此了解不够、认识不足。〔1〕2019年二审审结医疗损害责任纠纷4249件，专家辅助人出庭的有15件，较2019年11件略有增加，专家辅助人出庭率与鉴定人出庭率之比约为1∶19。虽然专家辅助人的出庭率仍然较低，但有望在2020年5月1日修改的最高人民法院《关于民事诉讼证据的若干规定》实施后有所提高。〔2〕2020年二审审结医疗损害责任纠纷3096件，专家辅助人出庭的案件为21件，较前两年有所增加，呈逐年增长的趋势。专家辅助人出庭率与鉴定人出庭率之比约为1∶16，专家辅助人的出庭率仍然较低。〔3〕

2.医疗刑事诉讼中专家辅助人参与的典型案例——福建李某某医疗事故案〔4〕

（1）基本案情和审理过程

"李某某医疗事故案"历时八年，被告人终审获判无罪，该案受到了医疗界、法律界和公众的广泛关注。2015年全国"两会"期间，全国政协委员温建民要求媒体关注李某某医疗事故案，并疾呼"停止这起针对医生的刑罚"〔5〕。

2012年12月31日，产妇陈某某在福建省长乐市人民医院自然分娩一婴

〔1〕 参见医法汇团队：《2018年全国医疗损害责任纠纷案件大数据报告》，载医法汇网，https://www.yifahui.com/2120.html，最后访问日期：2019年1月21日。

〔2〕 参见医法汇团队：《2019年全国医疗损害责任纠纷案件大数据报告》，载医法汇网，https://www.yifahui.com/2935.html，最后访问日期：2020年2月24日。

〔3〕 参见医法汇团队：《2020年医疗损害责任纠纷案件大数据报告》，载医法汇网，https://www.yifahui.com/3989.html，最后访问日期：2021年2月18日。

〔4〕 本案一审系不公开审理，一审判决书也未公开，案发和诉讼过程主要来自媒体报道。参见李芳晨：《"医疗事故罪"之殇》，载《中国医院院长》2015年第8期，第44-45页。

二审审理过程和认定事实，参见（2017）闽01刑终1458号。

〔5〕 参见李子君：《李建雪医疗事故罪辩护律师：庭审让我感到悲哀》，载健康界网，https://www.cn-healthcare.com/article/20170222/content-489826.html，最后访问日期：2021年5月10日。本案系一审开庭以后的报道。

儿，七小时以后产妇大出血死亡。次日，长乐市公安局以该院产科医生李某某涉嫌“医疗事故罪”予以立案。本案未对死因作法医学鉴定，福州市、福建省两级医学会的鉴定均认为构成一级甲等医疗事故。2013年1月，李某某被吊销医师执业资格，开除党籍；2013年9月，长乐市公安局以犯罪嫌疑人李某某等三人涉嫌医疗事故罪，向长乐市人民检察院移送审查起诉；2015年10月，该案移送至福州市仓山区人民检察院审查起诉；2017年2月16日、17日，福州市仓山区人民法院（指定管辖）进行首次不公开审理，此后历经五次开庭，于2017年12月4日，由仓山区人民法院作出一审判决，判决李某某犯医疗事故罪，免予刑事处罚。李某某不服一审判决上诉至福州市中级人民法院，福州市中级人民法院于2019年6月26日开庭审理，2020年6月11日作出终审判决，宣告李某某无罪。

（2）专家辅助人参与情况

专家辅助人出庭被认为是该案一审的“亮点”，辩护人邓利强称“陈敦金教授非常客观、清晰地回答了公诉人和对方诉讼代理人的问题”[1]。

2015年3月，长乐市人民法院拒绝了被告方提出的由中华医学会对产妇陈某某进行鉴定以及专家辅助人出庭的请求。2017年福州市仓山区人民法院批准了被告人申请广州重症孕产妇救治中心主任陈敦金教授出庭作证的申请，陈敦金教授出庭向检方陈述产科风险；同时，福州市仓山区人民检察院也邀请控方专家出庭。

根据媒体报道，在一审过程中产妇家属将其死亡原因归结为医院选择了错误的生产方式，认为若采取剖宫产，产妇则能避免死亡，依据是产妇分娩前有一张化验单已经显示了不正常的检查结果。陈敦金在庭审中表示，仅有一项结果不正常，不会影响医生决定分娩方式，救治过程中李某

〔1〕 参见李子君：《李建雪医疗事故罪辩护律师：庭审让我感到悲哀》，载健康界网，https://www.cn-healthcare.com/article/20170222/content-489826.html，最后访问日期：2021年5月10日。

某医生本人并无错误。若对产妇死亡有异议，则应请更高级别的专家来判断，而不是追诉当事医生的刑事责任。[1]同时，辩护人在一审过程中申请鉴定人出庭，一审法院依法向福建省医学会发出通知要求鉴定人出庭，但是，鉴定人未出庭，此后辩护人又提出撤回申请鉴定人出庭的申请。

从二审判决书列明的被告人的上诉理由可以看出，专家辅助人在一审中对于鉴定意见的质证，主要针对产妇是否患有子痫前期重度和分娩方式选择是否错误。“一审专家证人[2]产科危重症权威陈敦金教授明确指出：子痫前期重度是妊娠期高血压疾病的一种，只有在血压升高的基础上出现蛋白尿才符合诊断标准，仅凭尿蛋白3+是不能诊断子痫前期重度。《妇产科学》第七、八版都有明确子痫前期重度的诊断标准，不能断章取义地认为有尿蛋白3+就可以诊断子痫前期重度，而且《妇产科学》第九版进一步明确，尿蛋白3+不再作为子痫前期重度的诊断标准，故仅凭尿蛋白3+的检验结果，不能判断陈某某属于子痫前期重度，属于高危孕产妇。根据陈敦金教授的观点以及被害人近亲属的诉讼代理人提供的中华医学会编写的《临床诊疗指南·妇产科学分册》第四章妊娠期并发症之子痫前期中有关论述，剖腹产比阴道顺产明显增加RDS和肺水肿的风险，鼓励阴道试产。因此，即便产妇陈某某子痫前期重度的诊断成立，其分娩方式也是采取阴道分娩。在待产、分娩的过程中，未发现产妇陈某某有剖宫产的指征，对其选择阴道分娩方式是正确的。”

此外，一审中专家辅助人也对产妇死因提出意见：“一审专家证人已经详细地表述了根据产妇的临床表现，不能排除羊水栓塞、肺动脉栓塞和失血性休克死亡等种种死亡原因的可能性，产妇死因不明，需要病理解剖才

---

〔1〕 参见李子君：《李建雪医疗事故罪辩护律师：庭审让我感到悲哀》，载健康界网，https://www.cn-healthcare.com/article/20170222/content-489826.html，最后访问日期：2021年5月10日。

〔2〕 本案中陈敦金教授应为专家辅助人，但是，判决书中均称其为《刑事诉讼法》并无规定的“专家证人”。

能明确死因。”但是，根据二审判决书，专家辅助人在二审中未出庭质证，由辩护人向法院提交了书面意见，该意见明确指出：“陈某某没有重度子痫前期，因为她血压不高。”明确界定子痫前期，“是指患者在安静状态下相距4小时的二次血压≥140／90mmHg，在此基础上，出现尿蛋白，才能确定为子痫前期，而在子痫前期的基础上依据相应指标才能确定是否为重度子痫前期，在没有安静状态下的血压升高、诊断重度子痫前期与教科书的诊断标准不符”。

（3）法院对于专家辅助人质证意见的认定

对于专家辅助人意见的认定和采信，一审法院仅在事实认定部分有所提及，二审法院则在针对鉴定意见和死因的质证中对于专家辅助人的意见作了较为详细的阐述，并作为重要的判断依据。

根据二审判决书所归纳的一审认定的事实，并未专门论述专家辅助人的质证意见，仅仅说明福建省医学会鉴定意见认为的产妇陈某某存在子痫前期重度，与教材规定的“子痫前期重度”诊断标准一致，也与专家辅助人编著的《实用助产培训手册》（湖南科学技术出版社2015年10月第1版）所采用的诊断标准相同。法院据此驳回了辩护意见。

在二审判决中，在认定事实的证据和焦点问题的综合评判方面，则充分论述了专家辅助人的意见。

第一，将陈敦金教授专业问题咨询意见书作为认定事实的证据（证据44），认为该证据证明了产妇陈某某不是高危产妇，没有子痫前期重度；陈某某的早期检查、诊断不存在特别的情况，选择阴道分娩不存在错误；李某某作为值班医生，对于非高危产妇不需要主动查看化验报告单，产后出血的处置、诊疗以及术后观察时的诊疗符合诊疗常规；化验结果不影响分娩方式的选择和产后出血诊疗措施的决定；产后出血量的估计是全球难题，产科的休克指数要综合判断，产后处置符合常规；产后病情变化的真正原因不清，医方的抢救措施有效，没有尸检结果死因难以确定；根据化验结果不需要事先特别备血。

第二，对本案焦点问题进行综合评判时，对于鉴定意见的采信多处引用了专家辅助人的质证意见。对于陈某某的诊断是否有误，福建省、福州市医学会医疗事故技术鉴定意见如何采信明确了如下几点：首先，对于子痫前期、高危产妇、分娩方式的诊断。福州市医学会鉴定意见没有认定陈某某存在子痫前期重度；福建省医学会医疗事故鉴定意见根据化验结果尿蛋白3+认定陈某某为子痫前期重度，是高危孕产妇。两份鉴定意见均未提出分娩方式选择不当。根据《妇产科学》第七、八版和《临床诊疗指南·妇产科学分册》的论述以及专家证人的意见，子痫前期重度是妊娠期高血压的一种，只有在血压升高的基础上出现蛋白尿才符合诊断标准，子痫前期必须有高血压。据此，二审法院认为："陈某某没有子痫前期重度，且待产、分娩的过程中也未发现有其他剖宫产的指征，采取阴道分娩方式并无不当。"其次，休克指数对于产妇出血量估计的作用、出血量估计是否不足的问题。根据《产后出血预防与处理指南（草案）》、第7版《外科学》的论述，以及专家证人的证言，估计产后出血量是全球性难题。二审法院认为："福建省医学会医疗事故鉴定意见根据休克指数的计算数值认定医师对出血量估计不足，没有充分的、科学的诊疗依据，不符合妇产科的诊疗实践。"最后，关于陈某某死因的认定。法院明确指出，对于陈某某病情急剧恶化最终死亡的原因，福州市医学会鉴定意见、福建省医学会鉴定意见、专家证人的意见不同。福州市医学会鉴定意见、专家辅助人意见均认为未作尸检，死因无法判断；福建省医学会鉴定意见则认为产妇因产后出血导致失血性休克死亡。二审法院经分析认为："省医学会鉴定意见是基于病症做出的推断结论，是临床诊断，没有进行法医尸检，没有进行病理诊断，对死亡原因的认定不具有唯一性、排他性，不能作为定案依据，本院不予采信。"

综上所述，福建"李某某医疗事故案"既是目前检索到的唯一有专家辅助人出庭或者出具书面意见对于鉴定意见提出质证意见的医疗事故刑事案件，更是专家辅助人澄清医学专业问题，为被告人获判无罪产生实质作用的经典案例。本案专家辅助人的运用具有如下特点：首先，法官充分参考了专家辅助人的意见，发挥了专家辅助人质证应有的对证据的弹劾作用。专家辅助人对于鉴定意见中的诊断、出血量判断和处理、死因等问题进行质证，从专业角度进行说理和评判，成为法院不予采信福建省医学会鉴定意见的重要基础，实质上起到了弹劾证据（鉴定意见）的作用。其次，法官将专家辅助人的意见实际上作为独立证据，不符合刑事诉讼法的规定。本案将专家辅助人称为"专家证人"，将其意见作为"专家证言"，在事实认定部分作为独立证据予以列举，均不符合现行《刑事诉讼法》的规定。可见，专家辅助人制度在实践中鲜少采用，对于其诉讼地位和证据属性的认识仍有待深化。

第二节 医疗诉讼专业化背景下的事实查明措施

当前，我国在刑事司法领域初步形成了鉴定人出具鉴定意见、具有专门知识的人（专家辅助人）对鉴定意见提出质证，二者并存的专家制度。专家制度在为法官认定事实形成心证提供更多专业和技术支撑的同时，仍然存在过度权力化、功能尚未结构化、不够规范化等缺陷。[1]有观点认为，

〔1〕 参见陈如超：《专家参与刑事司法的多元功能及其体系化》，载《法学研究》2020年第2期，第96-98页。

应当将专家辅助人转变为专家证人〔1〕；也有观点认为，应当将二元化专家制度进行体系化构建〔2〕；还有观点认为，应当引入咨询专家和专家陪审人，建立专业技术的“四维分享模式”〔3〕；还有观点基于消解专家辅助人的倾向性立场定位可能引发的紧张关系，设计了引入其他专业辅助制度的三条具体路径。〔4〕

本节基于医疗纠纷审判的场域和视角，考虑医疗由于分科之精细和发展之快速更加依赖专家，尝试以开放的态度探索各种提高审判专业化水准的可能措施。

一、技术调查官（司法技术人员）

2006年，司法鉴定体制改革取消了法院内部司法鉴定机构，最高人民法院设立了司法技术辅助工作机构，于同年9月发布了《关于地方各级人民法院设立司法技术辅助工作机构的通知》，在各级法院增设司法辅助工作办公室，办公室主要职责是为法官的审判工作提供技术支持。司法技术辅助机构对法官提出的涉案技术问题进行解释或者答复的职责，可以视为我国技术调查官制度的起源。2018年修正的《人民法院组织法》第51条规定：“人民法院根据审判工作需要，可以设司法技术人员，负责与审判工作有关的事项。”该规定正式从法律层面确认了司法技术人员制度，并将其归类于“审判辅助人员”。

在司法体制改革及加强知识产权审判专业化水平的过程中，知识产权

〔1〕 参见张保生、董帅：《中国刑事专家辅助人向专家证人的角色转变》，载《法学研究》2020年第3期，第160页。

〔2〕 参见陈如超：《专家参与刑事司法的多元功能及其体系化》，载《法学研究》2020年第2期，第99-100页。

〔3〕 参见郑飞：《论中国司法专门性问题解决的“四维模式”》，载《政法论坛》2019年第3期，第70页。

〔4〕 参见李盛荣、张璇：《专家辅助人立场定位中的紧张关系及其消解——以知识产权审判为视角》，载《法律适用》2018年第5期，第88页。

法院率先设立了技术调查官制度，其职责可以追溯至司法技术辅助工作机构的规定。2014年，最高人民法院发布《关于知识产权法院技术调查官参与诉讼活动若干问题的暂行规定》，以期丰富我国的技术查明制度体系，“为未来知识产权诉讼模式的变革带来了想象空间”〔1〕。2019年，最高人民法院发布《关于技术调查官参与知识产权案件诉讼活动的若干规定》。《关于技术调查官参与知识产权案件诉讼活动的若干规定》基本保留了《关于知识产权法院技术调查官参与诉讼活动若干问题的暂行规定》的主要内容，修改主要体现为三点：第一，在适用范围上，从仅适用于知识产权法院扩大到所有审理知识产权案件的法院；第二，从人员身份上看，与2018年修正《人民法院组织法》相适应，将“司法辅助人员”修改为“审判辅助人员”；第三，从职责上看，由“确定”技术事实争点修改为“提出建议”。类似地，日本、韩国，在知识产权案件审理中也建立了技术调查官、技术审理官、技术调查官制度。〔2〕

有研究者对技术调查官制度确立以来的实践运行状况进行了研究。在Alpha法律智能检索系统中，以“技术调查官”为关键词，在“知识产权与竞争纠纷”类目下共检索到2014～2019年民事判决110份，对判决书内容进行分析发现，技术调查官在实践中存在独立运用和与鉴定并用两种情形，技术调查官意见在法院判决中体现的方式存在不一致，其根源在于技术调查官诉讼地位不明确。〔3〕完善该制度需要明确技术调查官是法官的技术专家，其职责是解释、说明专业知识从而解答法官在查明事实过程中的疑问，协助法官在理解专业知识的基础上正确认定技术事实，并依法作出

〔1〕 许波、仪军：《论我国技术调查官制度的构建与完善——以北京知识产权法院对我国技术调查官制度的探索为视角》，载北京知识产权法院组织编写：《技术调查官制度化创新与实践》，知识产权出版社2019年版，第3页。

〔2〕 参见《日本民事诉讼法》第92～98条、《韩国技术审查官规则》第4条。

〔3〕 参见杨秀清：《我国知识产权诉讼中技术调查官制度的完善》，载《法商研究》2020年第6期，第168－169页。

裁判。解释和说明的对象主要是鉴定意见和专家辅助人的质证意见。

目前，技术调查官制度仅适用于知识产权诉讼。有学者预测，随着现代科学技术迅速发展、专业分工愈加细化、法律调整领域不断扩大，科技发展引起的环境污染[1]、产品质量缺陷等纠纷将对审判专业化提出更高的要求。对知识产权诉讼中技术调查官制度的理论基础和规范体系进行研究，明确其诉讼主体地位，有助于技术调查官制度进一步拓展至更大范围的高科技案件——当然也包括医疗诉讼案件。[2]

二、专家陪审员

人民陪审员在我国历史悠久，是民主“嵌入”司法的重要体现。在人民陪审员制度运行的过程中，对于一些具有高度专业性，需要运用相应专业技术知识查明、理解并解释的案件，探索选取具有特定专业背景的专家作为人民陪审员参与审判，与法官共同认定事实并（或）适用法律。[3]这类具有专业知识的人民陪审员，被称为“专家陪审员”或者“技术陪审员”。

专家陪审员依法参与庭审、与法官共同履行审判职责，其目的是作为案涉专业领域的专家，弥合法官作为法律适用权威与鉴定人、专家辅助人在专门领域独占“知识权力”之间的鸿沟，其地位是与法官共同享有案件事实认定权的合议庭成员。在鉴定意见作为高度专门领域的关键证据时，专家陪审员作用主要体现为：第一，加强对庭审过程的主导和控制。在“审判中心主义”的诉讼制度改革过程中，强化专家陪审员是缓解科学证

---

〔1〕 2020年最高人民法院明确要求在环境资源案件审判中引入技术调查官。

〔2〕 参见杨秀清：《我国知识产权诉讼中技术调查官制度的完善》，载《法商研究》2020年第6期，第180页。

〔3〕 人民陪审员享有与法官相同的认定事实的权力，但是，对于法律适用，《人民陪审员法》对于不同人数合议庭中人民陪审员的权力进行了区分，即“三人合议庭”中人民陪审员享有法律适用的表决权（第21条），“七人合议庭”中则不享有该权力（第22条）。

据审查困境的有效措施[1]；在鉴定人出庭作证，乃至于专家辅助人出庭质证时，专家陪审员可以协助法官控制庭审节奏，及时总结争点，确保质证的针对性；引导鉴定人和专家辅助人将专业判断以普通人可以理解的方式表达出来，协助法官对于事实认定形成心证；决定是否采信鉴定异议，是否重新鉴定，提高庭审效率。[2]第二，全面审查涉案的专业证据。除了鉴定意见以外，案件涉及的专业证据还可能包含技术调查官意见、咨询专家意见等。专家辅助人仅针对鉴定意见提出质证，其他类型的科学证据也需要专家陪审员进行审查、向法官解释，帮助法官理解并形成心证。在庭后的合议过程中，专家陪审员参与讨论、发表意见等，也能为合议庭达成共识提供重要的专业支持。[3]

1985年，最高人民法院发布《关于开展专利审判工作的几个问题的通知》，开启了我国对专家陪审员的探索，尝试在专利审判案件中引入专家陪审员。2010年，最高人民法院发布了《关于人民陪审员参加审判活动若干问题的规定》(已废止)，第5条明确规定了专家陪审员："特殊案件需要具有特定专业知识的人民陪审员参加审判的，人民法院可以在具有相应专业知识的人民陪审员范围内随机抽取。"2014年，党的十八届四中全会通过中共中央《关于全面推进依法治国若干重大问题的决定》，进一步明确要完善人民陪审员制度。2015年最高人民法院和司法部联合发布了《人民陪审员制度改革试点工作实施办法》，该办法第9条第2款规定："人民法院可以根据人民陪审员专业背景情况，结合本院审理案件的主要类型，建立专业人民陪审员信息库。"

---

〔1〕 参见朱晋峰：《以审判为中心诉讼制度改革背景下科学证据审查的困境及出路》，载《法律适用》2018年第13期，第120-121页。

〔2〕 参见郭华：《论鉴定结论审查模式的选择——从最高人民法院的一项"管理规定"说起》，载《法学》2008年第5期，第159-160页。

〔3〕 参见郭华：《论鉴定结论审查模式的选择——从最高人民法院的一项"管理规定"说起》，载《法学》2008年第5期，第160页。

但是，2018年最高人民法院《关于人民陪审员制度改革试点情况的报告》，特别提出了试点过程中对于是否保留专家陪审员存在不同意见。保留论者认为有助于审判专业化；暂缓论者则认为，与人民陪审员的大众化有冲突，还可能导致专业偏好，因而不宜明确规定专家陪审员，可以允许各地法官根据实际对人民陪审员进行专业分类。暂缓论者的建议被2018年通过的《人民陪审员法》所采纳，目前我国立法中没有关于专家陪审员的专门规定，但是2019年最高人民法院发布《关于适用〈中华人民共和国人民陪审员法〉若干问题的解释》也允许考虑对人民陪审员专业背景的需求。第3条第3款规定："因案件类型需要具有相应专业知识的人民陪审员参加合议庭审判的，可以根据具体案情，在符合专业需求的人民陪审员名单中随机抽取确定。"笔者认为，目前关于具有专业知识的人民陪审员的规定，在发扬司法民主、保证司法公信力的前提下兼顾了专业能力的需求，一定程度上能够为庭审提供专业保障。但是，在现在专业内部分工非常精细的情况下，尤其是医学领域，在范围较广的同行群体内随机抽取人民陪审员，所能提供的专业支撑作用甚为有限。〔1〕

由于2018年《人民陪审员法》在专家陪审员制度上的暂停，研究者暂时搁置了这个问题，"未贸然构建'鉴定人—专家陪审员—专家辅助人'三位一体的刑事专家制度模型"〔2〕。但是，也有研究者坚持认为，需要建立"司法鉴定人—专家辅助人—司法技术人员（技术咨询专家）—专家陪审员"解决专门性问题的"四维分享模式"，专家陪审员的角色和功能是与法官分析事实认定权力的裁决者，该模式在专门性问题的解决上能够实现通

〔1〕 在同一领域内部，也有大同行和小同行之分。例如，《医学会医疗损害鉴定规则》第14条规定，要"根据鉴定事项所涉及的学科专业和具体情况，确定鉴定专家组的构成"。在医学领域，鉴定人与涉案事项至少属于同一个二级学科。在"李某某医疗事故案"中，针对本案产妇系分娩后大出血死亡，辩护人聘请的专家辅助人陈敦金教授是我国产科危重症权威，其在质证意见中也说明了休克指数在产科和外科具有不同的应用，获得法院采信。

〔2〕 陈如超：《专家参与刑事司法的多元功能及其体系化》，载《法学研究》2020年第2期，第107页。

常审判模式下的对抗、教育以及分享功能，发挥法庭专业工作群体的集群化认识论优势。[1]

我国司法实践仍在积极探索特定类型案件审判中的专家陪审员制度。例如，在环境资源案件的审判中，2020年最高人民法院要求组建专家库、专家咨询委员会，在评估、鉴定、修复方案确定、专业事实查明等事项中充分发挥专家辅助人、专家陪审员和技术调查官的作用。

综上，对于医疗案件的审判，也可以在实践中探索建立医疗专家库，从专家库中抽取与涉案医疗领域最接近的专家担任专家陪审员，在专业事实查明、证据解读、参与庭审等方面发挥更多的作用。

三、咨询专家

从广义上看，咨询专家是指具有特定专业知识和技能，能够为该领域的问题提供专业意见的人，咨询专家可以存在于一切专门领域。从中义上看，在特定领域由特定机构聘请咨询专家，组成专家咨询委员会。例如，法院或者检察院聘请专家组成咨询委员会，像最高人民检察院专家咨询委员会、最高人民法院信息化咨询委员会，前者涉及整体的检察业务范围（专家特长有侧重），后者涉及该机构特定的某一领域工作。从狭义上看，咨询专家是指在诉讼过程中，在庭外对于案件所涉特定专业领域的事实问题提供意见的专业人士。本节所称咨询专家在狭义上展开，其优势在于法官精准选取案涉领域的专家，能够给出明确的答复意见，有助于诉讼专门性问题的解决。

实践中，专家咨询制度较为普遍被采用，最典型的如知识产权案件和环境资源案件、医疗案件。[2]近年来，已有法院在知识产权审判领域建立

---

〔1〕 参见郑飞：《论中国司法专门性问题解决的“四维模式”》，载《政法论坛》2019年第3期，第76页。

〔2〕 参见翟李鹏：《专家陪审制度的研究》，载《证据科学》2017年第6期，第732页。

起咨询专家库，未建立专家库的法院也会以征求研究机构专家意见的方式进行专家咨询。[1]在环境资源审判中，支持审判专业化的重要举措就是建立专家库，其中包括专家咨询委员会。例如，广东省高级人民法院成立了第二届环境资源审判咨询专家库，主要有来自水污染治理、土壤污染修复、大气污染控制、动物保护、养殖水体修复等多个领域的专业技术人员和环境法学者。[2]在医疗诉讼中也有类似的尝试，泸州市江阳区人民法院设立医事法庭，建立医疗纠纷案件专家咨询制度，成立了医疗纠纷案件专家咨询库，聘任辖区内三级甲等医院各领域权威专家共35名作为咨询专家。[3]

但是，目前立法上尚无关于咨询专家的诉讼地位及其意见的法律属性的明确规定，仅有部分司法文件提及，法院、检察院也未制定专家咨询委员会工作规则（办法）。咨询专家不是诉讼参与人，仅作为外部人士接受咨询并提供意见，该意见不是证据，只是法官形成心证的支撑。专家意见的吸纳和采用有三种形式：第一，判决书仅仅笼统说明咨询专家这一事实，但未阐明专家意见的具体内容和采纳情况；第二，判决书说明经咨询专家，并归纳专家意见的主要内容，辅助法官形成心证；第三，更进一步的做法是，专家咨询意见作为附件附于判决书之后，“宣示”法官对于专家咨询意见的吸纳和采用。[4]

例如，在医疗刑事审判中，“李某某医疗事故案”二审判决书提及了咨

---

〔1〕 参见李盛荣、张璇：《专家辅助人立场定位中的紧张关系及其消解——以知识产权审判为视角》，载《法律适用》2018年第5期，第88页。

〔2〕 参见最高人民法院环境资源司法研究中心、清华大学环境资源与能源法研究中心：《中国环境司法发展报告（2020年）》，载最高人民法院网，http://www.court.gov.cn/zixun-xiangqing-307461.html，最后访问时间：2021年6月20日。

〔3〕 参见泸州市江阳区法院政研室：《江阳法院聘请35名三甲医院专家 组建医疗纠纷案件“智囊团”》，载江阳区法院官网，http://www.lzjyfy.gov.cn/a/sifagongkaipingtai/xinwenxuanchuan/tupianxinwen/20180716520.html，最后访问日期：2021年5月5日。

〔4〕 参见曹慧敏：《知识产权审判技术咨询专家意见的性质探究》，载《人民司法》2014年第7期，第52-53页。

询专家，“本院在认真听取诉讼各方意见的基础上，查对大量有关诊疗规范著作、制度规定，咨询有关专业人员意见，现结合案件事实、证据综合评判如下……”〔1〕。显然，法官借助于咨询专家的解释和说明了解医疗知识和案涉事实，进而形成心证完成对案件事实的认定。

四、多元事实查明措施的综合运用

在诉讼专业化的现实需求下，知识产权审判和环境资源审判在多元化措施的综合运用方面已经取得了相当成效并积累了丰富的经验。在医疗诉讼中，充分调动医疗专家的力量，发掘广泛的“外脑”资源，积极探索技术调查官、专家陪审员、咨询专家委员会等多元化事实查明机制，与鉴定人、专家辅助人等现有成熟制度优势互补、相得益彰；〔2〕同时，理想状态的实现需要从根本上明确各自的诉讼主体地位及其意见的法律属性，解决各项事实查明制度之间的衔接问题，划清各类证据、意见之间的效力等级，真正建立多维共享的专业事实查明机制。

本章小结

在专业分工具有法律意义以及证据规则日益发达的历史背景下，高度倚赖专家参与诉讼。除了以鉴定意见为主体的证据制度以外，还需要专家辅助人等一系列辅助机制来帮助法官理解事实、形成心证。

我国的专家辅助人制度立足于现有诉讼模式，针对鉴定意见存在的困

〔1〕 参见（2017）闽01刑终1458号。

〔2〕 参见杜颖、李晨瑶：《技术调查官定位及其作用分析》，载《知识产权》2016年第1期，第62页。

境，综合参考了英美法系和大陆法系的相关制度。2012年修正《刑事诉讼法》正式确立了我国刑事诉讼中的专家辅助人制度，尽管实践中专家辅助人参与的比例很低，但其在具有较大社会影响的“福建念斌投放危险物质案”和“复旦大学林森浩投毒案”发挥了很大作用。

专家辅助人参与医疗诉讼的比例同样很低。在医疗民事诉讼中，近年来专家辅助人出庭的案件仅为十余件。在医疗事故刑事诉讼中，福建“李某某医疗事故案”既是目前检索到的唯一有专家辅助人出庭或者出具书面意见对于鉴定意见提出质证意见的医疗事故刑事案件，更是专家辅助人澄清医学专业问题，为被告人获判无罪产生实质作用的经典案例。

除了鉴定人和专家辅助人以外，专业化审判还应当尝试引入其他专家参与构建多元化的专业事实查明机制。基于医疗纠纷审判的场域和视角，考虑医疗分科之精细和发展之快速愈加依赖专家，尝试以开放的态度探索技术调查官、专家陪审员、咨询专家等引入医疗审判的可行性，主要须从专家的诉讼地位及其意见的法律属性两方面予以完善，从而建立多维共享的专业事实查明机制。

第四篇

涉医相关刑事纠纷的刑事政策分析

刑事政策是与抗制犯罪有关的各类社会公共政策，引导刑事立法和刑事司法，决定刑法调整和干预医疗及相关行为的边界和力度。《刑法修正案（九）》在聚众扰乱社会秩序罪的构成要件中增加了“致使‘医疗’无法进行”的表述，明确将“医闹”规定为犯罪。该修改一方面反映了严厉打击“医闹”的立法刑事政策导向，另一方面这种“现象式立法”的立法技术值得反思。针对“暴力伤医”制定多份专项刑事政策文件，是对医务人员权益和医疗秩序最高强度的保护，体现了刑事司法政策中“严”的一面。近年来，我国医疗保障体系改革不断深化，国家医保局开展打击欺诈骗取医保基金专项行动，查处了多起引发广泛关注的“医保诈骗”犯罪。然而，目前医疗保障政策尚未对打击犯罪足够重视，急需将宽严相济刑事政策予以充分贯彻。

第八章 / 刑事政策与“医疗暴力”刑事立法和司法的互动

观念上的刑事一体化与刑事政策关系密切，刑事一体化要求配套良好的刑事政策；同时，二者内涵兼容并蓄，刑事政策的基本载体是刑法结构和刑法机制。[1]近年的刑法学研究中，刑法与刑事政策之间关系的话题日益引发关注。[2]本书第二章第二节对于医疗暴力的实践状况，以裁判文书为对象展开了实证分析，统计和描述了“医闹”和“暴力伤医”两类犯罪的总体情况和主要特点，正是将犯罪学的事实研究作为刑事一体化的研究起点和依据。在医患关系恶化、医疗暴力引起广泛关注的大背景下，多个部门联合发布司法文件、开展打击涉医犯罪专项行动，直至专门修订立法，将其作为医疗暴力犯罪刑事政策的研究对象，正是刑事政策研究摆脱大而无当的理论演绎[3]，精准指导立法实践及司法适用的极佳样本。

首先，本章探究医疗暴力整体上的综合治理体系并聚焦其中的刑事政策；其次，侧重于研究刑事政策与“医闹”立法明确化的互动；最后，重点讨论刑事政策在“暴力伤医”量刑中的适用。

---

〔1〕 参见储槐植：《刑事一体化论要》，北京大学出版社2007年版，第28页。

〔2〕 参见劳东燕：《刑事政策与刑法解释中的价值判断——兼论解释论上的“以刑制罪”现象》，载《政法论坛》2012年第4期，第30页。

〔3〕 参见车浩：《刑事政策的精准化：通过犯罪学抵达刑法适用——以疫期犯罪的刑法应对为中心》，载《法学》2020年第3期，第49页。

第一节　医疗暴力治理中的刑事政策

医疗暴力已经成为全球性问题，无论是发展中国家还是发达国家，无论生活水平及社会文明程度如何，医疗暴力都广泛存在。[1]医疗暴力治理的研究体现了各国及国际社会对该问题的认识和重视，其中涉及刑事政策在治理体系中所处的地位和作用。

一、医疗暴力治理及其研究状况

医疗暴力治理在国际社会已经形成了框架指南，对很多国家产生了重要的指导作用。我国的医疗暴力与其他国家相比，既有共性，又有自身独特的制度和文化特性，该特性在我国的治理对策及研究中应予以充分重视。

（一）国际社会指南及域外国家概况

对于医疗暴力的治理，国际社会的主要指导文件是世界卫生组织联合国际劳工组织、国际护士理事会、国际公共事务处制定的《解决医疗机构工作场所暴力的框架指南》（以下简称《框架指南》）。尽管该框架指南不具有强制效力，但是，其调研显示发生在医疗机构的暴力已占工作场所暴力的四分之一以上，影响到一半以上的医务人员。因而，需要予以足够重视并作出应对，《框架指南》所提出的干预措施对各国也具有较强的示范

---

〔1〕 2002～2003年，世界卫生组织联合国际劳工组织、国际护士理事会、国际公共事务处针对医疗暴力（医疗机构工作场所暴力）对澳大利亚、巴西、保加利亚等8个国家进行调研，结果显示了医疗暴力普遍存在。See International Labour Office (ILO), International Council of Nurse (ICN), World Health Organization (WHO), Public Services international (PSI), Frame Guidelines for Addressing Workplace Violence in the Health Sector, Geneva, 2002.

和指导作用。《框架指南》涵盖治理医疗机构工作场所暴力的五个关键行动领域：预防、处理、管理和减轻影响、关心和支持受影响的医务人员，以及采取举措的可持续性。涉及政府、医疗机构、医务人员、专业团体乃至社区等主体在医疗暴力治理中的权利和义务，其中，刑事司法专业人员被视为社区的一部分。医疗暴力治理应当采取系统化的集成方法，从而最大限度地发挥各部门资源，采取的一系列具体行动步骤包括暴力识别、风险评估、干预、监测和评估。〔1〕

我国有研究收集了美国、澳大利亚、加拿大、日本、西班牙等十六个国家的医疗暴力状况及其治理措施。调研显示，各国医疗暴力广泛存在，但是，在不同国家呈现出不同特征，不同的国情影响暴力行为的类型。共同点在于，施暴者，尤其是身体暴力的施暴者，通常以患者为主，患者亲属或者访客施暴的比例也比较高。各国也在各个层面采取措施应对医疗暴力，如俄罗斯、英国、美国的38个州制定了专门针对医疗暴力的罪刑条款。美国的联邦《劳工关系法》和《职业安全与卫生法》要求医院制定应对医疗暴力的管理措施，评审机构也将应对医疗暴力事件写入了相关的评审要求。法国卫生部出台了30条准则，全方位保护医护人员的安全，不仅涉及新成立的改善医务人员安全委员会，还涉及医疗机构、警方、司法部门等，同时强调卫生管理部门的牵头作用。西班牙将4月20日确定为“反暴力伤医国家日”，以此纪念一名被患者谋杀的家庭医生，呼吁全社会对医疗暴力“零容忍”。〔2〕

在以上国家积极应对医疗暴力的过程中，《框架指南》起到了重要的

〔1〕 See International Labour Office (ILO), International Council of Nurse (ICN), World Health Organization (WHO), Public Services international (PSI), Frame Guidelines for Addressing Workplace Violence in the Health Sector, Geneva, 2002, p.1.

〔2〕 参见张晓旭：《在分析16个国家的法规政策后，我们看到了治理医疗暴力的“金字塔”模型》，载动脉网：https://vcbeat.top/ODBlNzBhYzY1YjQyODkwZjhjNjA0OGQxYmM4NDUwNWY=，最后访问日期：2020年5月30日。

指导和示范作用。美国、澳大利亚、英国等国在《框架指南》指导下进一步制定了本国防控医疗暴力的行为指南，如美国《医疗和社会服务工作者预防工作场所暴力指南》是医疗机构制定内部管理制度的依据。我国研究者根据《框架指南》和各国的防控措施，总结了医疗暴力治理从上到下、从顶层立法到基层广泛参与的“金字塔”模型[1]（见图8-1）。

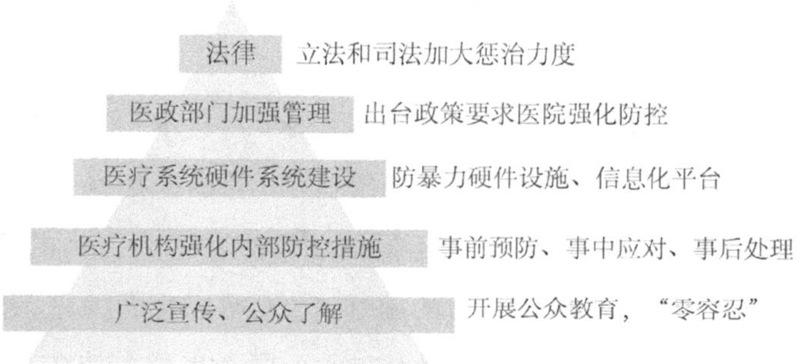

图8-1　我国医疗暴力治理“金字塔”模型

在“金字塔”型医疗暴力治理结构中，金字塔顶端是法律。在第一层次中，强化对于医务人员合法利益和医疗机构秩序的保护，包括各国医疗基本法律对医务人员权利的宣示，对医疗场所性质的界定，以及医疗暴力涉及的侵权责任、行政处罚甚至刑事责任的追究。第二层次是医政管理，即医疗管理部门联合其他相关部门和机构，从管理者角度出台相应政策，重视并落实对于医疗暴力的治理。第三层次是硬件设施建设，即在某一区域医疗机构体系统一建设相关硬件设施，如医院安检制度等。尤其是要重视信息化平台建设，加强暴力治理的联动性。第四层次是医院的内部管理，即医院作为医疗暴力的发生场所，需要对医疗暴力在事前、事后、事中进行全链条的防控，包括空间布局、人员培训、应急管理、事后干预等。最

〔1〕　参见张晓旭：《在分析16个国家的法规政策后，我们看到了治理医疗暴力的“金字塔”模型》，载动脉网：https://vcbeat.top/ODBlNzBhYzY1YjQyODkwZjhjNjA0OGQxYmM4NDUwNWY=，最后访问日期：2020年5月30日。

后，也就是第五层次，要重视公众教育，引导公众正确认识医疗的有限性和风险性，寻求恰当的医疗纠纷解决途径和救济方式，全社会达成对医疗暴力“零容忍”的共识。

“金字塔”模型非常形象地贯彻和体现了《框架指南》所明确的“在所有干预级别积极推行综合方法，实现防治结合、综合兼顾”[1]。

（二）我国对于医疗暴力的治理及其研究状况

关于我国医疗暴力的整体现实状况，本书第二章第二节从媒体报道、医疗界调研以及法院裁判文书等不同数据渠道进行了全面的分析。自21世纪初以来，我国医疗暴力整体呈现增长和恶化状况，引起了普遍关注，无论是国内权威媒体《人民日报》、医疗专业网站丁香网，还是国外《柳叶刀》《新英格兰医学》等权威医学期刊，均对我国的医疗暴力进行了持续关注和深入思考。[2]

1.我国医疗暴力产生的原因

医疗暴力作为全世界普遍问题，其产生的共性原因是医疗空间的关系冲突，故世界卫生组织牵头完成的《框架指南》将其界定为“工作场所的暴力”，仅涉及医疗本身的问题。但是，在中国，21世纪初以来医疗暴力迅速加剧的独特背景是，处于转型期的中国的医疗体制乃至于社会制度激烈变革带来的阵痛以及引发的综合性缺陷。[3]

---

〔1〕 International Labour Office (ILO), International Council of Nurse (ICN), World Health Organization (WHO), Public Services international (PSI), Frame Guidelines for Addressing Workplace Violence in the Health Sector, Geneva, 2002, p.12.

〔2〕 例如，《柳叶刀》2010～2014年连续发表社论，讨论中国的医疗暴力；2019年、2020年再次连续关注中国医疗暴力问题。

See Therese Hesketh, Dan Wu, Linan Mao, Nan Ma, Violence Against doctors in China, *BMJ*, 2012; 345:e5730.

〔3〕 参见冯磊：《冲突与治理——中国医疗暴力的现实图景与治理策略研究》，科学出版社2017年版，第142页。

关于中国医疗暴力产生的原因,《柳叶刀》发表社论认为,中国医疗暴力发生的原因是制度性的,除了医疗领域自身的问题,即国家对于医疗事业和医护人员培养投入不足,医疗损害多发、医疗领域腐败严重以及医患沟通不畅等以外,其他原因还涉及媒体负面报道、公众对于治疗效果的过高期待、远超家庭承担能力的医疗支出等。[1]还有研究认为,中国医疗暴力的特点在于极端恶性暴力和职业化的"医闹",核心原因是医疗卫生制度的缺陷造成医患关系恶化。自20世纪80年代初中国实行市场化改革以来,医疗产业化造成的高额医疗费用超出了很多人的承受能力,药物和检验大幅涨价、医生过度治疗等加剧患者被剥夺感。[2]中国缺乏合理的分级诊疗体制,患者即使患有轻微疾病也希望获得最高水平的治疗,未经初级诊疗直接进入二级、三级诊疗,对治疗效果抱有不切实际的希望,一旦失败即归责于医生。而充斥媒体的负面报道进一步加深了医患之间的不信任感,发生纠纷难以及时解决。以上因素共同作用,导致人们对卫生系统严重不满,这不仅导致了暴力,而且导致了一种文化:谋杀一名无辜的医生并未受到普遍谴责,这将进一步加剧暴力。[3]

2.我国医疗暴力的治理状况

我国对于医疗暴力的治理,大致从两个层面展开。第一个层面是由特定个案(如浙江连某某暴力伤医案)、特定公共卫生事件(如新冠疫情)所引发的由卫生主管部门(原卫生部、现卫健委)和公安机关等多个部门采取的严厉打击医疗暴力的专项行动,具有即时性和警示性。第二个层面则是解决导致医疗暴力的深层次制度和系统问题,其核心是卫生体制改革。如禁止药品加价、严惩医疗腐败、改进医疗保险制度等,减轻患者经济负担;

---

〔1〕 See Jiang Y. & Ying X. et al., *Ending Violence against Doctors in China*, Lancet, 2012, 379(9828): 1764.

〔2〕 See Huang Y., *The Sick Man of Asia: China's Health Crisis*, Foreign Affairs 2011.6: 119-136.

〔3〕 See Therese Hesketh, Dan Wu, Linan Mao, Nan Ma, *Violence Against doctors in China*, BMJ, 2012; 345: e5730.

提升医患纠纷解决的途径和效率，公平、透明解决纠纷，减少报复性暴力行为[1]；实行分级诊疗制度，加大农村医疗投入力度，降低二级、三级诊疗机构压力，提升医疗质量并建立良好的医疗关系[2]。医疗体制改革措施具有根本性和彻底性，目前正处于改革的推进过程中，已经取得了相当的效果。医院安保设施加强、培训医生的应急能力等措施，也取得了相当的进展。

3.我国医疗暴力的研究概况

我国学界对于医疗暴力的研究起步于21世纪初期，正是直面这一时期医疗暴力急剧增长的现实而积极展开的学术探索。

从研究领域看，主要有来自社会学、医学和法学的研究，体现了医疗暴力问题本身涉及交叉学科属性所引发的多学科关注。其中，综合采用多学科研究方法研究医疗暴力的代表作为专著《冲突与治理——中国医疗暴力的现实图景与治理策略研究》，本书对于医疗暴力进行了概念建构、空间限定，以行动者为视角探析暴力原因，反思媒介在医疗暴力信息传播中的作用，探讨医生有拒绝诊疗的权利，建议通过第三方调解淡化医疗暴力、构建医疗暴力的防控机制。最后，在中国的社会背景下诠释了医疗暴力蕴含的更广阔和更深层次的社会结构问题及其公共治理。[3]其他重要论著，有的是描述医疗暴力现象的经验性研究[4]，有的是分析医疗暴力原因的理论[5]，有的侧重于医疗暴力治理的对策研究，[6]还有如前所述《冲突与治

---

〔1〕 See Yip W. & Hsiao W. et al., *Early Appraisal of China's Huge and Complex Health Care Reforms*, Lancet 2012, 379: 833-42.

〔2〕 See Meng Q., Xu L. & Zhang Y. et al., *Trends in Access to Health Services and Financial Protection in China between 2003 and 2011: a Cross-sectional Study*, Lancet 2012, 379: 805-814.

〔3〕 参见冯磊：《冲突与治理——中国医疗暴力的现实图景与治理策略研究》，科学出版社2017年版。

〔4〕 例如，陈祖辉：《广州市医院工作场所医疗暴力流行病学研究》，南方医科大学2011年博士学位论文。

〔5〕 例如，李玲、江宇：《如何解决暴力伤医问题》，载《求是》2014年第9期，第55-57页。

〔6〕 例如，王海容等主编：《医疗暴力防控的法治方略研究》，浙江工商大学出版社2019年版。

理——中国医疗暴力的现实图景与治理策略研究》关于“现象—原因—对策”的综合研究。

其中，刑事法学的研究针对的是医疗暴力可能涉及的定罪量刑问题，在解释论和立法论的维度分别展开。[1]但是，现有研究主要是传统的规范分析，未能真正关照司法实践的真实样貌，未能充分利用裁判文书和典型案例资源形成的实证依据，未能发掘医疗暴力治理中刑事政策的作用和意义，未能有效分析刑事政策与刑法规范对于医疗暴力的惩治如何实现互动。

二、医疗暴力在刑事政策层面的治理

在医疗暴力治理的“金字塔”模型中，法律的治理居于金字塔的顶端；在法律体系内部作进一步细分，医疗法、侵权责任法、刑法等多个部门法共同组成了法律规制的结构体系，刑法作为“一切部门法最后的法”处于该金字塔的最顶端，受到各国的普遍重视，各国对于医疗暴力罪刑规范的制定和适用受其刑事政策的指导和约束。

（一）刑事政策与刑法规范的互动

建设健康中国是我国的国家战略，中共中央、国务院于2016年发布的《“健康中国2020”规划纲要》规定：“推进健康中国建设，是全面建成小康社会、基本实现社会主义现代化的重要基础，是全面提升中华民族健康素质、实现人民健康与经济社会协调发展的国家战略。”战略目标之一是“健康领域治理体系和治理能力基本实现现代化”，体现为第25章“加强健康法治建设”，具体包括加强健康领域的立法和修订工作，强化政府监管职责等。

---

〔1〕 例如，林维：《聚众扰乱医疗秩序的定性》，载《人民司法》2015年第22期，第12-15页；章昌志：《“医闹”行为的法律抗制》，载《北京警察学院学报》2015年第6期，第24-29页。

建设健康中国的公共政策作为顶层设计，指导具体的治理手段，刑法作为重要的治理手段之一，受公共政策中刑事政策的指导。以刑事政策为指针，刑法的立、改、废以社会生活的需要与变化为先导。〔1〕

"刑事政策"的概念最早由克斯洛德提出，被认为是立法者根据各个国家的具体情况所采取的预防犯罪、保护公民自然权利的措施。费尔巴哈基于心理强制的基本立场，强调刑事政策是国家预防犯罪的措施总和。〔2〕在古典刑法时代，坚持严格的罪刑法定主义，刑事政策不能成为刑事司法的依据，只能指导刑事立法。随着刑事实证学派兴起，注重对犯罪人个体原因的分析，倡导刑罚的个别化，形成了刑法刑事政策化的倾向。新社会防卫论是当代刑事政策的主要流派。马克·安塞尔强调继续坚守罪刑法定，主张在保护个人权利的同时，重视防卫社会需要，刑事政策也是一国公共政策的组成部分，是关于公共政策与预防犯罪的一门科学，刑事政策会受到公共政策的影响和指引。〔3〕

刑事政策与刑法相伴相生，呈现互动关系。一方面，刑法的刑事政策化，是指在刑法中贯彻刑事政策的内容，刑法作为落实与实现刑事政策的工具，应具有变化的趋向；另一方面，刑事政策的刑法化，是指刑事政策进入刑法中必须接受规范性检验来实现应变性目的，强调刑法对刑事政策的制约，刑事政策也应当有规范和稳定的面向，其实质是刑事政策的法治化命题。后者描述的是动态的刑事立法过程，前者则是这一立法过程的结果。〔4〕刑事政策指导刑法，刑法反过来对刑事政策具有制约作用，无论刑事政策如何调节和影响刑法的运作，刑法永远是刑事政策不可逾越的樊

---

〔1〕 参见卢建平:《刑事政策与刑法关系的应然追求》，载《法学论坛》2007年第3期，第62页。

〔2〕 参见[法]米海依尔·戴尔玛斯—马蒂:《刑事政策的主要体系》，卢建平译，法律出版社2000年版，第1页。

〔3〕 参见马克昌主编:《近代西方刑法学说史》，中国人民公安大学出版社2008年版，第485-497页。

〔4〕 参见陈兴良:《刑法的刑事政策化及其限度》，载《华东政法大学学报》2013年第4期，第4页。

篱。因为刑法和刑事政策之间存在重大差别，这些差别决定了刑法的刑事政策化应有合理的限制，不能把刑法变为刑事政策。[1]因此，刑事政策与刑法在彼此独立、分属不同范畴的同时，也应实现良性互动，这种互动既体现在立法层面，又体现在司法层面。可以通过具体的规制领域，如医疗领域，对于二者的互动予以落实和检验，成为“刑事政策精准化”[2]的重要研究样本。

（二）域外关于医疗暴力犯罪的典型立法

比较法的研究发现，尽管各国医疗暴力的实际样态和法律体系存在差异，但是在重视医疗暴力治理的国家，通常会运用刑事手段将医疗暴力明确予以犯罪化并加强惩治。以近年来修订的立法为例，2019年《俄罗斯联邦刑事诉讼法》第151条对“保护患者和医务人员的生命和健康”进行修订。国家杜马卫生保健委员会主席认为，该条例修订的重要意义在于，首次标志性出现了“妨碍提供医疗服务”的字样。2019年9月，印度公布了一项法律草案，规定对医师及其他医务人员实施暴力的，处3～10年有期徒刑，并处2万～10万卢比罚金；破坏医疗设施的，最高判处5年有期徒刑和50万卢比罚金。2018年，英国明确规定攻击医护人员的，监禁刑期将增加一倍。此前，英国于2009年修正《英国刑事司法与移民法》，增设了“在国民健康服务机构内滋扰行为”这一犯罪，还赋予医护人员使用合理强制力驱离滋扰分子的权利。澳大利亚昆士兰州也有类似规定，暴力袭击医护人员可能导致最高14年有期徒刑。[3]

---

〔1〕 参见张永红：《刑法的刑事政策化论纲》，载《法律科学（西北政法学院学报）》2004年第6期，第65页。

〔2〕 车浩：《刑事政策的精准化：通过犯罪学抵达刑法适用——以疫期犯罪的刑法应对为中心》，载《法学》2020年第3期，第49页。

〔3〕 参见张晓旭：《在分析16个国家的法规政策后，我们看到了治理医疗暴力的“金字塔”模型》，载动脉网2020年1月2日，https://vcbeat.top/ODBlNzBhYzY1YjQyODkwZjhjNjA0OGQxYmM4NDUwNWY=，最后访问日期：2020年5月30日。

在美国，绝大多数州（接近90%）专门规定了对于医务人员特别保护的刑法规范。医护人员遭受袭击，类似于警察或者消防员遭袭，构成犯罪的等级和判处的刑罚均会提高。大体而言，“企图伤害”行为（assault），若被害人是医务人员，则从二级轻罪上升为一级轻罪；“殴击”行为（battery），若被害人是医务人员，则从一级轻罪上升为三级重罪；“加重企图伤害”行为（aggravated assault），若被害人是医务人员，则从三级重罪上升为二级重罪；“加重殴击”行为（aggravated battery），若被害人是医务人员，则从二级重罪上升为一级重罪。[1]

（三）我国治理医疗暴力相关刑事政策

我国医疗暴力治理涉及的政策法规包括卫生体制改革相关意见、行政规章（如《医疗事故处理办法》）、行政法规（如《医疗事故处理条例》）、法律（如《民法典》）、多部门联合发文（如《关于加强医疗纠纷人民调解工作的意见》）、维护医疗秩序的专项文件等。

关于医疗暴力治理的公共政策，有研究尝试运用公共政策变迁中的间断均衡理论来解释。所谓间断均衡理论，是指政策在长期稳定以后会有一个急剧的改变，然后进入一个稳定期。该理论模型强调政策图景和政策场域对政策变迁的影响。[2]该研究以2019年为截止时间，将医疗暴力治理政策的非渐进式变迁划分为五个阶段：第一，初步形成阶段（20世纪80年代～2001年），以1992年原卫生部《关于深化卫生改革的几点意见》为标志，我国对医疗进行市场化改革，医疗纠纷显著增加。第二，医疗暴力事件激增后的政策增加阶段（2002年），因一系列医疗暴力案件成为社会热

---

〔1〕 参见王禄生：《美国医院暴力数据分析及法律应对》，载澎湃新闻，https://m.thepaper.cn/newsDetail_forward_5381131，最后访问日期：2021年6月30日。

〔2〕 参见王海容等主编：《医疗暴力防控的法治方略研究》，浙江工商大学出版社2019年版，第74-75页。

点，产生了第一次政策间断，国务院颁布《医疗事故处理条例》。第三，渐进形成阶段（2003～2011年），新闻媒体对医疗暴力和医疗纠纷的报道加剧了医患矛盾。2009年中共中央、国务院发布《关于深化医药卫生体制改革的意见》，要求加强医疗纠纷调解力度；2010年《侵权责任法》专门规定了医疗过错责任。第四，被焦点事件触发的专项政策激增阶段（2012～2013年），“医闹”和恶性医疗暴力事件的发生使得大众对专项政策的需求和医疗界的维权呼声越发高涨。2012年原卫生部、公安部联合发布《关于维护医疗机构秩序的通告》，2013年原卫生计生委、公安部、原中央综治办等11个部门联合发布《关于维护医疗秩序打击涉医违法犯罪专项行动方案》等。第五，打击力度持续增强阶段（2014～2019年），多起恶性医疗暴力事件成为公众关注焦点。在前一阶段专项打击行动的基础上，2014年公安部发布《公安机关维护医疗机构治安秩序六条措施》，最高人民法院等五部门联合发布《关于依法惩处涉医违法犯罪维护正常医疗秩序的意见》等。〔1〕

2020年6月1日实施的《基本医疗卫生与健康促进法》对于构建和谐医患关系、尊重并保护医务人员进行了专门规定。〔2〕最新的治理政策，与2019年年底爆发并席卷全球、持续至2021年年初，被世界卫生组织界定为国际关注的突发公共卫生事件的新冠疫情有关。疫情期间，有关部门发布了《关于做好新型冠状病毒肺炎疫情防控期间保障医务人员安全维护良好医疗秩序的通知》等多个司法文件，各级法院、检察院发布多批典型案例，

---

〔1〕 参见王海容等主编：《医疗暴力防控的法治方略研究》，浙江工商大学出版社2019年版，第75-90页。

〔2〕 第33条第2款规定：“公民接受医疗卫生服务，应当遵守诊疗制度和医疗卫生服务秩序，尊重医疗卫生人员。”第57条规定：“全社会应当关心、尊重医疗卫生人员，维护良好安全的医疗卫生服务秩序，共同构建和谐医患关系。医疗卫生人员的人身安全、人格尊严不受侵犯，其合法权益受法律保护。禁止任何组织或者个人威胁、危害医疗卫生人员人身安全，侵犯医疗卫生人员人格尊严。国家采取措施，保障医疗卫生人员执业环境。”第105条规定：“违反本法规定，扰乱医疗卫生机构执业场所秩序，威胁、危害医疗卫生人员人身安全，侵犯医疗卫生人员人格尊严，……构成违反治安管理行为的，依法给予治安管理处罚。”第106条规定：“违反本法规定，构成犯罪的，依法追究刑事责任；造成人身、财产损害的，依法承担民事责任。”

其中，除了与疫情直接相关的妨害传染病防治罪等以外，还将疫情期间医疗机构的秩序和医务人员的安全放到了高度重视的位置。

从治理政策的变迁过程可以看出，2012年以前相关治理政策侧重于医疗体制改革本身和医疗纠纷解决，并未直接针对医疗暴力，尤其是未对可能构成犯罪的严重暴力进行明确的刑事规制，制定专门的政策。2012年以后开始出台专门刑事治理政策，由“哈尔滨医科大学附属第一医院恶性伤医事件”触发，以及其后一系列恶性伤医事件不断引起重视，多个部门不断发布“专项行动”“通知”“意见”等，加大对医疗暴力的打击力度，频率大致为每年一至二份，但在新冠疫情期间发布频率急剧增快。刑事政策整体上呈现从严打击医疗暴力的基本立场，只是在不同时期侧重点不同。

在医疗暴力刑事政策治理的变迁过程中，其与刑法的互动在立法和司法两个层面均有体现。在立法层面，从严打击医疗暴力的刑事政策，通过立法程序，将“医闹”明确纳入扰乱社会秩序罪的罪状之中；在司法层面，刑事政策主要内化于刑罚裁量的过程中，在罪刑法定约束下体现了从严打击的基本立场（见表8-1）。

表8-1 治理医疗暴力相关政策文件（1986～2020年）

序号	名称	发布时间	发布单位	重点或亮点
1	《关于维护医院秩序的联合通告》	1986年10月30日	原卫生部、公安部	对寻衅滋事、打砸医院、殴打医务人员的行为给予治安管理处罚或追究刑事责任
2	《关于加强医疗机构治安管理维护正常诊疗秩序的通知》	2001年8月3日	原卫生部、公安部	对医疗机构内发生的刑事、治安案件要及时出警、快侦快办，构成犯罪的要及时移送审查起诉
3	《关于维护医疗机构秩序的通告》	2012年5月1日	原卫生部、公安部	首次列举六类医疗暴力行为

续表

序号	名称	发布时间	发布单位	重点或亮点
4	《关于维护医疗秩序打击涉医违法犯罪专项行动方案》	2013年12月20日	最高人民法院、最高人民检察院、公安部、原卫计委等11个部门	严厉打击职业“医闹”，健全警医联动、联防联控机制
5	《关于依法惩处涉医违法犯罪维护正常医疗秩序的意见》	2014年4月22日	最高人民法院、最高人民检察院、公安部、司法部、原卫计委	首次针对六类医疗暴力列明构成的罪名
6	《关于深入开展创建“平安医院”活动依法维护医疗秩序的意见》	2015年8月12日	最高人民法院、最高人民检察院、公安部、司法部等11个部门	开展涉医矛盾隐患排查，提高医疗机构安全防范能力
7	《关于进一步做好维护医疗秩序工作的通知》	2016年3月24日	原卫计委、原中央综治办、公安部、司法部	提高涉医事件现场处置能力，做好涉医案事件信息发布预案
8	《关于严厉打击涉医违法犯罪专项行动方案》	2016年6月30日	最高人民法院、最高人民检察院、公安部、原卫计委等9个部门	提出“医警对接”模式，明确规定了对正在实施伤害医务人员行为的，必要时可使用武器、警械
9	《关于依法惩治妨害新型冠状病毒感染肺炎疫情防控违法犯罪的意见》	2020年2月6日	最高人民法院、最高人民检察院、公安部、司法部	严惩十一类妨害疫情防控的违法犯罪行为，第二类为医疗暴力
	《关于做好新型冠状病毒肺炎疫情防控期间保障医务人员安全维护良好医疗秩序的通知》	2020年2月7日	卫健委、最高人民法院、最高人民检察院、公安部	疫情防控关键期，从快、从严；符合判处重刑及死刑条件的，坚决依法判处

续表

序号	名称	发布时间	发布单位	重点或亮点
	《关于政法机关依法保障疫情防控期间复工复产的意见》	2020年2月25日	中央政法委、最高人民法院、最高人民检察院、公安部、司法部	严厉打击妨害疫情防控、复工复产违法犯罪，依法严惩扰乱医疗秩序、防疫秩序的行为
	《依法惩治妨害国境卫生检疫违法犯罪的意见》	2020年3月13日	最高人民法院、最高人民检察院、公安部、司法部、海关总署	重点打击妨害国境卫生检疫罪

第二节　刑事政策与“医闹”刑法立法的互动

刑法理论通常认为，刑事政策作为合理组织对犯罪的反应，对刑法的指导作用主要体现在立法层面。费尔巴哈主要是把刑事政策当作一种立法政策，强调了刑事政策对于刑事立法的指导作用。[1]德国刑法学家冯·李斯特作为该方向的奠基人，引领了刑事立法和刑法改革运动近百年来的深入开展。[2]

我国2015年《刑法修正案（九）》对“聚众扰乱社会秩序罪”的修订，正是在维护医疗秩序、从严打击“医闹”政策指引下作出的。本节首先研究该修订在理论上所体现的刑事政策与刑法立法的关系，其次对比分析《刑法修正案（九）》实施前后惩治“医闹”犯罪的情况，最后反思和评价这一修订。

---

〔1〕［德］安塞尔姆·里特尔·冯·费尔巴哈：《德国刑法教科书》，徐久生译，中国方正出版社2010年版，第28页。

〔2〕参见车浩：《刑事政策的精准化：通过犯罪学抵达刑法适用——以疫期犯罪的刑法应对为中心》，载《法学》2020年第3期，第49-50页。

一、刑事政策和刑法立法的关系

在立法层面，刑事政策和刑法的关系体现为，通过立法活动将刑事政策的内容贯彻到刑法条文中（刑法刑事政策化），制定（修订）的刑法条文是对刑事政策的确认（刑事政策刑法化）。刑事政策的立法化是将实质合理性转化为形式合理性的过程，立法者通过立法活动，将实质的价值需求以法条形式体现出来。

自1979年7月1日《刑法》通过以来，“我国开始了刑法的刑事政策化的立法进程”〔1〕。1979年《刑法》第1条明确规定惩办与宽大相结合是刑法制定的根据；1983年开始实施“严打”刑事政策，从“严打”开始至1997年《刑法》修订，制定单行刑法24部，增设罪名数十个，死刑罪名大大增加；2005年提出“宽严相济”刑事政策，在司法实践中获得认可以后，立法层面自2011年《刑法修正案（八）》以后在“宽”和“严”两个维度均有所体现。

刑事政策对刑法立法的指导和调节应当是适度和必要的，在刑法许可的范围内进行而不能取代刑法。因此，关于刑事政策刑法化的合理限度，陈兴良教授提出了应当处理好的三对关系，即消解刑法的稳定性与刑事政策的变动性之间的矛盾、协调刑法的规范性与刑事政策的价值性之间的关系、对接刑法的公正性与刑事政策的功利性。〔2〕具体而言，刑事政策指导刑法的制定和修改主要体现为：划定打击范围、确定打击重点、设定打击程度、选定打击方式〔3〕；刑法立法接受刑事政策指导的途径来自刑

---

〔1〕 陈兴良：《刑法的刑事政策化及其限度》，载《华东政法大学学报》2013年第4期，第5页。

〔2〕 参见陈兴良：《刑法的刑事政策化及其限度》，载《华东政法大学学报》2013年第4期，第12-15页。

〔3〕 参见储槐植：《刑事政策的概念、结构和功能》，载《法学研究》1993年第3期，第56页。

事司法的信息反馈和来自社会状况的信息反馈[1]，具体方式包括将刑事政策直接规定为刑法条文，或者将刑事政策总的精神贯穿于刑法立法的各个方面[2]。

刑事政策对社会生活具有高度敏感性，决策过程相对于立法程序更为简便。自2012年以来，由一系列社会焦点事件的触发，多个部门联合发文维护医疗秩序，《关于维护医疗机构秩序的通告》《关于维护医疗秩序打击涉医违法犯罪专项行动方案》《关于依法惩处涉医违法犯罪维护正常医疗秩序的意见》《关于深入开展创建“平安医院”活动依法维护医疗秩序的意见》，均涉及对“医闹”，尤其是职业“医闹”的严厉打击。以上刑事政策是刑法直面医患关系和医疗秩序的现实进行的及时调整，2015年《刑法修正案（九）》在《刑法》第290条第1款“聚众扰乱社会秩序罪”的罪状表述中增加“医疗”二字，即是最直接明确的回应。该修改是我国近年来刑事政策对刑法立法产生重大影响、使得刑法频繁修改的典型适例，一方面，体现了刑法立法对于保护医疗秩序的高度重视；另一方面，也反映了我国刑事政策价值的实现过度依赖刑法规范。

二、《刑法修正案（九）》前后惩治“医闹”的实证分析

（一）“医闹”惩治的刑法依据

2015年11月1日《刑法修正案（九）》施行以前，我国刑法条文中并无关于“医闹”的罪名和罪刑规范，但是，这并不意味着“医闹”行为不能受到刑法的制裁。本节所称的“医闹”行为以扰乱医疗场所秩序为核心，根据其具体行为特征、情节与后果，可能构成聚众扰乱社会秩序罪、寻衅

---

〔1〕 参见张永红：《刑法的刑事政策化论纲》，载《法律科学（西北政法大学学院学报）》2004年第6期，第67页。

〔2〕 参见马克昌：《中国刑事政策学》，武汉大学出版社1993年版，第85页。

滋事罪、故意伤害罪等不同罪名。有观点认为,《刑法》第293条寻衅滋事罪是《刑法修正案(九)》施行以前惩治"医闹"最有针对性的条款。[1]第293条第1款第4项规定了"在公共场所起哄闹事,造成公共场所秩序严重混乱",《关于办理寻衅滋事刑事案件适用法律若干问题的解释》第5条对"公共场所"的解释包括了医院。然而,"医闹"行为涉及的罪名并不限于寻衅滋事罪,公安部、司法部、原卫计委联合发布的《关于依法惩处涉医违法犯罪维护正常医疗秩序的意见》列举了"医闹"的具体行为方式,故意毁损公私财物,在医疗机构私设灵堂、摆放花圈、焚烧纸钱、悬挂横幅、堵塞大门或者以其他方式扰乱医疗秩序,在医疗机构的病房及公共开放区域违规停放尸体,影响医疗秩序等,造成严重后果或者情节严重的,构成聚众扰乱社会秩序罪、聚众扰乱公共场所秩序、交通秩序罪、寻衅滋事罪等。

尽管刑法上已有可供适用的罪名及相应的司法解释和政策文件等,但是,在"医闹"最为激烈和突出、焦点事件频发之时,公众和舆论纷纷提议针对"医闹"设置专门罪名,人大代表呼吁增设"暴力妨碍医疗工作罪""暴力伤医、侮辱医务人员罪"等罪名。[2]《刑法修正案(九)》对聚众扰乱社会秩序罪的修改,可以视为刑事政策接受社会信息的反馈在立法上作出的回应。

(二)《刑法修正案(九)》前后各五年内惩治"医闹"的对比分析

正如本书第二章第二节关于"医闹"刑事纠纷的实证分析所显示的,在检索范围内,经甄别整理合计104份刑事判决书,涉及罪名主要有妨害公务罪,寻衅滋事罪,组织、领导、参加黑社会性质组织罪,聚众扰乱社会秩序罪,故意伤害罪,聚众斗殴罪和敲诈勒索罪。

---

〔1〕 参见顾加栋:《医疗领域聚众扰乱社会秩序罪适用的几个问题》,载《中国卫生事业管理》2016年第5期,第390页。

〔2〕 参见孙乾:《人大副委员长建议"医闹"犯罪纳入刑法》,载《京华时报》2014年11月2日,第4版。

尽管案件检索的时间范围为“1997年10月1日～2020年12月31日”，但是，1997～2007年并未检索到相关案件。考虑到《刑法修正案（九）》于2015年11月1日施行，至2020年12月31日约五年时间，故以2015年11月1日为分界，同样向前追溯约五年的时间，即2010年1月1日～2015年10月31日，对前后两个五年间“医闹”的惩治情况进行分析。

统计显示，“2010年1月1日～2015年10月31日”，共检索到“医闹”案件36件，其中，构成聚众扰乱社会秩序罪21件，占比56.76%；寻衅滋事罪8件，占比21.62%；妨害公务罪4件，占比10.81%；故意伤害罪3件〔1〕，占比8.11%。

在“2015年11月1日～2020年12月31日”，共检索到“医闹”案件65件，其中，构成聚众扰乱社会秩序罪25件，占比38.46%；寻衅滋事罪21件，占比32.31%；妨害公务罪13件，占比20.00%；故意伤害罪3件，占比4.62%；同时构成聚众扰乱社会秩序罪和故意伤害罪1件，占比1.54%；同时构成聚众斗殴罪和寻衅滋事罪1件，占比1.54%；同时构成组织、领导、参加黑社会性质组织罪和寻衅滋事罪1件，占比1.54%。〔2〕

从前后五年两个时间段的对比来看，案件数量有了较大增长，2015年11月1日以后五年内审理的“医闹”案件数量约为此前五年的两倍。从罪名分布看，聚众扰乱社会秩序罪、寻衅滋事罪、妨害公务罪、故意伤害罪为两个阶段均存在且所占比例居前四位的犯罪，后一阶段还有案件成立新的罪名，即聚众斗殴罪和组织、领导、参加黑社会性质组织罪。其中，构成聚众扰乱社会秩序罪的案件数量最多，占比最高，但是，所占的比例从前一阶段的56.76%下滑到38.46%（见图8-2）。

---

〔1〕 在“刘某某医闹案”中，被告人构成聚众扰乱社会秩序罪和故意伤害罪，实行数罪并罚，统计时分别列入以上两个罪名。参见（2015）东刑初字第58号刑事判决书。

〔2〕 在检索范围内，“胡某某等医闹案”数罪并罚，参见（2017）豫1422刑初263号；“谭某某等医闹案”数罪并罚，参见（2018）湘04刑终217号；“王某某、曾某某等医闹案”数罪并罚，参见（2020）湘0581刑初148号。

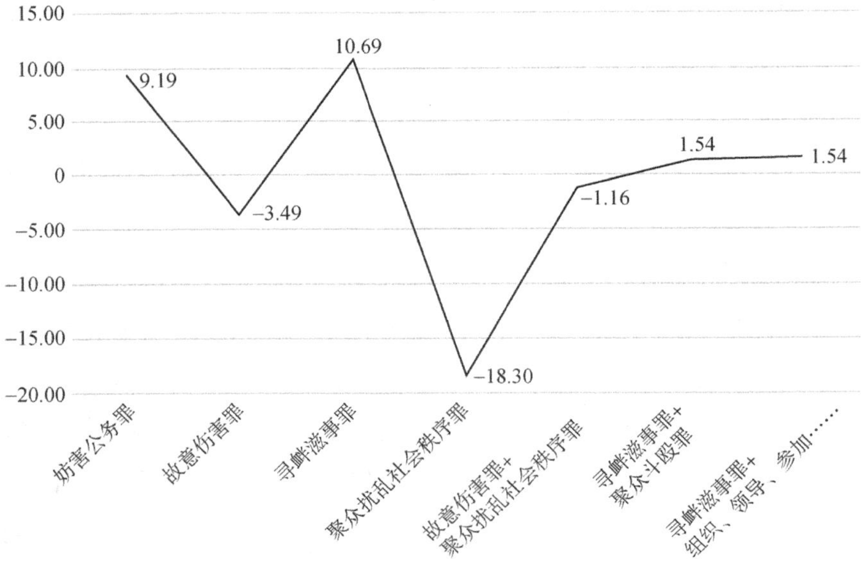

图8–2　2015年11月1日前后五年内判决罪名差异占比及趋势

从以上对比分析可以看出,《刑法修正案(九)》在聚众扰乱社会秩序罪的罪状中新增"医疗"二字,对于"医闹"行为的惩治并未产生实质性的改变,即使《刑法》没有进行修订,刑事司法中对于符合构成要件的"医闹"行为也可以按照聚众扰乱社会秩序罪或者其他相关罪名追究刑事责任,从起诉罪名和判决罪名的实证分析也可以看出,控方和审判方对于该罪名的适用也不存在分歧。

因此,对于这一修订,需要从刑事政策对于刑法立法的导向和指引、刑法修订的价值取向和基本立场展开进一步的反思。

三、"医闹"刑事立法明确化的评价与反思

(一)"医闹"明确化的理论争议

《刑法修正案(九)》在聚众扰乱社会秩序罪的罪状中增加"医疗"二

字，被舆论称为“医闹入刑”，获得了广泛的肯定。[1]然而，“入刑”的表述有引人误解此前“医闹”不在刑法的规制范围内、不作为犯罪处理之嫌，因而，准确的界定应当是“医闹”在刑事立法中的明确化。

对于这一修订，与大众和舆论普遍持肯定态度不同，理论界存在较为激烈的争议。有反对者认为，“医闹”的修订属于应急性立法，会助长刑法修正的随意性，影响立法的统筹性。将“医疗”秩序与“工作”秩序并列，改变二者的种属关系，会导致对“工作”秩序只能作狭义解释，若未来在交通、旅游等领域出现聚众扰乱社会秩序的行为，则又须进行刑法修正[2]。这样过于追求精细的立法会导致刑法条文的臃肿、琐碎和不安定。[3]相反，支持者则认为，“医闹”在刑法中予以明确具有正当性和必要性，体现了我国立法为民的法治原则，以贝卡利亚的经典表述“刑罚的延续性比强烈性给人心灵造成的影响更大”来说明“医闹”明确立法化的威慑性以及控制矛盾的作用。[4]在社会生活中，通常将“科教文卫”事业并列，在聚众扰乱社会秩序罪中已经规定了“教学”“科研”秩序的前提下，再增加“医疗”秩序更能体现刑法条文的周密性。[5]

（二）刑事立法活跃化的评价

《刑法修正案（九）》对于聚众扰乱社会秩序罪进行修订，将“医闹”明确纳入其中，折射出我国近年连续颁布十一个刑法修正案，刑事立法活动

---

〔1〕 参见马天钦：《人民网评：“医闹”入刑，用法治涵养医患关系》，载人民网2015年9月1日，http://opinion.people.com.cn/n/2015/0901/c1003-27536636.html，最后访问日期：2021年6月30日。

〔2〕 参见齐文远：《我国刑法完善应当遵循的几个原则——以“刑法修正案”为主要视角》，载《法治研究》2017年第5期，第20页。

〔3〕 参见熊永明：《我国罪名建言热潮之隐忧及其批判》，载《法学评论》2015年第6期，第114页。

〔4〕 参见荣光存、杨芳：《刑法治理“医闹”的有限性及“医闹”的治本之策》，载《医学与法学》2016年第5期，第27页。

〔5〕 参见尤金亮：《“医闹”入刑的司法适用研究》，载《南京医科大学学报（社会科学版）》2016年第2期，第121页。

活跃、刑法修订频繁、刑事犯罪圈不断扩张的趋势和现象。

对于我国晚近以来的这一立法趋势，理论界批评认为，这属于明显的“情绪立法”[1]、“民意支配”、“风险驱动”、“象征主导”[2]。刘艳红教授明确指出，这是由于我国社会文化存在过度迷信和依赖刑法的“立法情结”“新罪情结”，她反对为防治风险而扩大犯罪圈的做法。[3]刘艳红教授进一步指出，象征性的刑法立法过多服务于安全的目的而损害法益保护功能，谦抑性不足而损害人权保障功能，执行不足而损害实用主义功能。[4]在《刑法修正案（十一）》通过以后，刘艳红教授全面总结了我国制定的十一部刑法修正案，认为如此频繁的刑事立法体现了积极预防性刑法观，是风险社会中各国立法尤其是德日立法活跃化的中国反映。对此，不但要反思积极预防性刑法观对法益保护主义的冲击，还要警惕其是否“过于积极”。总而言之，刑事立法对于过于积极的犯罪预防，必须厘定其边界。[5]

同时，有学者对于我国活跃的刑事立法，特别是《刑法修正案（九）》总体持肯定态度。有观点认为，《刑法修正案（九）》根据我国社会形势发展，坚持宽严相济的刑事政策，问题意识和立法创新方面有了较大的发展，整个立法过程民主、内容科学、态度审慎，具有科学性。[6]也有观点认为，《刑法修正案（九）》为我国刑事立法贡献了平衡性思维，其概念和结构源于“关系刑法论”，从刑法的外部关系和内部关系两个维度的平衡性进行

[1] 刘宪权：《刑事立法应力戒情绪——以〈刑法修正案（九）〉为视角》，载《法学评论》2016年第1期，第86页。

[2] 邵博文：《晚近我国刑事立法趋向评析——由〈刑法修正案（九）〉展开》，载《法制与社会发展》2016年第5期，第131页。

[3] 参见刘艳红：《我国应该停止犯罪化的刑事立法》，载《法学》2011年第11期，第114页。

[4] 参见刘艳红：《象征性立法对刑法功能的损害——二十年来中国刑事立法总评》，载《政治与法律》2017年第3期，第45－47页。

[5] 参见刘艳红：《积极预防性刑法观的中国实践发展——以〈刑法修正案（十一）〉为视角的分析》，载《比较法研究》2021年第1期，第71－72页。

[6] 参见赵秉志、袁彬：《中国刑法立法改革的新思维——以〈刑法修正案（九）〉为中心》，载《法学》2015年第10期，第23页。

立法检视，回归“整体刑法学”。[1]有学者从刑法的谦抑性展开，对于批评我国刑事立法是象征性立法、积极刑法观的观点进行了批判，认为刑事立法的谦抑性应当在于犯罪化的静态扩张，刑事司法的谦抑性在于犯罪化的动态限缩，二者并行不悖、张弛有度，方能真正实现刑法的现代化。[2]

（三）“医闹”明确化的反思

将“医闹”的刑事立法明确化置于我国刑事立法活跃的整体潮流之中，以《刑法修正案（九）》施行前后各五年间惩治“医闹”的司法实践为依据，对于该修订可以从必要性和实效性两个方面展开反思。

1.“医闹”明确化与民意

民意对于近年来我国刑事立法不断扩张犯罪圈具有重要的影响。民意是民众或者舆论普遍性和代表性的看法、意愿，但是其也包含了非理性因素，科学的刑事立法应当对民意或者舆论保持理性，在尊重民意的基础上超越民意，而不能屈从、盲从民意，屈从和盲从极易导致情绪化立法。

在“医闹”问题上，由于医疗知识的高度专业性和医疗活动高度参与性，民众更为关注、民意的作用尤为凸显。在关于医疗暴力的社会学研究中，医疗暴力信息传播的媒介框架是一个重要议题。传媒在涉及医疗暴力的公共政策建构中，具有解释、论证、宣传，以及一定程度上调停冲突、缓和医患关系的功能，通过积极设定议题、解释政策、传达诉求、回应民众期待等方式，建立各方之间沟通的桥梁。在此过程中，构建更为理性的医疗暴力治理政策、吸收更开放的完善建议。[3]在民意的传达过程中，既有来

---

〔1〕 参见马荣春、刘晓霞：《平衡性立法思维：〈刑法修正案（九）〉的立法贡献》，载《中国刑事法杂志》2016年第4期，第7–9页。

〔2〕 参见田宏杰：《立法扩张与司法限缩：刑法谦抑性的展开》，载《中国法学》2020年第1期，第166页。

〔3〕 参见冯磊：《冲突与治理——中国医疗暴力的现实图景与治理策略研究》，科学出版社2017年版，第101页。

自大众的民意，也有来自医疗界的民意，民意可以体现在政策中，但是对于最为严厉和严谨的刑法而言，民意不能取代专业和理性的判断。

《刑法修正案（九）》体现的刑事立法明确化具有浓厚的民意烙印。《刑法修正案（九）（草案）》一审稿中尚无该规定，二审稿中方才予以增加，增加的理由是："有的常委会组成人员和人大代表提出，实践中个别人以医患矛盾为由，故意扰乱医疗单位秩序，严重侵害医护人员的身心健康，损害社会公共利益，社会危害严重，应当明确规定追究刑事责任。"[1]这样的意见正是我国法传统中"刑法万能主义"的体现。但是，该修订既未充分考虑到与刑法外部（《医疗事故处理条例》《执业医师法》《治安管理处罚法》）的平衡，也未考虑到刑法内部（现有聚众扰乱社会秩序罪等罪名）的平衡，仅仅是一种"就事论事"的现象立法。作为回应风险社会的治理手段，因其便捷性和对民众情绪的安抚功能而被立法者所采用。

2."医闹"明确化与刑事政策、法教义学的解读

关于刑事政策、法教义学和立法的关系，车浩教授精准地指出，刑法教义学致力于贯通刑事政策与刑法体系之间的"李斯特鸿沟"，"在吸纳刑事政策思想的基础上，通过解释具体法律条文之间的意义脉络和原理联系，并且追溯其背后的相关法律思想，从而形成一个协调的教义学体系"[2]。笔者认为，在此基础上以犯罪学的实证研究作为依据，更能完整实现"刑事一体化"。以实证数据为依据的法教义学，能够更好地指导和评估立法理念和立法技术。

"医闹"明确化体现了此前相关政策文件从严打击的刑事政策思想，对"聚众扰乱社会秩序罪"进行法教义学分析，"社会秩序"包括"医疗秩

〔1〕《〈刑法修正案（九）草案〉进入二审》，载中国人大网，http://www.npc.gov.cn/zgrdw/npc/xinwen/lfgz/2015-06/25/content_1939400.htm，最后访问日期：2021年6月30日。

〔2〕车浩：《刑事立法的法教义学反思——基于〈刑法修正案（九）〉的分析》，载《法学》2015年第10期，第4页。

序”系当然解释，“医疗”与“工作、生产、营业、教学、科学”等社会秩序的一部分具有质的一致性。“聚众扰乱社会秩序罪”的罪状中增加“医疗”二字，既不是增设罪名，也不是扩大构成要件，仅系注意性规定。此外，对于以扰乱社会秩序为核心特征的医闹行为，寻衅滋事罪、妨害公务罪、故意伤害罪等罪名共同组成了严密的刑法治理体系。

对于《刑法修正案（九）》施行前后五年间“医闹”犯罪判决书的实证研究显示，无论是否在“聚众扰乱社会秩序罪”中增加“医疗”二字，实践中对于符合该罪构成要件的行为一直按照本罪定罪量刑，在适用上并不存在任何障碍和分歧。简言之，“医闹”的明确化并未导致司法实践的重大变化，不具有明显的实效性。

当然，从更广阔的范围来看，“医闹”明确化是否能缓解医患矛盾、减少扰乱医疗秩序事件的发生？例如，2016年全国医疗纠纷数量较2015年下降6.7%，人民法院受理的医疗损害赔偿案件下降7.5%，涉医违法犯罪案件下降14.1%。[1]又如，医疗界全国人大代表陈静瑜在座谈中表示：“近几年全国涉医案件数量逐年下降，严厉打击涉医犯罪、维护良好医疗秩序的效果正在逐步显现，最高人民法院等五部门2014年出台的涉医指导意见让医生群体很受鼓舞，建议司法机关继续按照该意见严格执法，将意见的规定和精神落到实处。”[2]然而，数据显示，我国医疗纠纷并非逐年递减，在部分年份减少的同时也会在其他年份出现反弹。判决中的罪名适用数量、案件实际发生数量与立法的实效性之间，不是简单的线性对应关系。更重要的是，纠纷减少的原因是多方面的，涉医犯罪成因复杂，治本之策在于综

〔1〕 参见汤琪、马学玲：《国家卫计委：全国医疗纠纷和涉医刑事案件明显减少》，载中新网，http://www.chinanews.com/gn/2017/02-23/8157543.shtml，最后访问日期：2021年6月30日。

〔2〕 李岩岩：《李少平与部分医务界全国人大代表政协委员座谈强调依法惩处涉医违法犯罪 维护良好医疗秩序》，载最高人民法院网2019年7月6日，http://www.court.gov.cn/zixun-xiangqing-168882.html，最后访问日期：2021年6月30日。

合治理，很难简单归因于“医闹”在刑事立法中的明确化。

综上所述，笔者认为，“医闹”在刑事立法中予以明确化，只是刑事政策的机械适用和民意的简单盲从，实证分析和法教义学的解读充分说明了，这一立法既无必要性，实效性也存疑，是刑法万能主义影响下的“现象式”立法、“情绪化”立法，既浪费了立法资源，又破坏了刑法的安定性，对于此类情况，未来的刑事立法应当予以重视和警惕。

第三节　刑事政策对“暴力伤医”惩治的影响

虽然从理论起源上看，刑事政策的影响主要体现在刑法立法层面，但是，在我国刑事问题从未仅局限于立法领域，从20世纪50年代的“镇压与宽大相结合”，到20世纪80年代的“严打”，再到21世纪初开始持续至今的“宽严相济”，我国的刑事政策一直在刑事司法实践中发挥强大的导向作用。

首先，本节探讨刑事政策对刑事司法的影响；其次，梳理我国“暴力伤医”犯罪的实证状况；最后，分析刑事政策对于惩治“暴力伤医”犯罪的影响。

一、刑事政策对刑事司法的影响

在刑事政策刑法化、刑法刑事政策化中，理论界通常认为可以分为立法和司法两个环节。[1]在立法环节，刑事政策指导刑事立法活动，将刑事政策贯彻于刑法立法之中所呈现出的就是刑事政策立法化的结果。在立法活动完成以后，刑事政策对于刑事司法实践的影响，在现代法治国家受

〔1〕 参见陈兴良：《刑法的刑事政策化及其限度》，载《华东政法大学学报》2013年第4期，第5页。

罪刑法定原则的约束，需要对法律的缝隙、漏洞等进行填补，机能主义司法活动需要探究法律精神并揭示规范目的，需要以刑事政策为依据。[1]有研究以风险和刑法的关系为背景，在功利主义逻辑下论证了刑事政策引入刑法规范并指导其适用的必要性和正当性，司法层面体现为刑事政策对于罪刑规范解释的重要指导功能，同时刑事政策与刑法规范的结合有助于推动刑事一体化发展。[2]

具体而言，刑事政策指导司法活动主要体现为三个方面[3]：第一，指导定罪。刑事政策在刑事司法活动中缝合法律缝隙、解释罪刑规范，基本上是通过指导犯罪成立要件的解释来实现的。我国理论界关于刑事政策与刑法规范关系的研究，重点在于刑事政策指导下的功能主义刑法解释。第二，指导量刑。在相对确定法定刑模式下，法官自由裁量权的行使必须受刑事政策指导，各国通过量刑指南、判例、行政指令等方式来影响量刑。我国制定了常见犯罪的量刑指导意见，也确立了案例指导制度。第三，指导刑事司法打击的重点。根据不同的社会形势和犯罪具体情况，确定一定阶段的打击重点和打击力度。在宽严相济刑事政策整体指导下，我国通常以专项行动方式（如“扫黑除恶”等）确定重点打击的犯罪，以公布典型案例等方式指导司法实践及开展法治宣传等。

有学者以新冠疫情期间的刑事司法活动为研究对象，开展更为具体和精致的刑事政策分析，围绕编造、传播虚假信息罪，妨害公务罪，诈骗罪和妨害传染病防治罪，探讨宽严相济刑事政策的精准化实现路径。疫情期间连续发布多个司法文件、多批典型案例以及司法机关案件数量剧增，勾勒出刑事政策的基本轮廓：整体的刑事政策受社会环境变动的影响，同时对

---

〔1〕 参见陈兴良：《刑法的刑事政策化及其限度》，载《华东政法大学学报》2013年第4期，第6页。

〔2〕 参见劳东燕：《罪刑规范的刑事政策分析——一个规范刑法学意义上的解读》，载《中国法学》2011年第1期，第127页。

〔3〕 参见张永红：《刑法的刑事政策化论纲》，载《法律科学》2004年第6期，第68页。

于不同犯罪类型还应确立细化、差异化的刑事政策，制定具体刑事政策须依赖犯罪学探析犯罪形成机理，以此为依据划定刑事政策的宽严尺度，借助法教义学指引个罪的解释及适用。[1]

以上研究进路对于讨论我国在健康中国战略指导下，加强健康法治建设，维护医疗秩序、建设平安医院、打击涉医犯罪具有重要的参考价值。

二、我国惩治“暴力伤医”的实证分析

（一）裁判文书反映的总体特点和典型案例

如本书第二章第二节对于“暴力伤医”裁判文书所作的内容分析所显示的，以“报复医护”“报复医生”“杀害医护”“杀害医生”“杀医”“伤害医护”“伤医”等为关键词，采取多维度关键词、多数据库同步检索方式，自1997年《刑法》实施以来至2020年12月31日，经甄别和分析，合计整理出72份与“暴力伤医”有关的刑事裁判文书。在该期间，我国暴力伤医案件总体呈上升趋势，2015～2016年上升趋势尤为明显，其中2016年案件数量达到顶峰。2017年案发数量有所下降，但在2018年之后再次上升。行为人多为单人有预谋作案，采取持刀砍杀、殴打、自制炸弹、放火等严重暴力方式，造成医护人员伤亡乃至于多名医护人员伤亡的严重后果，判处的重罪罪名主要有故意杀人罪、故意伤害罪、放火罪等，判处死刑案件10起，占比达到14.49%。在裁判文书说理部分，超过半数文书强调了维持医疗秩序，但是，没有文书单独分析或者强调惩治暴力伤医的重要性。

典型案例，如“连某某暴力伤医案”[2]。连某某在温岭市第一人民医院接受鼻部手术治疗后，感到术后效果不佳，多次到医院投诉。2013年10月

---

〔1〕 参见车浩：《刑事政策的精准化：通过犯罪学抵达刑法适用——以疫期犯罪的刑法应对为中心》，载《法学》2020年第3期，第52页。

〔2〕（2013）浙台刑一初字第68号；（2014）浙刑一终字第50号；（2014）刑一复73817696号。

25日，连某某携带榔头和尖刀来到温岭市第一人民医院行凶，致该院医生1死2伤。台州市中级人民法院判决连某某犯故意杀人罪，处死刑，剥夺政治权利终身，二审维持原判，最高人民法院核准，已执行死刑。本案引起民众的广泛关注和医界的极大愤慨，案发一个月以后原国家卫计委、公安部、原中央综治办联合发布《关于维护医疗秩序打击涉医违法犯罪专项行动方案》，于2013年12月～2014年12月开展专项行动。该案同时被“两高”公布为典型案例。

再如，“孙某某暴力伤医案”[1]。被告人孙某某95岁的母亲患病住院，在被第一家就诊医院下达病危通知书以后转院至北京市民航总医院。孙母经急诊诊治未见好转，被留院观察。孙某某认为其母未好转与首诊医生杨某的诊治有关，遂对杨某怀恨在心，随身携带一把尖刀声称要报复杨某，并多次拒绝医院对孙母作进一步检查和治疗。在杨某向孙某某介绍孙母的病情时，孙某某突然从腰间拔出尖刀，当众持刀反复切割杨某颈部致杨某倒地，后又不顾他人阻拦，再次持刀捅刺杨某颈部，致杨某颈髓横断合并创伤失血性休克死亡。孙某某作案后用手机拨打110报警投案。尽管孙某某具有自首情节，但是，因其犯罪危害性极大，未对其作从轻处罚，判处死刑立即执行。在案发后不到四个月的时间内，于2020年4月3日依法执行死刑。

该案因“犯罪动机卑劣，手段特别残忍，性质极其恶劣，社会危害性极大”引起了民众的愤慨，入选最高人民法院典型案例，同时被中国人民大学刑事法律科学研究中心收入“2020年中国十大刑事案件”。

（二）“两高”工作报告涉及的相关内容

2013年“连某某暴力伤医案”触发了我国打击暴力伤医专项政策激增

[1] （2020）京03刑初9号。

并进入持续加强期。此后，自2014年以来，每年“两高”向全国人大所作的工作报告中，均对惩治涉医违法犯罪、尤其是暴力伤医案件的基本情况进行了总结（见表8-2）。

表8-2 “两高”工作报告涉及“暴力伤医”内容（2014～2021年）

年份	最高人民法院工作报告	最高人民检察院工作报告
2014年	依法惩治扰乱医疗秩序的违法犯罪行为，切实保护医务人员和广大患者合法权益	坚决打击暴力伤害医务人员等涉医犯罪，切实维护正常医疗秩序。 积极参与维护医疗秩序打击涉医违法犯罪专项行动，依法严惩侵害医务人员人身安全等犯罪
2015年	依法严惩暴力伤医、危害食品药品安全和污染环境犯罪。会同有关部门出台惩处涉医犯罪维护正常医疗秩序的意见，依法审理王英生故意杀人案等一批暴力伤医犯罪案件	与有关部门共同开展打击涉医违法犯罪专项行动，严惩“连某某暴力伤医案”等暴力伤医犯罪，维护正常医疗秩序
2016年	依法惩治暴力伤医犯罪，维护正常医疗秩序。 通过邀请代表视察、参加会议、旁听庭审等方式听取代表意见790人次。办理代表建议280件。根据代表建议，加大对暴力伤医、家庭暴力、性侵未成年人等违法犯罪惩治力度	与卫生计生委等共同发布依法维护医疗秩序的意见，突出打击暴力伤医犯罪，依法办理广西医科大学“6·16”伤医案等案件
2017年	严惩涉医犯罪，积极参与平安医院创建	依法惩治涉医犯罪，维护医疗秩序。制定服务健康中国建设“20条意见”。与公安部、国家卫生计生委等联合开展专项行动，突出打击故意伤害医务人员、在医院聚众滋事等犯罪，起诉3308人。督办30起重大涉医犯罪案件。河北、湖南、江苏等地检察机关从快批捕起诉李刚、杨海垒、赵连生等暴力伤医案。 严惩黑恶势力、涉枪涉爆、制贩毒品、拐卖妇女儿童、制假售假、校园暴力、暴力伤医等犯罪

续表

年份	最高人民法院工作报告	最高人民检察院工作报告
2018年	会同有关部门出台维护正常医疗秩序的意见，依法惩治暴力伤医犯罪，保护医务人员和患者合法权益，推动构建和谐医患关系	坚决惩治涉医犯罪。2013年连某某暴力伤医案发生后，立即部署打击涉医违法犯罪专项行动。2014年起又连续3年与公安部、国家卫生计生委等共同发布意见，坚决惩处涉医犯罪、维护医疗秩序，推进构建和谐医患关系。对暴力伤医案快速反应、挂牌督办。2016年以来共起诉故意伤害医务人员、在医院聚众滋事等犯罪7816人，天津、江苏、黑龙江等地检察机关依法批捕起诉苏英明、赵连生、齐洪生等暴力伤医案
2019年	严惩暴力伤医犯罪，维护正常医疗秩序	助推和谐医患关系建设，持续严惩暴力伤医、聚众扰医等犯罪，起诉3202人，同比下降29%
2020年	各级法院统筹做好疫情防控和维护稳定等工作，审结各类涉疫案件2736件，促进涉疫矛盾纠纷源头预防化解；严惩侵害医务工作者人身安全和人格尊严犯罪，保护抗疫中负重前行的“最美逆行者”。 严惩暴力伤医犯罪，对杀害北京民航总医院医生的孙某某等一批犯罪分子依法判处并执行死刑，切实保护医务人员人身安全和合法权益，维护正常医疗秩序	疫情对经济社会造成较大冲击，依法防控更显重要。为适应办案需要，最高人民检察院1月30日出台专门规范。其后，会同相关政法部门发布指导意见，依法惩治危害疫情防控犯罪；与国家卫健委等作出部署，对伤医扰医犯罪一律依法从严追诉…… 持续推动平安医院建设。起诉伤医、聚众扰医等涉医犯罪1637人，同比下降48.9%。伤医扰医犯罪必须“零容忍”，北京检察机关对孙某某杀医案依法快捕快诉，被告人被判处死刑
2021年	严惩扰医伤医犯罪，依法保障平安医院建设。 针对371件代表建议和代表日常提出的409条建议，逐件办理跟踪，认真沟通反馈，推动惩治暴力伤医、保护商业秘密等工作取得积极进展。 加强对医务工作者的司法保护，依法严厉打击医闹和暴力伤医违法犯罪行为	坚决严惩任何伤医扰医犯罪。起诉496人，在前两年大幅下降基础上，同比又下降69.7%。 持续加大惩治涉医犯罪力度，坚决维护医护人员人身安全

从表8-2可以看出，自2014年以来，我国司法机关对医疗暴力，尤其是暴力伤医犯罪持续予以重点关注并且加大惩治力度。在相关刑事政策及其司法文件指导下，既开展专项行动，又保持日常惩治。各级司法机关在追诉、审判等环节均高度重视，“两高”的工作报告，既体现对刑事政策的落实，还将惩治暴力伤医犯罪置于维护医疗秩序、关注民生问题、建设平安医院等更广阔的社会背景中，整体上对于减少暴力伤医犯罪取得了良好的效果。

三、刑事政策在严惩“暴力伤医”中的具体体现

我国出台打击涉医违法犯罪的司法指导文件和开展相关专项行动，均是由恶性暴力伤医的焦点性事件所触发。2013年10月发生“连某某暴力伤医案”，2013年11月原国家卫计委、公安部、原中央综治办联合发布《关于维护医疗秩序打击涉医违法犯罪专项行动方案》。此后，2014年～2020年，多个部门发布惩治暴力伤医相关指导文件9件。其间，2016年7月原国家卫生计生委、原中央综治办、中央宣传部、中央网信办、最高人民法院、最高人民检察院、公安部、司法部、中国保监会等9部门发布《关于严厉打击涉医违法犯罪专项行动方案》，决定自2016年7月起，在全国范围内开展为期1年的专项行动。以上刑事政策对于刑事司法实践的影响，体现在以下方面。

（一）确定打击重点和打击力度

刑事政策为了实现维护医疗秩序的目的打击涉医违法犯罪，确定重点是“严厉惩治侵害医患人身安全、扰乱正常医疗秩序违法犯罪活动”，并且明确了具体的行为类型，包括暴力伤害医务人员和患者、扰乱正常医疗秩序、职业“医闹”等。

对于暴力伤医行为，基本立场是“严惩”并多次强调“保持高压态

势”。对于暴力伤医案件进行“严惩”是维护医疗秩序、保护医务人员安全、回应社会关切，将宽严相济刑事政策在“严”的维度体现。同时，“严惩”的前提是依法，必须受罪刑法定原则约束。

（二）指导诉讼机制和诉讼程序

严惩暴力伤医的政策文件均系多个部门联合发布，在诉讼程序和诉讼机制上细化了公、检、法机关在惩治犯罪中应建立的机制和职责。

公安机关对医疗机构的报警求助要快速反应，果断处置，坚决制止，对于正在实施伤害医务人员行为的，采取果断措施坚决制止，必要时依法使用武器、警械；对于应当追究刑事责任的，不得拖延、降格处理。

检察机关对重大涉医犯罪案件须及时介入侦查，引导取证，快捕快诉，加强对公安立案、法院审判活动的法律监督。

审判机关应当及时审判，依法定罪量刑，判决结果依法公开。

总体而言，刑事政策要求惩处暴力伤医在程序上“严”和“快”。“严”是指法网严密，避免在各个环节出现放纵犯罪的情况；“快”包括快速出警、快侦快破、快捕快诉、及时审判。典型案例，如杀害北京民航总医院医生杨文的“孙某某暴力伤医案”，从2019年12月24日案发，到一审、二审、复核程序，于2020年4月3日被执行死刑，历时仅百天。该案的快速处置对于打击暴力伤医行为，起到了极大的震慑作用。

（三）指导实体上定罪和量刑

暴力伤医案件涉及的罪名均系故意杀人、故意伤害、放火、爆炸等传统犯罪，对于构成要件的解释和适用不存在明显重大争议。2014年“两高”、公安部、司法部、原国家卫计委联合发布《关于依法惩处涉医违法犯罪维护正常医疗秩序的意见》，首次系统梳理了六类典型涉医违法犯罪行为可能构成的罪名，其他政策文件均未涉及。

刑事政策指导暴力伤医案件的处理，重点体现在量刑上的“从重”。刑事政策总体要求“从严惩处”，分析检索范围内69份裁判文书，被判处死刑的有10件，占比14.49%；无期徒刑2件，占比2.90%；十年以上有期徒刑4件，占比5.80%；三年以上十年以下有期徒刑13件，占比18.84%，以上合计占比42.03%，即被判处三年以上有期徒刑的案件占全部案件的四成以上。典型案件如“孙某某暴力伤医案”，孙某某杀人后即拨打手机报警，法院认定其有自首情节，但是，因“犯罪动机卑劣，手段特别残忍，性质极其恶劣，社会危害性极大”，未予从轻处罚，判处死刑立即执行。

（四）针对犯罪原因开展综合治理

现代意义上的刑事政策以遏制和预防犯罪为目的，除了以上直接惩罚犯罪的刑事程序措施和刑事实体手段以外，还包括与预防犯罪有关的各类社会政策。在我国相关刑事政策文件中，也针对暴力伤医的犯罪原因展开综合治理。具体包括：深化医疗卫生体制改革、构建和谐医患关系，积极预防和妥善处理医疗纠纷；加强医疗机构安全防范能力和防范设施建设，健全对重点人群的安全防范工作；做好信息发布与信息沟通、加强正面宣传引导等，以期从更深层次的根源上遏制和减少暴力伤医犯罪。

本章小结

以医疗暴力的刑事司法实践为样本，对于刑事政策惩治医疗暴力的运行情况展开分析和评价。国际组织制定的《框架指南》对很多国家产生了重要的指导作用。我国研究者根据《框架指南》和各国的防控措施，总结了医疗暴力治理从上到下，从顶层立法到基层广泛参与的“金字塔”模型。

法律的治理居于金字塔的顶端，刑法作为“一切部门法最后的法”处于该金字塔顶端的顶端。刑法与刑事政策相伴相生呈现互动关系，我国治理医疗暴力专门的刑事政策始于2012年，迄今已经出台了10部文件。

在医疗暴力刑事政策治理的变迁过程中，与刑法的互动在立法和司法两个层面均有体现。在立法层面，从严打击医疗暴力的刑事政策，通过立法程序在《刑法修正案（九）》中将“医疗”明确纳入聚众扰乱社会秩序罪的罪状之中。以2015年11月1日《刑法修正案（九）》实施为分界点，对于前后约五年内惩治“医闹”的刑事司法状况进行对比分析，发现该修订对“医闹”行为的惩治并未产生实质性的影响，是对刑事政策的机械适用和民意的简单盲从。实证分析和法教义学的解读充分说明了，这一立法既无必要性，实效性也存疑，是刑法万能主义影响下的“现象式”立法、“情绪化”立法，既浪费了立法资源，又破坏了刑法的安定性。对于此类情况，未来的刑事立法应当予以重视和警惕。

在司法层面，相关刑事政策及其司法文件确定将严惩暴力伤医犯罪作为打击重点，指导刑事程序顺畅运行，指导准确定罪量刑，还考虑多方面综合治理预防犯罪，基本立场为“从严从重从快”。通过对裁判文书的实证分析、梳理典型案例以及研读“两高”的年度工作报告，可以看出，严惩暴力伤医是司法机关的工作重点之一，既落实了刑事政策，还将惩治暴力伤医犯罪置于维护医疗秩序、关注民生问题、建设平安医院等更广阔的社会背景中，整体上对于减少暴力伤医犯罪具有良好效果。

第九章 / 医疗保障制度改革背景下医保诈骗行为的刑事规制

疾病对于任何人均是不可避免的风险，健康则是最具普遍意义的民生诉求。医疗保障正是化解疾病风险、促进人民健康的基本制度保障。[1]医疗保障是一国社会保障体系的重要组成部分，医保政策也是公共政策的一部分。我国医疗保障制度改革，高度重视医保基金的合法高效使用及监管，将打击欺诈骗取医保基金行为作为工作的重点，对于惩治骗取医保行为产生了重要影响。

首先，本章系统梳理我国医疗保障制度改革，重点研究医保基金的监管；其次，从医保政策与刑事政策的对接，研究如何高效、准确地惩治医保诈骗犯罪。

第一节　我国医疗保障制度改革与医保基金监管

我国从着手建立真正意义上的医疗保障制度迄今已有20余年历史。由于医保基金“碎片化”和管理“分割化”，以及医疗、医保、医药之间不

〔1〕 参见郑功成：《加快构建高质量中国特色医保制度》，载《人民日报》2020年1月8日，第13版。

能有效协同等原因，医保制度运行存在体制性障碍，医保基金无法有效监管、使用效率低下，医保诈骗频发，从而导致损害医疗保障制度、恶化医患关系。2018年国务院机构改革，将医疗体制改革、医保基金整合等职能赋予新成立的、独立的医疗保障局，医保基金的监管进入新的时代。

一、我国医疗保障[1]制度的发展历程

在中华人民共和国成立之初，我国即高度重视医疗卫生事业发展和相应医疗保障体系的建立，1951年初步建立了包括城镇劳保医疗、公费医疗制度和农村合作医疗在内的医疗保障制度，形成与计划经济体制相适应的初级全民医保体系，覆盖全国90%以上人口。

党的十四届三中全会以后，随着社会主义市场经济体制的逐步建立，我国医疗保障制度进入全面改革新阶段。在部分地区先行自主探索以及试点改革以后，1998年国务院发布《关于建立城镇职工基本医疗保险制度的决定》，确定了城镇职工基本医疗保险制度的基本框架。2003年，原卫生部、财政部、原农业部发布《关于建立新型农村合作医疗制度的意见》，正式启动农村居民基本医疗保险制度，随后城镇非就业居民也建立了基本医疗保险。2010年，《社会保险法》通过并施行，其中专章对医疗保险制度进行了原则性规定。2015年，国务院决定全面实施城乡居民大病保险。2016年，将城乡居民原先分离的基本医疗保险制度进行整合。经过20余年的发展，基本医疗保险成为惠及全民的医疗保障制度安排，传统的城乡分割、封闭运行的初级医疗保障制度逐渐被新兴的城乡统筹、覆盖全民、社

---

〔1〕 社会保障是一种社会经济政策，按照功能可以分为社会救济、社会保险、社会优抚、社会服务等，其中，社会保险包括工伤保险、医疗保险、失业保险、养老保险等。医疗保障是社会保障制度体系的组成领域，医疗保险是医疗保障制度的组成部分。参见王保真主编：《医疗保障》，人民卫生出版社2005年版，第11页。本书研究参保人、非法持卡人、医保定点机构等以虚构事实、隐瞒真相方式骗取医疗保障相关待遇的行为，在此意义上，医疗保险与医疗保障基金作同一使用。

会化的医疗保险制度所取代。[1]

然而，目前我国的医疗保险尚处于多制度并行阶段，包括城镇职工基本医疗保险、城镇居民医疗保险、新型农村合作医疗、城乡居民基本医疗保险、城乡居民大病医疗保险、事业单位公费医疗、公务员公费医疗、国有企业封闭的医疗保险等。多类医疗保险制度并存导致医疗保险的“碎片化”，存在费率和待遇标准不统一、基金管理和经办管理不统一等问题。在推行全民医保的背景下，急需整合医疗保险基金。[2]“碎片化”的医保基金对应了“分散化”的机构管理，导致制度运行的低效率和严重的医疗资源浪费，制约了医疗保障制度改革和医保治理现代化的深入。[3]

有基于此，2018年国务院机构改革，决定设立国家医疗保障局作为独立机构。2018年5月31日，国家医疗保障局正式挂牌成立，随后省、市、县各级政府组建独立的医保监管机关，基本形成了我国的医疗保障机构体系。医疗保障局的成立，推动我国医疗保障制度的集中统一化，实现医保基金的整合化。

新组建的国家医疗保障局，除了统合原由人力资源和社会保障部、国家卫计委管理的医疗保险以外，还承担了国家发展和改革委员会管理药品和医疗服务价格的职能、民政部管理医疗救助的职能，以及审计署专项审计、财政部发放补贴的相关职能。根据中央的“三定方案”（定机构、定编制、定职能）和医疗保障局的具体职能，国家医疗保障局不仅是全国医疗保险、生育保险、护理保险、医疗救助等法定医疗保障事务的主管部门，也是统筹推进多层次医疗保障体系的主管部门，是医药供应、医疗服务的重

---

〔1〕 参见郑功成等：《从饥寒交迫走向美好生活——中国民生70年（1949—2019）》，湖南教育出版社2019年版，第335-338页。

〔2〕 参见何毅：《全民医保：从“碎片化”到基金整合》，中国金融出版社2014年版，第17-21页。

〔3〕 参见郑功成：《中国医疗保障发展评估总报告（2020）》，载郑功成主编：《中国医疗保障发展报告（2020）》，社会科学文献出版社2020年版，第6页。

要管理部门，在医疗、医保、医药“三医”协同发展中扮演着重要角色。[1]

二、强化医疗保障基金监管

从我国医疗保障制度的发展历程可以看出，医疗保险基金的筹措、使用是医疗保障制度的重要组成部分，整合医保基金是推动我国医疗保障制度改革、破除体制性障碍的重要动因。过去碎片化的医疗保险基金导致医保政策衔接不畅、重复参保等问题，叠加人口流动、异地看病等因素，导致我国医疗保障制度和医疗保险基金运行存在诸多障碍，医保基金安全、医疗保险全体系全流程监管成为必须面对的重大问题。

2018年成立的国家医保局，高度重视医保基金监管，将维护医保基金安全放在首位。在机构设置上，内设基金监管司，其职责主要有建立健全医保基金安全防控机制，查处医疗保障领域违法违规行为。在措施上，将反欺诈骗取医保基金作为加强医保基金监管的切入点，国家医疗保障局组建以后采取的第一个专项行动就是打击欺诈骗取医保基金专项行动，也是我国首次在全国范围内统一开展此类专项行动。此后各地快速开展“回头看”活动。2020年12月，在全国范围内部署开展欺诈骗保行为集中专项整治工作，强化基金监管高压态势。在制度上，连续发布多项关于医保基金监管的政策文件和专项法规。

2020年7月，国务院办公厅印发《关于推进医疗保障基金监管制度体系改革的指导意见》，明确推进医保基金监管制度体系改革，建立全领域、全流程的基金安全防控机制，严厉打击欺诈骗保行为。意见要求，建立由医疗保障部门牵头、多部门参加的工作机制，统筹协调重大行动、重大案件查处等工作。推进监管制度体系改革，建立健全监督检查、智能监控、

---

〔1〕 参见郑功成：《中国医疗保障发展评估总报告（2020）》，载郑功成主编：《中国医疗保障发展报告（2020）》，社会科学文献出版社2020年版，第9页。

举报奖励制度、信用管理制度、综合监管、社会监督等多方面制度。有学者认为，意见的实施表明我国医保基金监管手段走向综合化、科学化，未来将逐步形成专业化、智能化、法治化的监管局面。目前，我国医保监管手段单一、以协议管理为主，制约能力有限。意见综合采用多样化的监管方式，符合医保基金管理链条长、风险点多、骗保隐蔽性强的特点，通过明确了医保局、医院、医药部门的监管责任、行业自律、参保人义务等，形成事前、事中的全流程监管。[1]

2021年5月1日，《医疗保障基金使用监督管理条例》施行。作为我国首个专门规范医保基金使用监管的行政法规，条例正是落实深化医疗保障制度改革的重要组成部分。条例明确了适用范围为基本医疗保险基金和医疗救助基金，职工大额医疗费用补助、公务员医疗补助参照执行，确立了以人民健康为中心，与经济社会发展水平相适应，合法、安全、公开、便民的基本原则，强调政府监管、社会监督、行业自律和个人守信相结合。条例主体内容包括基金使用和监督管理两个部分，在基金监督管理中，确立了多部门分工协作、相互配合的工作机制，医疗保障行政部门负责制定服务协议管理办法、创新监管方式，采取监管措施，以及涉嫌骗保行为的调查和处理等。条例最后一章规定了医疗保障经办机构、定点医药机构、个人等主体违反条例需承担的法律责任。其中，第38条、第40条、第41条重点规定了骗取医保基金行为的民事、行政责任，加大了惩戒力度；条例第48条第1款对于违反本规定，“构成犯罪的，依法追究刑事责任”作了衔接性、概括性规定。

---

〔1〕 参见李红梅:《构建全领域、全流程医保基金安全防控机制 严厉打击欺诈骗保》，载《人民日报》2020年7月13日，第2版。

三、打击欺诈骗取医疗保障基金的成效和不足

（一）成效

根据医保制度运行的实际状况，确保医保基金安全高效、维护医保诚信体系、加强医保基金监管，必须以打击欺诈骗保为重点和切入点。国家医保局的成立、相关政策法规的实施，为打击骗取医保基金的行为提供了组织基础和制度依据。通过专项行动、专项行动“回头看”、专项集中整治工作等，我国打击欺诈骗保取得了明显成效。

统计显示，2018年9月，国家医保局启动我国首次全国性反欺诈骗取医保基金专项行动，在当年9月～12月短短三个月内，全国检查定点医疗机构和零售药店19.7万家，查处违法违规定点医药机构6.6万家，约占抽查机构的三分之一，占全部定点医药机构的九分之一，其中，解除医保协议1284家、移送司法机关127家，查处违法违规参保人员2.4万人。〔1〕2019年，医保部门共检查定点医药机构81.5万家，查处违法违规违约医药机构26.4万家，其中，解除医保协议6730家、行政处罚6638家、移交司法机关357家；共处理违法违规参保人员3.31万人，暂停结算6595人，移交司法机关1183人；全年共追回资金115.56亿元。〔2〕2020年，各地共检查定点医药机构62.74万家，查处违法违规违约机构40.07万家，其中，解除医保协议6008家、行政罚款5457家、移交司法机关286家；各地共查处违法违规参保人员2.61万人，暂停医保卡结算3162人，移交司法机关2062人；共追回医保资金223.11亿元。〔3〕

---

〔1〕 参见《2018年全国基本医疗保障事业发展统计公报》，载国家医疗保障局官网，http://www.nhsa.gov.cn/art/2019/6/30/art_7_1477.html，最后访问日期：2021年5月5日。

〔2〕 参见《2019年医疗保障事业发展统计公报》，载国家医疗保障局官网，http://www.nhsa.gov.cn/art/2020/6/24/art_7_3268.html，最后访问日期：2021年5月5日。

〔3〕 参见《2020年全国医疗保障事业发展统计公报》，载国家医疗保障局官网，http://www.nhsa.gov.cn/art/2021/6/8/art_7_5232.html，最后访问日期：2021年6月15日。

专项行动集中打击和专项整治工作将反骗取医保常态化，通过建立与多个部门联动的综合监管机制，强化医保基金监管能力配置；借助社会第三方力量和多领域专家的智力支持，充分运用信息化、飞行检查、举报热线、信息强制披露等制度，将医保基金支付置于公开透明的多方监督之下。通过逐渐完善医保信用体系，推行守信联合激励和失信联合惩戒，督促相关机构自我约束；通过加强多部门联合执法，强化追究骗保单位以及个人责任。以上举措有力地遏制了我国医保基金流失现象的蔓延。〔1〕

（二）不足

打击骗取医保取得相当成效的同时，也暴露出我国在医疗保障制度改革进程以及医保基金使用监管中存在的不足。

首先，医疗保险诚信机制有待完善。最大诚信是保险制度的根本原则，同样适用于基本医疗保险制度；医疗保险领域诚信机制的建立，也是我国个人征信制度的重要环节。在医保行政部门对定点医药机构进行协议管理的基础上，建立参保人、定点药店、医院等多方参与、信息共享的诚信档案制度，对于有骗保行为的，计入诚信档案直至列入“黑名单”，提高各方违法违规成本，从源头上杜绝骗保行为发生。〔2〕

其次，医保基金监管水平有待提高。在医保基金“碎片化”和管理“分散化”时期，医保政策之间存在空白和重叠，容易出现监管漏洞。随着医保基金的整合和管理机构的统一，对于医保基金使用进行了全流程、全方位的监管，但仍需继续提高监管水平、避免骗保行为。通过加强医疗稽核，审查医疗保险待遇支付过程中费用的真实性、合理性、医疗收据的合

---

〔1〕 参见郑功成：《中国医疗保障发展评估总报告（2020）》，载郑功成主编：《中国医疗保障发展报告（2020）》，社会科学文献出版社2020年版，第17页。

〔2〕 参见乔庆梅：《中国医疗保险反欺诈报告》，载郑功成主编：《中国医疗保障发展报告（2020）》，社会科学文献出版社2020年版，第220页。

法性等事项，审查定点医院诊疗过程合理性和有无过度医疗、乱收费等违规行为，审查保险经办机构内部各项工作和基金使用的合规性，提高基金使用和管理效率。同时，运用现代大数据技术，强化医疗保险信息化监控系统建设；做好人的工作，建设廉洁高效的医疗保险经办队伍。〔1〕

再次，医疗保险监管力量有待加强。随着我国全民医保覆盖率达到95%以上，相应的监管力量显得尤为薄弱，自上而下的医疗保障行政部门难以增加监管人员数量，难以在短期内提升监管人员的专业能力，难以与其他行政部门或者社会力量形成有效的协作监管。〔2〕只有加强监管队伍的建设，才能真正落实和贯彻医疗保险监管的要求。

最后，医保监管法律依据有待完备。目前，我国在社会保障领域仅有一部法律，即2011年7月1日施行、2018年修正的《社会保险法》，其中第三章“基本医疗保险”对我国医疗保障制度进行了原则性规定；仅有一部行政法规，即2021年5月1日施行的《医疗保障基金使用监督管理条例》，条例对于骗取医保进行了较为具体的规定。此外，具体监管程序、处罚标准等主要依赖于地方性政策文件。由于地方政策效力层次低，约束力和威慑力不足，对于预防和惩处骗取医保行为的打击力度有限。尤其是对于刑事责任的追究，受立法权限的约束，目前医疗保障法律法规政策文件中仅能以“构成犯罪的，依法追究刑事责任”作笼统规定，在刑法中主要以诈骗罪定罪量刑，缺乏清晰和明确的刑事政策确定打击重点，导致对于医保诈骗犯罪的惩治缺乏足够的威慑力。

在我国医疗保障体系改革探索的初期，依靠政策性文件来改革试点具有灵活性和适应性。但是，随着医保制度改革逐渐进入成熟、定型阶段，

〔1〕 参见乔庆梅：《中国医疗保险反欺诈报告》，载郑功成主编：《中国医疗保障发展报告（2020）》，社会科学文献出版社2020年版，第219页。

〔2〕 参见刘娟、王浩东：《中国社会医疗保险监管发展回顾与展望》，载王延中主编：《中国社会保障发展报告（2020）》，社会科学文献出版社2021年版，第221页。

必须通过立法来确立新型医疗保障和医保基金监管体系。一方面，在《社会保险法》修订时，将医疗保险改革的重要成果予以确认；另一方面，启动《医疗保障法》等本领域基本法律的立法工作，[1]逐步建立完善的医疗保障立法体系，不断强化医保基金监管，严厉打击医保诈骗犯罪。

第二节 医保诈骗的刑事规制

医保诈骗是全世界推行基本医疗保障制度国家均面临的重要问题。世界银行研究显示，各国公共卫生效率低下的问题非常严重，其主要原因除了不合理的药品使用、医疗事故等以外，还包括欺诈。[2]2016年全球医疗欺诈涉案金额高达1800亿欧元，占全球卫生支出的4%。2016年美国司法部起诉了涉嫌医疗保险欺诈的医疗机构管理者、医生等301名，2009年以来查获骗保涉案金额超过299亿美元。[3]面对造成公共卫生支出损失如此巨大，乃至于影响一国医疗保障制度运行安全的诈骗行为，必须运用刑事措施切实加大对于医保诈骗犯罪的惩治。

一、我国惩治医保诈骗犯罪的规范依据

（一）法律

受罪刑法定原则约束，惩治犯罪的基本依据仅限于法律。在我国，规

---

〔1〕 参见《国家医疗保障局关于〈医疗保障法（征求意见稿）〉公开征求意见的公告》，载国家医疗保障局官网，http://www.nhsa.gov.cn/art/2021/6/15/art_48_5268.html，最后访问日期：2021年6月16日。

〔2〕 参见［美］贝内迪克特·克莱门茨等编：《医保改革的经济学分析》，王宇等译，商务印书馆2017年版，第11页。

〔3〕 参见张朋辉：《骗保频发暴露美国医疗监管漏洞》，载《人民日报》2016年7月25日，第21版。

范医疗保障领域的法律仅有《社会保险法》，该法第三章规定了基本医疗保险，第十一章规定了法律责任。其中，第87条规定了社会保险经办机构、社会保险服务机构（医疗机构、药品经营单位等）骗取医保的，责令退回，承担罚款、解除服务协议、吊销执业资格等民事、行政责任；第88条规定了其他人员骗取医保的，责令退回和罚款。此外，第94条概括性规定了"违反本法规定，构成犯罪的，依法追究刑事责任"。

与此相衔接，《刑法》中有关于诈骗类犯罪的规定可供适用。我国《刑法》关于诈骗类犯罪的规定，形成了"（一般）诈骗罪（第266条）+金融诈骗罪（第192～200条，八个罪名）+合同诈骗罪（第224条）"的罪名体系，其中，诈骗罪为一般法，另外九个特定领域的诈骗罪名为特别法，诈骗罪与特定领域的诈骗罪名之间形成法条竞合关系。关于诈骗医保应当构成的具体罪名，理论上曾经存在较大争议，有合同诈骗罪、诈骗罪、贪污罪、不构成犯罪等主张，〔1〕实践中，如本书第二章第二节实证研究显示，在检索范围内的72件案件中，有65件以诈骗罪追究刑事责任，还有1件判处合同诈骗罪〔2〕、1件判处贪污罪。〔3〕

基于理论争议和实践混乱，全国人大常委会于2014年4月24日通过了《关于〈中华人民共和国刑法〉第二百六十六条的解释》，规定："以欺诈、

---

〔1〕 参见罗长斌：《医保诈骗行为定性处罚问题研究——兼评〈刑法〉第30条、第266条之立法解释》，载《湖北警官学院学报》2018年第5期，第33页。

〔2〕 杨某某等合同诈骗案。在本案中，灵宝市新华医院以非法占有为目的，在履行合作医疗及医疗保险合同过程中，采取"替换药品""虚开理疗项目和次数""空挂床位"等手段，多开、虚开治疗项目和治疗费用，降低医院开支，提高病人住院花费，增加报销数额，骗取医保资金和新农合基金数额达19,498,636.72元。医院法定代表人杨某某、两名直接负责的主管人员、两名直接责任人员、九名其他积极参与人员，均被判处合同诈骗罪。该案中，检察机关起诉罪名为诈骗罪，法院认定构成合同诈骗罪。参见（2018）豫1282刑初501号。

〔3〕 李某某贪污案。在本案中，李某某利用其担任桂东县青山乡合管站审核员的职务便利，共骗取城乡医保基金人民币346，641.1元，数额巨大，法院认定构成贪污罪。参见（2018）湘1027刑初19号。

除了以上以诈骗类犯罪定罪的67件案件以外，还有5件医保主管机关工作人员疏于监管导致医保基金被骗取的案件，均判处玩忽职守罪。详见本书第二章第二节"二、'医保诈骗'刑事纠纷的实证分析"。

伪造证明材料或者其他手段骗取养老、医疗、工伤、失业、生育等社会保险金或者其他社会保障待遇的，属于刑法第二百六十六条规定的诈骗公私财物的行为。”该解释出台的背景，正是近年来骗取各类社会保险的行为频繁发生，甚至出现了有组织犯罪。实践中的处理各不相同，有的追究刑事责任，有的给予行政处分，有的仅追回资金后不再处理。“社会保险资金的安全，关系到全体人民福祉和社会的和谐稳定。”对于责任追究，《社会保险法》在“法律责任”一章已经有了相关规定。“全国人大常委会经研究认为，上述行为，从性质上讲，与刑法规定的诈骗公私财物的行为是相同的，具有较大的社会危害性，对于构成犯罪的，应当依法追究刑事责任。为了明确骗取社会保险金或其他社会保险待遇行为的法律适用，2014年4月14日第十二届全国人大常委会通过了关于本条的解释。”[1]

值得注意的是，全国人大常委会在同一次会议上通过了《关于〈中华人民共和国刑法〉第三十条的解释》，规定了单位实施危害社会行为，但是刑法或者其他法律未规定追究单位的刑事责任的，追究组织、策划、直接实施的自然人的刑事责任。作出该规定的原因在于，单位作为犯罪主体在我国主要规定在经济领域，对于杀人、伤害、盗窃、普通诈骗等传统犯罪未规定单位的刑事责任，“对这些犯罪不认为是单位犯罪，不由单位承担刑事责任，但对组织、策划、直接实施这些法律明文规定为犯罪行为的人，应当按自然人犯罪依法追究刑事责任。对这一问题作出法律解释，既符合立法的原意，适应惩治犯罪的需要，也有利于贯彻罪刑法定原则和维护法制统一。”笔者认为，该解释符合单位犯罪的基本原理。将以上两个立法解释相结合，医保诈骗是随着社会保障制度出现以后方出现的新现象，其中持续时间长、涉及面广、犯罪数额巨大的案件，往往是由定点医药机构实施

---

〔1〕 郎胜：《关于〈全国人民代表大会常务委员会关于《中华人民共和国刑法》、《中华人民共和国刑事诉讼法》有关规定的解释（草案）〉的说明》，载中国人大网，http://www.npc.gov.cn/wxzl/gongbao/2014-06/23/content_1879679.html，最后访问日期：2021年6月10日。

的，但是，将此类行为按照传统诈骗罪定罪处刑，只能追究自然人的刑事责任，不能追究单位的刑事责任，一定意义上违反了罪责自负原则，严重影响了打击医保诈骗的力度和效果。

（二）其他主要参考规范

除了《社会保险法》、《刑法》及其立法解释以外，与惩治医保诈骗关联度最高、效力等级相对较高的是2021年5月1日施行的《医疗保障基金使用监督管理条例》，条例规定了医疗保障经办机构、定点医药机构、个人骗取医疗保障基金的具体行为方式，以及相应的退回、罚款、解除协议、吊销执业资格、暂停医保结算等民事、行政责任。对于实施以上行为情节严重，符合犯罪成立要件的，依据诈骗罪追究刑事责任。

在地方层面，各地对于医保诈骗的行为方式、数额标准等在相关政策文件中进行了一定的规定。例如，2011年原上海市医疗保险局、公安局联合发布了《关于依法惩处骗取医疗保险基金行为的通告》；2011年，原上海市人社局、原卫生局、公安局联合发布了《关于依法惩处利用医保凭证骗取医保基金违法行为的通告》。2020年，江苏省医疗保障局发布了《江苏省欺诈骗取基本医疗保险基金行政处罚裁量权适用规则（试行）》。地方性政策文件是追究骗取医保行为民事、行政责任的直接依据，可以作为解释犯罪成立要件的参考依据，但是，对于刑事责任的追究，最终须遵守刑法的规定。

二、我国惩治医保诈骗犯罪的公共政策

我国在立法层面已经确立了惩治医疗犯罪的法律依据，足以对医保诈骗行为准确定罪量刑。然而，面对当前骗取医保的严峻形势，真正切实有效惩治医保诈骗犯罪，需要刑事政策对打击重点、实体责任、追究机制、配套措施等在刑事一体化的整体层面予以指导。

(一)医疗保障一般政策

健康权是公民的基本权利,国家有义务为公民提供基本医疗保障。医疗保障基金的安全和效率,关系公民福祉和社会和谐稳定,是医保制度持续健康发展的基础。

医疗保障政策是重要的公共政策,需要厘清医疗、医保、医药部门及其相互之间的主要关系,在庞大而复杂的现象背后发现其内在逻辑,从而在多重政策目标的取舍之间达成共识。〔1〕2020年2月25日,中共中央、国务院发布的《关于深化医疗保障制度改革的意见》成为我国医疗保障领域的基本政策。该意见确立了我国医保制度"减轻群众就医负担、增进民生福祉、维护社会和谐稳定"的政策目标,基本原则之一是"坚持稳健持续、防范风险,科学确定筹资水平,均衡各方缴费责任,加强统筹共济,确保基金可持续",任务之一是"健全严密有力的基金监管机制",始终把维护基金安全作为首要任务,以"零容忍"态度严厉打击欺诈骗保行为,依法追究欺诈骗保行为的责任。

(二)打击欺诈骗保专项政策

2018年国家医疗保障局成立以后,以"专项行动""专项行动回头看""专项整治工作"等方式严厉打击欺诈骗保行为。2018年9月11日,国家医保局联合国家卫健委、公安部、药监局发布了《关于开展打击欺诈骗取医疗保障基金专项行动的通知》,2018年11月,根据当时医保基金监管工作形势,部署了"回头看"行动,聚焦三大重点领域,即医疗机构诱导参保人员住院、盗刷和冒用参保人员社会保障卡、伪造医疗文书或票据、协

〔1〕 参见[美]贝内迪克特·克莱门茨等编:《医保改革的经济学分析》,王宇等译,商务印书馆2017年版,第Ⅶ页。

助参保人员套取医保基金、虚记或多记医疗服务费用等行为；零售药店串换药品，刷卡套取基金等行为；参保人员通过票据作假骗取基金等行为。2019年开展专项整治工作，保持高压打击态势、打击欺诈骗保常态化。

为了配合上述行动，相关部门还出台了药品管理、行政裁量规范、举报奖励等一系列配套措施。

（三）打击医保诈骗缺乏针对性刑事政策

如前所述，我国在医疗保障一般领域以及反欺诈骗保专门领域均确立了较为明确的社会政策。尽管“最好的社会政策就是最好的刑事政策”是理想状态下的犯罪预防，但是，目前医疗保障政策自身的漏洞和不足，以及政策运行和个体发展的现实状态，仍然需要有针对性的刑事政策。

美国在2016年加大了打击医疗保险欺诈的力度，时任司法部部长林奇称：“今年针对医疗保险欺诈采取的大规模行动是想表明，医疗保险欺诈不是抽象的违规或轻微的违法，而是严重的犯罪行为。”〔1〕该评论深刻而精准地揭示了打击骗取医保的关键——认识行为危害的严重性，重视对刑事责任的追究。若未能有效动用刑罚手段，则不能体现对骗保行为的惩罚性；若没有通过刑罚确认刑事规范的效力，则无法实现真正的预防。

受到权限或者其他因素的影响，目前我国的医保政策和反欺诈骗保专项政策对于打击犯罪的重要性认识明显不足，遑论专项刑事政策，具体表现如下：

第一，整体上没有体现追究刑事责任的重要性。在相关专项政策中，主要内容是对欺诈骗保主体及其行为方式的描述，以及相应民事、行政责任的规定。没有列明每类行为可能构成犯罪及其适用的罪名，通常只是在文件最后泛泛规定“构成犯罪的，依法追究刑事责任”，更没有突出打击犯

〔1〕 参见张朋辉：《骗保频发暴露美国医疗监管漏洞》，载《人民日报》2016年7月25日，第21版。

罪的重要性。

第二，组织机构仅限于极少数部门。反欺诈骗保专项行动由国家医保局牵头，原国家卫生计生委、公安部、药监局联合组织开展，从组织主体看，主要限于医疗、医药、医保的主管机关，尽管有公安部的参与，但是公安机关的职责包括对于违反《治安管理处罚法》的违法行为予以行政处罚，并非必然指向对涉嫌犯罪的刑事侦查。并且，与打击医疗暴力的一系列政策文件相比，组织机构没有“两高”，似乎在一定程度上从反面说明了未将追诉和审判医保诈骗犯罪作为重要机制予以考虑。

第三，早期发布的典型案例没有体现对刑事责任的追究。发布典型案例是打击欺诈骗保的重要示范和风向标，同时具有重要的宣传普法意义。2019年国家医保局分三批通报了24件典型案例，此外全国共有29个省份通报了1200多件欺诈骗保典型案例。[1]2019年第一批[2]、第二批[3]、第三批[4]典型案例中，涉案金额最多的达到数百万元，但是通报仅限于民事和行政责任，未涉及“移交司法机关处理”的通报，更没有说明刑事后果。这样的通报，难免会让人产生骗取医保不承担刑事责任的误解。

2020年通报了一批（5件）典型案例，其中，“山西省运城仁爱医院骗取医保基金案”“黑龙江省绥化市望奎县惠七满族镇卫生院骗取医保基金案”出现了“移交公安（司法）机关处理”的表述。[5]2021年至今，已经通报了四批39件典型案例，其中，第一批9件案件全部构成犯罪（7件诈骗罪、1件

〔1〕 参见薛鹏:《管好“救命钱”解决“烦心事”》，载《中国纪检监察报》2019年11月19日，第3版。

〔2〕 参见《关于8起欺诈骗取医保基金典型案例的通报（第一批）》，载国家医疗保障局官网，http://www.nhsa.gov.cn/art/2019/1/25/art_74_3188.html，最后访问日期：2021年6月15日。

〔3〕 参见《关于8起欺诈骗取医保基金典型案例的通报（第二批）》，载国家医疗保障局官网，http://www.nhsa.gov.cn/art/2019/3/29/art_74_3189.html，最后访问日期：2021年6月15日。

〔4〕 参见《关于8起欺诈骗取医保基金典型案例的通报（第三批）》，载国家医疗保障局官网，http://www.nhsa.gov.cn/art/2019/5/15/art_74_3190.html，最后访问日期：2021年6月15日。

〔5〕 参见《国家医保局曝光台首期曝光典型案件（5例）》，载国家医疗保障局官网，http://www.nhsa.gov.cn/art/2020/7/10/art_74_3322.html，最后访问日期：2021年6月15日。

贪污罪、1件挪用公款罪)，公布了相应定罪量刑结果。[1]第二批10件案件，有6件移交公安机关处理，2件构成诈骗罪，2件被追究行政责任。[2]第三批10件案件，均未涉及刑事责任。[3]第四批10件案件，有1件移交公安机关侦办，其余9件未涉及刑事责任，且该批案件大多数均系飞行检查发现。[4]

从2020年开始表述为“移交司法机关处理”到2021年明确公布多件案件的刑事裁判后果，表明了相关机关逐渐认识到适用刑法、运用刑罚手段在惩治医保诈骗罪中的重要作用。

因此，尽管国家医疗保障主管部门囿于权限和认识，在专项行动初期没有联合相关部门专门提出更具针对性的刑事政策，但是反欺诈骗保的实践证明了刑事手段的必要性和重要性。以宽严相济刑事政策作为宏观指导，结合医保诈骗犯罪的实际和特点，予以具体贯彻和落实。

三、宽严相济刑事政策贯穿于医保诈骗犯罪的惩治中

宽严相济是我国基本的刑事政策，强调当宽则宽、当严则严，在我国医疗保障制度改革、推行全民医保，同时加强医保基金监管、欺诈骗保态势严峻的时代背景和现实状态下，应当在如下方面予以贯彻和落实。

(一)将惩治医保诈骗犯罪作为反欺诈骗保行动的重点

刑事政策的首要功能是确定特定时期重点打击犯罪的类型。如我国近年开展的“扫黑除恶”专项行动、严厉打击涉医违法犯罪专项行动、依法

---

〔1〕 参见《国家医保局曝光台2021年第一期曝光典型案件(9例)》，载国家医疗保障局官网，http://www.nhsa.gov.cn/art/2021/2/24/art_74_4505.html，最后访问日期：2021年6月15日。

〔2〕 参见《国家医保局曝光台2021年第二期曝光典型案件(10例)》，载国家医疗保障局官网，http://www.nhsa.gov.cn/art/2021/3/26/art_74_4762.html，最后访问日期：2021年7月15日。

〔3〕 参见《国家医保局曝光台2021年第三期曝光典型案件(10例)》，载国家医疗保障局官网，http://www.nhsa.gov.cn/art/2021/5/10/art_74_5031.html，最后访问日期：2021年6月15日。

〔4〕 参见《国家医保局曝光台2021年第四期曝光典型案件(10例)》，载国家医疗保障局官网，http://www.nhsa.gov.cn/art/2021/6/29/art_74_5393.html，最后访问日期：2021年7月10日。

惩治妨害新型冠状病毒感染肺炎疫情防控违法犯罪等。

在目前反欺诈骗保专项政策尚未体现出严厉打击医保诈骗犯罪的重要性的情况下，需要在实践中充分贯彻宽严相济刑事政策，联合法院、检察院等司法机关开展打击医保诈骗行动，向相关医保经办机关和人员强调打击医保诈骗犯罪对于维护医保基金安全的重要性，向社会公众广泛宣传骗取医保基金可能构成犯罪。具体举措有，统计数据中应当包含追究刑事责任的案件数量、涉案罪名、涉案总金额、刑罚裁量情况等，显示打击犯罪的力度；在通报的典型案例中，对是否构成犯罪、是否追究刑事责任予以特别说明，对被追究刑事责任的要说明定罪量刑的结果等，从而形成欺诈骗取医疗保障基金可能构成犯罪的共识，充分发挥刑法的一般预防功能。

（二）实体上既要体现政策变革过程中对于个体的宽容，更要体现对团伙化、职业化作案的严厉态度

如前所述，我国刑事立法对于医保诈骗行为触犯的罪名、构成要件和法定刑已作了明确的规定，宽严相济刑事政策主要体现为指导刑事司法活动。

首先，对于违规使用医保卡的参保人的从宽处罚。我国医疗保障体制改革处于不断深化的进程之中，部分制度存在不完善不合理之处，政策变动性较大。参保人由于不了解政策乃至于贪图小利，被他人利用或者本人使用虚假证明材料等骗取医保，数额不大的，可以不作为犯罪处理。例如，2015年浙江省诸暨市曾经发生一起“家人冒用医保卡获刑”案件。邹某（75岁）患有高血压30多年，长期吃降压药，本人参加的医保报销比例低，故让其女儿冒用丈夫（80岁）的社保卡到医院配药，从2011年2月～2015年7月，合计报销药费11,376.64元。诸暨市法院判处邹某及其女儿构成诈骗罪，判处拘役3个月缓刑5个月，并处罚金2000元。[1]类似案例，也发生于广

〔1〕 参见杨涛：《“家人冒用医保卡获刑”警示了什么》，载《北京青年报》2015年12月21日，A02版。

西南宁、浙江天台、云南彝良等地。尽管根据当时当地医保基金使用管理规定，该行为系冒用他人医保卡看病取药骗取医保费用的行为，构成犯罪。但是，家人之间的使用不同于交由其他人使用单纯谋利的行为，涉案金额也不是特别大，以情节显著轻微不作为犯罪处理为宜。

事实上，将“他人冒用”做“一刀切”的医保政策规定本身就具有不合理之处，案发当时，广东、重庆、四川、福建、浙江、山东等多个省市已有医保卡可供亲属使用的规定。〔1〕2021年医保基金改革，国务院办公厅发布了《关于建立健全基本职工医疗保险门诊共济保障机制的指导意见》，规定个人账户可以用于支付参保人员本人及其配偶、父母、子女在定点医疗机构就医发生的由个人负担的医疗费用，以及在定点零售药店购买药品、医疗器械、医用耗材发生的由个人负担的费用。允许使用职工个人账户中由个人负担的费用支付家人的就医和购药费用，实现家人共济，提高医保资金使用效率。符合以上条件的家人之间使用医保，不再构成违规，也不是犯罪。对于类似的情况，应当体现刑事政策“宽”的一面。此外，对于部分犯罪人因病致贫，医保手续烦琐严苛等导致的骗取医保的行为，应充分考虑个体原因和政策的不合理之处，依法予以从轻处罚。〔2〕

其次，对于团伙化、职业化骗取医保的犯罪分子，应当依法从重处罚。医保基金涉及部门多、链条长、节点复杂，实践中多人共同犯罪占绝大多

---

〔1〕 参见陈霄:《诸暨母女冒用家人医保卡获刑 有观点认为应首问责医疗机构》，载《法治周末》2015年12月30日，第4版。

〔2〕 在“张某某医保诈骗案”中，被告人因疾病需要高昂的医疗费，法院认为“未按医疗保险相关规定到定点医疗机构或定点药店购买，而是从私人手中以低价购买抗排异药品”，进行非法报销。法院未以此作为缺乏期待可能性的依据，但是以此作为降低可能性的依据。参见（2018）黑7104刑初79号。

在“刘某某等医保诈骗案”中，法院认为：“慢×××医保只能定点到一家医院、医保患者到院诊疗手续烦琐、单次诊疗处方的药品种类、药量限制严苛、医保药品名录药品单一等，都给医保患者带来不便，这些一定程度成为患者划卡套现犯罪的诱发因素，也一定程度成为医院方面配合套现的借口……在本地区，该种医保套现现象此前尚无以刑事司法程序处理先例，客观上，包括本案被告人在内的普通民众对此种行为构成犯罪缺乏预期。”参见（2017）吉0204刑初153号。

数，医保定点医药机构实施危害行为的比例极高，因而犯罪隐蔽时间长、利益性明确、查处难度大、涉案金额高，造成了医保基金的极大流失。例如，2018年11月，沈阳两家民营医院雇“病人”虚假住院、伪造病历骗取医保被曝光，刑事拘留37人，直接引发了反欺诈骗取医保专项行动“回头看”。又如，2021年1月，上海警方查获一个由24人组成的对配药、运输、仓储、贩卖医保药品一体化运作的犯罪团伙，当场查获的药品价值164万余元。〔1〕在判决书的检索范围内，涉案人数最多的是“刘某某医保诈骗案”，高达67人〔2〕；涉案金额最高的是“徐某某等诈骗案”，达到211,327,703.19元。〔3〕

此类团伙化、职业化的骗保案件，既有定点医药机构实施的，也有社会人士纠集实施的，极大可能还伴随监管部门的渎职乃至于包庇，极大破坏了我国的医疗保障秩序，造成国家医保基金的重大损失，应当依法予以从重处罚。

（三）程序上建立严密的查处医保诈骗的行刑衔接机制

在我国深化行政执法体制改革、全面依法治国的进程中，行政执法与刑事司法衔接的工作机制是其中的重要内容。在打击骗取医保这一具体领域，同样存在医保主管部门与公安机关的衔接问题，包括制度对接、证据转换、信息共享、检察监督、联席会议等具体内容。

在我国医疗保障体系改革过程中，医保基金由新组建的国家医保局统一管理，省、市、区各级医疗保障局逐步成立，在查处涉嫌医保诈骗犯罪的过程中，该新组建部门与公安机关的衔接出现了移送案件时间节点不明确、需要移送的材料和手续模糊、刑事证据标准和起诉标准不一致、移送

〔1〕 参见《上海警方全链条捣毁医保诈骗团伙》，载上海市公安局官网2021年3月23日，https://gaj.sh.gov.cn/shga/wzXxfbGj/detail?pa=f41aa3d5accbfad14fcbf784730c1c7f3246599c78cf0fe414d44fffed5146c4176c9517cf507b1737ace90f5ec15f77f89cd8d0bb43e938。

〔2〕 参见（2019）黑0231刑初30号。

〔3〕 参见（2020）粤刑终257号。

证据要求不明确和证据转化存在障碍等具体问题。[1]医保基金监管文件对此尚无明确规定，有的地方在实践中进行了有益的探索，如上海市人力资源和社会保障局、医疗保险办公室、公安局于2017年共同出台了《关于加强本市医疗保险欺诈案件查处和移送工作的通知》。

为了集中执法资源、依法形成刑罚的威慑力，避免出现“以罚代刑”“有罪不究”“降格处理”等惩治犯罪不力的现象，必须在诉讼机制和程序上体现“严”的要求，加强并细化惩治医保诈骗犯罪的行刑衔接机制，尤其是医保主管部门要真正认识追究刑事责任的意义，及时发现和移送犯罪线索。同时，检察机关应当积极介入，发挥监督职能。

（四）加大医保政策及反医保诈骗犯罪的宣传力度

在宽严相济刑事政策指导下，除了强化以上具体措施有效打击医保诈骗犯罪以外，还需要重视犯罪的预防。医疗保障作为一项覆盖全民的基本社会保障制度，尤其是在当前制度不断改革和完善的过程中，亟待加强政策和制度的宣传，让民众能够真正了解和享受到政策福利。同时，还应当让民众和医药机构了解政策和法律的“高压线”，明确违规、违法和犯罪的行为，增强刑事违法性认识，预防因不了解医保制度实施或者被他人利用实施犯罪的情形。

本章小结

医疗保障是促进人民健康的基本制度，是一国社会保障体系的重要组

〔1〕 参见赵蓁龄、张依勤、徐星宇：《关于完善打击骗保行刑衔接机制的探讨》，载《中国医疗保险》2020年第10期，第13－14页。

成部分，医保政策也是公共政策的一部分。我国处于不断深化医疗保障体制改革的进程中，合法高效使用医保基金并加强监管，需要打击欺诈骗取医保基金的行为，尤须重视对医保诈骗犯罪的惩治。

2018年国家医保局成立以后，高度重视医保基金监管，将维护医保基金安全放在首位，完善了相关机构设置、措施和制度。2021年5月1日，我国首个专门规范医保基金使用监管的行政法规《医疗保障基金使用监督管理条例》正式施行。通过专项行动、专项行动“回头看”、专项集中整治工作等，我国打击欺诈骗保工作取得了明显成效。同时，暴露出我国在医疗保险诚信机制、医保基金监管水平、监管力量、监管法规等方面仍然存在不足。

医保诈骗是全世界推行基本医疗保障制度国家面临的重要问题，是造成公共卫生效率低下的重要原因。我国惩治医保诈骗犯罪的立法依据是《社会保险法》和《刑法》，此外，与惩治医保诈骗关联度最高、效力等级相对较高的是《医疗保障基金使用监督管理条例》。在公共政策层面，《关于深化医疗保障制度改革的意见》将维护基金安全作为首要任务，以“零容忍”态度严厉打击欺诈骗保行为，依法追究欺诈骗保行为的责任；《关于开展打击欺诈骗取医疗保障基金专项行动的通知》等文件是打击骗保的专项政策，但我国目前尚无针对性的刑事政策，整体上未充分重视刑事责任的追究。将“宽严相济”刑事政策贯彻于惩治医保诈骗犯罪，需要明确将其作为反欺诈骗保行动的重点，实体上既要体现政策变革过程中对于个体的宽容，更要体现对团伙化、职业化作案的严厉，程序上建立严密的行刑衔接机制，同时还要加大医保政策及反医保诈骗犯罪的宣传力度。

附录 / 裁判文书检索简表

附表 1　医疗事故罪

序号	案件名称	案号	基本案情	鉴定情况	裁判结果	备注
1	胡某某医疗事故案	(2008)巢刑终字第36号	未经常规检查导致误诊、延误诊疗时间	一级甲等医疗事故	免予刑事处罚	
2	王某某医疗事故案	(2009)息刑初字第124号	未经鉴别诊断，仅经简单体检诊断即输液，误诊致病人死亡	间接因果关系	有期徒刑一年零六个月，缓刑三年	
3	陈某某医疗事故案	(2009)洛刑二终字第66号	违规一次性混合注射爱茂尔、阿米卡星、安比林，未及时抢救致病人死亡	一级甲等医疗事故	有期徒刑二年	
4	沈某医疗事故案	(2009)浙湖刑受终字第1号	病人因器官衰竭抢救无效死亡，医院病历书写不规范、由不具备会诊医师资格的医师会诊	有因果关系	维持驳回起诉裁定	
5	戴某某医疗事故案	(2010)攸法刑初字第283号	错把异型血给病人输入导致死亡	直接因果关系	拘役三个月	

续表

序号	案件名称	案号	基本案情	鉴定情况	裁判结果	备注
6	龚某某等医疗事故案	（2010）宜中刑终字第00013号	违规未检查诊疗，采取措施不力，未及时救治致病人死亡	一级甲等医疗事故	有期徒刑二年	
7	李某某医疗事故案	（2011）浚刑初字第230号	未询问饮酒情况直接使用头孢曲松钠，且未及时施救致病人死亡	一级甲等医疗事故	有期徒刑一年，缓刑一年	
8	徐某某医疗事故案	（2011）沪二中刑终字第129号	未取得医生执业资格，擅自为他人摘取节育器致其重伤	有直接因果关系	有期徒刑二年六个月	非法进行节育手术罪
9	陈某某医疗事故案	（2011）海南一中刑终字第26号	向病人滴注阿奇霉素速度过快，病人出现过敏后救治不力致其死亡	一级甲等医疗事故	有期徒刑一年六个月，缓刑二年	患者特异体质过敏，减轻被告人民事赔偿责任
10	陈某医疗事故案	（2012）温瑞刑初字第1919号	擅自开办诊所行医，给病人静滴复方丹参注射液致过敏死亡	有直接因果关系	有期徒刑十年，剥夺政治权利一年，并处罚金人民币三万元	持有乡村医生资格证、执业证，但超出地域范围行医，认定为非法行医罪
11	刘某某医疗事故案	（2012）象刑初字第79号	在静脉注射过程中病人出现异常，被告人仅简单处理，未停止静脉点滴致其死亡	一级甲等医疗事故	有期徒刑二年	
12	陈某某医疗事故案	（2012）开刑初字第577号	未做皮试注射头孢类药品致病人死亡	一级甲等医疗事故	有期徒刑一年零三个月	

续表

序号	案件名称	案号	基本案情	鉴定情况	裁判结果	备注
13	刘某某医疗事故案	(2013)淮刑初字第39号	口述处方并指派他人到患者家中为其输液，输液过程未在现场，药物诱发促进病人死亡	有因果关系	有期徒刑一年，并处罚金人民币一万元	认定非法行医罪
14	张某某医疗事故案	(2013)扶刑初字第96号	诊疗过程中使用外用药粉，擅自离开现场，致病人中毒死亡	一级甲等医疗事故	有期徒刑二年零六个月	
15	刘某某医疗事故案	(2014)陵刑初字第101号	未在申请单填写血型、未经血型核对，给患者输入错误血型的血浆及红细胞悬液致其死亡	一级甲等医疗事故	有期徒刑二年，缓刑三年	
16	高某某医疗事故案	(2014)南刑一终字第00008号	病人在被告人诊所进行“外分内扎”手术后因破伤风杆菌感染死亡	有因果关系	有期徒刑十年，并处罚金人民币两万元	认定非法行医罪
17	沈某某等医疗事故案	(2014)庐刑初字第00373号	在发现患者疲倦无力的情况下仍为其做节育手术，术中未规范操作，术后加重或加速患者心脏炎症性疾病致其死亡	间接因果关系	有期徒刑三年，缓刑三年，并处罚金一万元	部分认定非法进行节育手术罪
18	杨某医疗事故案	(2014)呼刑一终字第3号	因快速超量输入液体及药物致病人死亡	导致死亡	有期徒刑十二年，并处罚金人民币五千元	认定非法行医罪
19	包某医疗事故案	(2014)温乐刑初字第998号	未作常规检查，粗略诊断后使用药物进行静脉注射，病人出现异常后未进行抢救致其死亡	一级甲等医疗事故	有期徒刑十个月	

续表

序号	案件名称	案号	基本案情	鉴定情况	裁判结果	备注
20	冯某某医疗事故案	(2014)蓟刑初字第0047号	未做皮试直接注射过大用量的头孢等药物，输液过程中擅自离开致病人过敏而死亡	一级甲等医疗事故	有期徒刑一年，缓刑一年六个月	
21	李某医疗事故案	(2014)干刑事初字第54号	未确定相关禁忌症，未做皮试直接注射头孢唑林钠致病人过敏而死亡	一级医疗事故	有期徒刑八个月	
22	浩某某医疗事故案	(2014)泰姜刑初字第0040号	私自开具药物，在无实施手术资格及未进行必要的术前常规检查的情况下为孕妇实施清宫手术，致其大出血而死亡	导致死亡	有期徒刑一年	所属医院无过错
23	王某施某医疗事故案	(2014)花刑初字第00306号	由无医疗资格的王某问诊、配药、注射，施某审核王某出具处方并签名，因大剂量、显著过快注射林可霉素、氯化钠溶液致病人死亡	一级甲等医疗事故	王某犯非法行医罪，判处有期徒刑三年六个月，并处罚金三万元；施某犯医疗事故罪，判处有期徒刑一年六个月，缓刑二年	共同犯罪人分别构成不同罪名
24	王某某医疗事故案	(2014)望刑初字第41号	违反规定同时使用安痛定和庆大霉素致病人死亡	一级甲等医疗事故	免予刑事处罚	

续表

序号	案件名称	案号	基本案情	鉴定情况	裁判结果	备注
25	洛某某医疗事故案	(2014)长刑终字第00190号	明知病人体温低于正常标准，仍按医生原处方配药，未做皮试直接输液，输液过程擅自离开，病人因自身疾病及药物过敏共同作用致死	有因果关系	有期徒刑三年	
26	乔某某医疗事故案	(2015)垣刑初字第2号	未做皮试直接注射头孢曲松钠导致病人过敏而死亡	一级甲等医疗事故	有期徒刑二年，缓刑二年	
27	马某某医疗事故案	(2015)田刑初字第00016号	在马某某的指导下由无助产资格的护士费某某进行分娩医疗技术操作，因操作不规范致使新生儿重度窒息，造成脑颅损伤、脑瘫	二级丁等医疗事故/二级乙等医疗事故	免予刑事处罚	市、省医学鉴定意见不一致
28	杨某医疗事故案	(2015)一中刑终字第1247号	未及时巡视病房和定时松解被害人保护带，导致同室精神分裂症患者对其扼颈致死	一级甲等医疗事故	免予刑事处罚	事故由多原因造成，被告人只应对自身过失承担责任
29	李某某医疗事故案	(2017)闽01刑终1458号	产妇患有子痫前期重度，产后出血导致失血性休克而死亡，期间被告人主动处置危急情况，上报上级医生并参与抢救	一级甲等医疗事故	无罪	一审判决构成医疗事故罪，免予刑事处罚；二审改判无罪

续表

序号	案件名称	案号	基本案情	鉴定情况	裁判结果	备注
30	黄某某医疗事故案	(2017)川05刑终31号	不具有独立手术资格，未在执业医师指导下进行手术，术中擅自扩大手术范围，因术前未准备适合的“T”管而暂停手术，术后造成病人梗阻性黄疸、肝功能受损	三级乙等医疗事故	拘役五个月	
31	刘某等医疗事故案	(2018)吉0322刑初5号	病人因昏迷、休克入院就诊，被告人在家属否认糖尿病史后使用药物，病人因糖尿病酮症酸引起休克导致死亡	一级甲等医疗事故	无罪	市、省医学会鉴定意见不一致，法院采信省医学会意见
32	李某某医疗事故案	(2018)鄂03刑终71号	输液过程中擅自离开，病人出现异常反应，因自身冠心病急性发作而猝死	一级甲等医疗事故	一级甲等医疗事故	
33	刘某某医疗事故案	(2017)鲁01刑终295号	被告人因医疗技术水平低导致误诊，后因卫生所条件有限决定转院抢救，经抢救无效死亡	一级甲等医疗事故	无罪	所属卫生所承担主要责任
34	谢某某医疗事故案	(2015)东一法刑初字第3261号	经体征检查后用药，药物注射过程中病人出现异常反应而死亡	一级甲等医疗事故	无罪	对病情发展预见不足，对医疗技术过于自信

续表

序号	案件名称	案号	基本案情	鉴定情况	裁判结果	备注
35	韩某某、隋某某医疗事故案	(2017)辽01刑终45号	违规实施丰胸手术，术后感染致被害人双侧乳房损伤，重伤二级	三级丙等医疗事故	隋某某：有期徒刑六个月；韩某某：拘役五个月，缓刑六个月	
36	杜某某医疗事故案	(2016)黑02刑终100号	违规同瓶滴注、超剂量使用药物，输液过程擅自离开，病人出现异常反应再次输液，救治不力致病人死亡	一级甲等医疗事故	有期徒刑二年六个月	
37	崔某、孙某、李某某医疗事故案	(2016)吉04刑申11号	做气管切开手术时，因切口过低，导致病人大出血而死亡	一级甲等医疗事故	三被告人均被判决免予刑事处罚	
38	刘某某医疗事故案	(2015)潍刑一终字第74号	未做皮试直接静脉滴注头孢曲松钠，致病人死亡	一级甲等医疗事故	有期徒刑一年	
39	杨某医疗事故案	(2015)一中刑终字第1247号	未及时巡视病房和定时松解被害人保护带，导致同室精神分裂症患者对其扼颈致死	一级甲等医疗事故	免予刑事处罚	多原因造成，被告人只对自身过失承担责任
40	陆某某医疗事故案	(2020)云2626刑初244号	不规范使用缩宫素，强行使用加腹压方式娩出胎儿等不规范操作致使产妇及新生儿死亡	一级甲等医疗事故	有期徒刑一年，缓刑二年	

续表

序号	案件名称	案号	基本案情	鉴定情况	裁判结果	备注
41	屈某某、国某、张某医疗事故案	(2020)豫1302刑初283号	在无开展医疗美容手术及实施全麻的资格下，仍开展该手术，致病人死亡	一级甲等医疗事故	屈某某：有期徒刑一年零三个月；国某：有期徒刑一年；张某：有期徒刑十个月	
42	许某某医疗事故案	(2020)川0623刑初26号	未做皮试直接注射头孢曲松钠等药物，致病人死亡	一级甲等医疗事故	有期徒刑一年，缓刑一年	
43	王某某医疗事故案	(2019)辽1321刑初163号	违规混合配伍用药，致使病人在自身疾病上出现过敏而死亡	一级甲等医疗事故	有期徒刑一年六个月，缓刑一年六个月	
44	焦某某医疗事故案	(2019)豫1627刑初433号	在无静脉注射资格情况下为病人静脉注射，致病人死亡	一级甲等医疗事故	有期徒刑六个月	
45	李某某医疗事故案	(2019)皖0621刑初27号	违规将药物混合滴注，致病人死亡	直接因果关系	有期徒刑一年，缓刑一年六个月	
46	武某某医疗事故案	(2018)内0525刑初365号	到病人家中问诊输液后擅自离开，致病人过敏反应而死亡	一级甲等医疗事故	有期徒刑二年	
47	孙某某医疗事故案	(2018)辽1422刑初284号	未做皮试直接注射头孢曲松钠，致病人死亡	引起死亡	有期徒刑一年，缓刑二年	

续表

序号	案件名称	案号	基本案情	鉴定情况	裁判结果	备注
48	赵某某医疗事故案	(2018)浙0302刑初528号	未经影像学检查误诊为肾结石并输液，延误实际病情救治，致病人死亡	一级甲等医疗事故	有期徒刑九个月，缓刑一年	
49	林某医疗事故案	(2018)闽0721刑初14号	未做皮试直接注射头孢噻肟钠等药物，致病人死亡	一级甲等医疗事故	有期徒刑一年六个月，缓刑二年	
50	罗某医疗事故案	(2017)云2822刑初285号	在右肾切除手术中，误将病人畸形肾脏全部切除，造成病人重伤一级	二级甲等医疗事故	免予刑事处罚	自身先天肾畸形肾属罕见病例，紧急情况下基层医院的诊断及处理上有相当难度
51	王某某医疗事故案	(2017)苏0684刑初202号	未做皮试注射头孢他啶等药物，注射期间擅自离开，病人出现过敏发应后救治不力，致病人死亡	是死亡的直接因素	有期徒刑一年，缓刑一年六个月	
52	王某某医疗事故案	(2017)豫0322刑初161号	未做皮试直接注射药物，致病人死亡	导致死亡	有期徒刑一年	
53	陈某某医疗事故案	(2017)吉0122刑初129号	未现场问诊即开具处方，指派其妻到病人家中输液，病人发生过敏反应而死亡	不详	有期徒刑二年，缓刑二年	

续表

序号	案件名称	案号	基本案情	鉴定情况	裁判结果	备注
54	庞某某医疗事故案	(2017)吉0323刑初51号	未经基础检查，未开具处方即用药，致使病人发生过敏反应而死亡	引起死亡	有期徒刑一年，缓刑二年	
55	陈某某医疗事故案	(2016)鄂1122刑初148号	重复使用一次性输液器进行输液，致使多人染上急性丙肝	四级医疗事故	有期徒刑三年	
56	唐某某医疗事故案	(2016)津0103刑初679号	未做皮试使用注射用头孢曲松钠，致病人死亡	一级甲等医疗事故	有期徒刑一年六个月，缓刑一年六个月	
57	李某某医疗事故案	(2017)豫1627刑初22号	输液过程中病人发生过敏发应，后经抢救无效死亡	一级甲等医疗事故	拘役五个月	
58	陈某某医疗事故案	(2017)浙0782刑初371号	违规过量注射鱼肝油酸钠注射液，致病人死亡	存在因果关系	有期徒刑一年，缓刑二年	
59	李某某医疗事故案	(2016)皖0402刑初122号	医生用药错误，被告人未予以审核即发放药品，致病人死亡	一级甲等医疗事故	免予刑事处罚	违规发药只是被害人死亡的原因之一
60	宫某某医疗事故案	(2016)辽0881刑初274号	未询问相关过敏史及不具备用药条件下使用药物，致病人死亡	承担主要责任	有期徒刑二年，缓刑二年	
61	唐某某医疗事故案	(2016)黑1283刑初21号	误诊导致延误治疗，致病人死亡	一级甲等医疗事故	有期徒刑一年，缓刑一年	

续表

序号	案件名称	案号	基本案情	鉴定情况	裁判结果	备注
62	王某某、张某等医疗事故案	(2015)泗刑初字第0131号	在CR检查报告明确提示有血胸可能的情况下未予以确诊或排除，延误救治，致病人死亡	一级甲等医疗事故	王某某：有期徒刑九个月，缓刑一年；张某：有期徒刑九个月，缓刑一年；戴某：有期徒刑七个月，缓刑一年	
63	刘某某医疗事故案	(2015)射刑初字第00183号	仅作简单检查即联合使用抗菌药物，致病人死亡	一级甲等医疗事故	有期徒刑十个月	
64	张某某医疗事故案	(2015)宝刑初字第230号	在将两种药物混合同时使用的注射期间擅自离开，致使病人未得到及时抢救而死亡	一级甲等医疗事故	有期徒刑六个月，缓刑一年	
65	杨某某医疗事故案	(2015)农刑初字第198号	诊断不明确导致用药错误，病人发生过敏反应后救治不力，致其死亡	一级甲等医疗事故	有期徒刑二年八个月	疾病与过敏共同引起休克导致死亡
66	孙某某医疗事故案	(2015)双刑初字第89号	未做皮试注射头孢等药物，病人发生过敏反应未进行急救，致病人死亡	一级甲等医疗事故	有期徒刑三年	

附表2 “医闹”犯罪

序号	案件名称	案号	基本案情	罪名	量刑	备注
1	刘某某等医闹案	(2010)浦刑初字第3050号	认为医院贻误救治时机，带领亲属在急诊大厅聚集，封堵医院重要通道，致使就诊人员及救护车辆无法正常进出、警务人员受伤、大量群众围观，严重破坏医疗秩序	聚众扰乱社会秩序罪	有期徒刑九个月	同案被告人分别被判处有期徒刑六个月、拘役五个月（缓刑五个月）
2	黄某某医闹案	(2011)浦刑初字第1414号	认为医院贻误救治时机，带领亲属在急诊大厅聚集，封堵医院重要通道，致使就诊人员及救护车辆无法正常进出、警务人员受伤、大量群众围观，严重破坏医疗秩序	扰乱社会秩序罪	拘役五个月，缓刑五个月	
3	范某某等医闹案	(2011)汝刑初字第179号	认为手术过失导致患者死亡，封锁医院大门，在医院门诊大楼门口挂横幅、点蜡烛、放鞭炮等，致使医院工作无法正常进行，数名病人转院，严重破坏医疗秩序	聚众扰乱社会秩序罪	有期徒刑三年，缓刑四年	同案被告人被判处有期徒刑一年至二年不等，并宣告缓刑
4	刘某某等医闹案	(2012)磁刑初字第116号	认为医院治疗不及时导致患者死亡，召集多人打砸医院设备，封堵医院大门，阻止医务人员、看病群众等人员进出，违规停放尸体，致使医院遭受财产损失、就诊人员及救护车辆无法正常进出，严重破坏医疗秩序	聚众扰乱社会秩序罪	有期徒刑三年，缓刑三年	同案被告人有期徒刑二年，缓刑二年

续表

序号	案件名称	案号	基本案情	罪名	量刑	备注
5	徐某某等医闹案	（2013）湘刑初字第83号	因赔偿问题未达成协议，堵塞医院重要要道，在公安民警依法处置过程中对警务人员进行阻挠，致使警务人员不同程度受伤	妨害公务罪	拘役五个月	同案被告人拘役五个月，缓刑六个月
6	吕某某医闹案	（2013）佛中法刑一初字第49号 （2013）粤高法刑一终字第342号	因被害人在打击“医托”行动中表现积极而怀恨在心，指使吴某等人对被害人进行报复，刺伤被害人胸部并砍伤其腿部，致使被害人经抢救无效死亡	故意伤害罪	有期徒刑十年（一审） 有期徒刑十五年（二审）	
7	邱某某等医闹案	（2013）安刑初字第369号	认为医院存在过错导致患者病情加重去世，在病房内点燃钱纸、蜡烛等物品，以泼洒汽油相要挟，阻止工作人员处置尸体，此外还在医院门口敲锣打鼓、摆放花圈，堵塞医院大门，致使该院医疗秩序混乱，患者及家属受扰，无法正常休息，严重破坏医疗秩序	寻衅滋事罪	有期徒刑六个月	同案被告人被判处拘役五个月
8	黄某某医闹案	（2013）娄星刑初字第539号	认为患者死亡系医疗事故所致，纠集亲属封堵医院大门，在医院门口燃放鞭炮、烧纸线，并在民警处置过程中对民警进行辱骂和阻挠，致使医疗秩序混乱、民警受轻微伤	妨害公务罪	有期徒刑八个月	

续表

序号	案件名称	案号	基本案情	罪名	量刑	备注
9	张某某等医闹案	(2014)田刑初字第00224号	认为医院因对患者死亡负主要责任，违规停放患者尸体，在医院门口奏放哀乐、摆放花圈、拉横幅、燃放鞭炮，封锁医院住院部、门诊大门，雇佣多人进行医闹，致使医院正常诊疗活动无法开展，严重破坏医疗秩序	聚众扰乱社会秩序罪	有期徒刑六个月	同案被告人被判处拘役四个月
10	谷某某等医闹案	(2014)含刑初字第00049号	认为医院应对男婴死亡负有责任，纠集多名亲属，违规停放尸体，封堵医院重要通道，砸伤医务人员，并在民警处置过程中对民警进行撕扯、殴打，致使医院遭受财产损失、多名医务人员和执法人员受伤，严重破坏医疗秩序	聚众扰乱社会秩序罪	有期徒刑三年，缓刑四年	同案被告人被判处有期徒刑一年至二年不等，并宣告缓刑
11	彭某某等医闹案	(2014)汕河法刑初字第22号	为给医院增加压力，纠集数人多次在医院燃烧冥纸，阻止医院将患者尸体搬走，并使用暴力阻碍医院工作人员的清场工作，致使医院的治疗工作无法正常进行、多名民警受伤，给医院造成了严重损失及恶劣的社会影响	聚众扰乱社会秩序罪	有期徒刑三年，缓刑四年	同案被告人有期徒刑三年，缓刑四年
12	黄某某等医闹案	(2014)穗荔法刑初字第446号	认为胎儿死亡与医院处置不当存在关系，纠集家属及同乡，在医院门口聚集拜祭死婴，通过多种形式进行哄闹，堵塞医院出入口，打砸医院设备，并与医院工作人员和警务人员发生冲突，致使医护人员及患者不能正常出入、医院重大财产损失、多名医务人员和警务人员受伤，严重破坏医疗秩序	聚众扰乱社会秩序罪	有期徒刑一年九个月	同案被告人有期徒刑六个月至八个月不等

续表

序号	案件名称	案号	基本案情	罪名	量刑	备注
13	邓某某等医闹案	(2014)安刑初字第123号	因患者看病时与医生发生口角,叫来多人追赶被害人,并使用匕首捅伤被害人背部,致使被害人受伤,经鉴定为轻伤甲级	故意伤害罪	有期徒刑七个月	同案被告人分别免予刑事处罚、被判处拘役五个月、有期徒刑六个月
14	刘某某医闹案	(2014)耒刑一初字第80号	认为患者死亡系医院打针所致,纠集亲属在医院闹事,封堵医院要道,殴打医务人员,致使医院工作秩序遭到严重破坏	聚众扰乱社会秩序罪	有期徒刑六个月	
15	刘某某医闹案	(2014)栗刑初字第141号	认为医院应对患者死亡负责,纠集多名亲属,违规停放尸体,在医院燃放鞭炮、焚烧纸钱,封堵医院大门打砸医院设备,致使人员和车辆无法正常通行,医疗工作无法正常开展,严重破坏医疗秩序	聚众扰乱社会秩序罪	有期徒刑三年,缓刑三年	
16	陈某某等医闹案	(2014)安刑初字第692号	认为患者病情恶化死亡系医院责任所致,纠集亲属打砸医院,殴打医务人员及执勤人员,违规停放尸体,围堵医院要道,致使医院遭受重大财产损失、多名医务人员和警务人员受伤,严重破坏医疗秩序	聚众扰乱社会秩序罪	有期徒刑三年	同案被告人分别被判处有期徒刑一年至一年三个月不等,并宣告缓刑
17	黄某某等医闹案	(2014)西法刑初字第729号	认为患者死因异常,殴打、辱骂医务人员,封锁医院大门,对前来解救的相关人员进行暴力阻挠,致使医务人员和警务人员受伤、医疗通道被严重堵塞,严重破坏了医疗秩序	寻衅滋事罪	有期徒刑一年零六个月	同案被告人被判处拘役六个月

续表

序号	案件名称	案号	基本案情	罪名	量刑	备注
18	周某某等医闹案	（2014）蜀刑初字第00400号	为向医院讨要说法，纠集多名亲属，违规停放尸体，在医院大门口摆花圈、拉横 幅，对依法执行职务的公安人员进行撕扯、拉拽，致使医院门口堵塞、多名执法人员受伤，严重破坏医疗秩序	寻衅滋事罪	有期徒刑一年，缓刑一年零二个月	同案被告人被判处有期徒刑十个月，缓刑一年
19	赵某某等医闹案	（2014）文刑初字第399号	为给医院施加压力、迫使医院作出赔偿，纠集数名亲属，违规停放尸体，在医院门诊大厅设置灵堂，堵塞医院大门，并采取撕扯、抓打等方式阻碍公安民警执行公务，致使医务人员工作和患者就诊受到严重影响、多名警务人员受伤，严重破坏医疗秩序	聚众扰乱社会秩序罪	有期徒刑九个月	同案被告人被判处有期徒刑六个月至拘役四个月（缓刑六个月）不等
20	吴某某等医闹案	（2013）湛徐法刑初字第39号	认为医院治疗存在过错，纠集多人在医院闹事，恐吓和殴打医务人员，堵塞医院要道，打砸医院设备，致使多名医务人员受伤、医院遭受财产损失、医疗工作无法正常开展，严重破坏医疗秩序	聚众扰乱社会秩序罪	均被判处管制二年	
21	程某某等医闹案	（2015）穗花法刑初字第179号	认为医院处理不当，纠集亲属和老乡，通过拉横幅、放鞭炮、烧纸、烧香、静坐等方式拦路、堵车、堵门，并使用暴力等方式阻扰公安人员，致使医院工作营业无法正常开展、多名警务人员受伤，严重破坏医疗秩序	聚众扰乱社会秩序罪	有期徒刑十一个月	同案被告人被判处有期徒刑十个月零十日之十一个月，其中部分缓刑，部分没有宣告缓刑

续表

序号	案件名称	案号	基本案情	罪名	量刑	备注
22	熊某某等医闹案	(2015)博刑初字第94号	认为患者死亡系医院的责任，纠集多名亲属进行哄闹，关锁医院大门，违规停放棺材阻碍他人进出，打砸医院设备，辱骂医务人员，致使医院工作无法进行，给国家和社会造成严重损失，严重破坏医疗秩序	聚众扰乱社会秩序罪	有期徒刑三年六个月	同案被告人分别被判处有期徒刑一年至一年二个月不等，其中七人被判处缓刑
23	佟某某等医闹案	(2015)阳刑初字第14号	因无法接受患者死亡事实与医院发生争执，违规抢占病房停放尸体，在医院门口焚烧纸钱，并对依法执行公务的警务人员进行厮打，致使医疗机构正常工作秩序受到严重破坏、多名警务人员受伤	妨害公务罪	均被判处有期徒刑一年，缓刑一年	
24	覃某某医闹案	(2015)兴刑初字第56号	认为医院出具相关病历和疾病证明书都是伪造的，为要求该院赔偿其经济损失，在非法上访过程中意欲服用农药，后被公安民警制止，便将农药洒在其身上，并陷入昏迷，其间引起很多来往人员的围观，致使公共场所秩序严重混乱	寻衅滋事罪	有期徒刑一年四个月	来宾市卫生局已明确答复覃某，来宾市中医医院在医患行为中没有过错
25	肖某某等医闹案	(2015)穗花法刑初字第446号	认为患者死亡与医院有关，纠集多人堵塞医院出入口，在医院内燃放鞭炮、焚烧纸钱，暴力抗拒公安人员执行职务，致使看病群众和救护车辆不能正常出入、多名警务人员受伤，严重破坏医疗秩序	聚众扰乱社会秩序罪	有期徒刑八个月	同案被告人被判处有期徒刑七个月

续表

序号	案件名称	案号	基本案情	罪名	量刑	备注
26	秦某某等医闹案	（2015）沽刑初字第23号	认为患者分娩后所患有的疾病系接生医生过错所致，殴打和辱骂医务人员，打砸医院设备，抢占医院办公室进行生活，在医院楼道燃放鞭炮，致使医务人员受伤、医院财产受损，严重破坏医疗秩序	寻衅滋事罪	有期徒刑十个月	同案被告人被判处有期徒刑八个月
27	刘某某医闹案	（2015）东刑初字第58号	认为患者死亡系医疗事故所致，组织数人在医院门诊楼前摆放花圈、焚烧纸钱、悬挂横幅等，并持刀捅刺依法执行公务的公安民警，致使警务人员受伤，严重破坏医疗秩序	故意伤害罪、聚众扰乱社会秩序罪	故意伤害罪，判处有期徒刑四年零六个月；犯聚众扰乱公共场所秩序罪，判处有期徒刑一年。决定执行有期徒刑五年	
28	李某某等医闹案	（2015）楚中刑终字第4号	因不满医院对患者死亡一事作出的答复，纠集亲属堵塞医院要道，违规停放尸体，在医院门诊大厅摆花圈、烧纸钱、放哀乐进行祭拜，殴打、辱骂相关医务人员和警务人员，致使患者无法正常就诊、药品和医疗器材无法正常输送、医务人员和警务人员受伤，严重破坏医疗秩序	聚众扰乱社会秩序罪	有期徒刑三年	①同案被告人分别被判处有期徒刑一年至一年零三个月不等，其中一人被宣告缓刑；②一级甲等医疗事故，元谋县医院承担次要责任
29	贾某某医闹案	（2015）温瓯刑初字第514号	认为其腹痛系因做B超时被探头捅伤所致，先后30余次到卫生中心滋事吵闹，辱骂工作人员，致使相关工作人员无法正常上班并患上神经衰弱，严重破坏医疗秩序	寻衅滋事罪	有期徒刑一年六个月	

续表

序号	案件名称	案号	基本案情	罪名	量刑	备注
30	张某某等医闹案	（2015）德刑初字第157号	认为患者死亡系医疗事故所致，聚集在医院大吵大闹，打砸医院设备，并对依法执行公务的公安民警进行威胁、辱骂和聚众围攻阻扰，致使医院科室工作瘫痪、医院财产损失，严重破坏医疗秩序	聚众扰乱社会秩序罪	有期徒刑一年，缓刑一年六个月	同案被告人分别被判处拘役三个月至四个月、有期徒刑六个月至十个月不等，并宣告缓刑
31	林某某等医闹案	（2015）渝刑初字第00192号	认为医院应对患者的死亡负责，封锁医院进出口门，在警务人员处置的过程中，以暴力手段阻碍人民警察依法执行职务，致使公安民警执行公务受到影响	妨害公务罪	均拘役三个月	
32	蒋某某等医闹案	（2015）永中法刑一终字第126号	因对尸体解剖鉴定一事未达成协议，违规停放患者尸体，在尸体面前烧香焚纸，殴打医务人员，致使医院正常的工作秩序受到影响，严重破坏医疗秩序	聚众扰乱社会秩序罪	均免予刑事处罚	
33	刘某某医闹案	（2015）永刑初字第255号	认为患者的死亡系医院治疗不当所致，纠集亲属采取摆放冰棺、焚烧纸钱、奏哀乐等手段进行滋事，后以此为借口多次上访，以赴京上访、跳楼等手段相威胁索要钱财，致使医护人员不能正常工作，病人不能正常就诊，严重破坏医疗秩序	寻衅滋事罪	有期徒刑一年六个月，缓刑二年	
34	杨某某医闹案	（2015）穗荔法刑初字第646号	认为胎儿死亡系医院处置不当所致，纠集多名亲属和同乡，在医院门口拜祭死婴和静坐示威，堵塞医院出入口，打砸医院大堂，致使医院及周边社会秩序受到严重影响，多人受伤，并造成医院财产损失，严重破坏医疗秩序	聚众扰乱社会秩序罪	有期徒刑二年三个月	

续表

序号	案件名称	案号	基本案情	罪名	量刑	备注
35	刘某某医闹案	（2015）昌刑初字第225号	因患者死亡产生纠纷，在医院摆放花圈、烧纸，并采取脚踹、手抓等暴力手段阻碍民警依法执行公务活动，致使警务人员受伤，严重破坏医疗秩序	聚众扰乱社会秩序罪	有期徒刑一年，缓刑一年六个月	
36	王某某等医闹案	（2015）鄱刑初字第180号	认为患者死亡系医疗行为不当所致，纠集多名亲属违规停放尸体，在尸体前设灵堂、烧纸、焚香，在医院门口摆放花圈，封堵医院大楼，致使医疗秩序严重混乱	寻衅滋事罪	均有期徒刑六个月	
37	段某某等医闹案	（2015）相刑初字第00301号	因与医院商谈赔偿事宜未果，纠集数名亲属，在医院摆放花圈，设置灵堂，违规停放患者尸体，并封堵医院大门，围堵殡葬车并殴打相关工作人员，致使无法正常开展医疗工作，严重破坏医疗秩序	聚众扰乱社会秩序罪	有期徒刑三年	同案被告人有期徒刑二年，缓刑三年
38	颜某某医闹案	（2015）潭刑初字第386号	因对医院不满，以放鞭炮、堵门等方式在医院闹事，采取拖扯民警衣服、手臂的方式阻挠民警执法，致使警务人员受伤，严重破坏医疗秩序	妨害公务罪	有期徒刑七个月，缓刑一年	
39	余某某等医闹案	（2015）陆刑初字第336号	认为患者死亡系医院不及时抢救所致，采取拉横标、焚烧香纸、撒纸钱的方式哄闹、封堵医院大门及相关医疗场所，致使医院工作无法正常开展，严重破坏医疗秩序	聚众扰乱社会秩序罪	有期徒刑九个月	同案被告人分别被判处有期徒刑七个月、八个月

续表

序号	案件名称	案号	基本案情	罪名	量刑	备注
40	刘某某等医闹案	（2015）海刑初字第2976号	因酒后无故滋事，殴打医务人员，打砸医院设备，致使医务人员受伤、医院财产受损，严重破坏医疗秩序	寻衅滋事罪	有期徒刑十个月	同案被告人被判处有期徒刑九个月
41	朱某某等医闹案	（2015）临刑初字第00256号	认为患者死亡系医生责任，数次在医院哄闹，辱骂、殴打医务人员，违规停放患者尸体，打砸医院，破坏医院设施，封堵医院大门，致使病人无法正常就医、医疗工作无法顺利开展，严重破坏医疗秩序	聚众扰乱社会秩序罪	有期徒刑三年，宣告缓刑五年	其中一人免予刑事处罚，其余五人分别判处一年至二年不等，并宣告缓刑
42	叶某某医闹案	（2015）龙刑初字第225号	认为医生对病情存在误诊，在医院门口拉横幅、放鞭炮、散发传单，阻碍车辆及人员进出，并对主治医生进行恐吓和侮辱，致使医院的诊疗工作无法正常开展，严重破坏医疗秩序	寻衅滋事罪	有期徒刑四年	
43	郭某某医闹案	（2016）晋05刑终第117号	认为医院存在医疗失误，多次酒后在医院吵闹，毁损医院财物，致使医院财物受损，严重破坏医疗秩序	寻衅滋事罪	有期徒刑二年	
44	王某某等医闹案	（2016）沪0109刑初389号	因与医院产生医患纠纷，以拉横幅、堵门砸门等方式扰乱医院公共秩序，并采用拉扯、踢打等暴力手段妨害民警执行公务，致使警务人员受伤，严重破坏医疗秩序	妨害公务罪	均被判处拘役六个月	

续表

序号	案件名称	案号	基本案情	罪名	量刑	备注
45	宋某某等医闹案	（2016）鲁1202刑初143号	认为患者死亡系医院责任，纠集数名亲属，违规停放尸体，在医院摆放花圈、焚烧火纸、播放哀乐等，殴打、威胁医务人员，打砸医院设备，致使医务人员受伤、诊疗工作无法正常开展，严重破坏医疗秩序	聚众扰乱社会秩序罪	有期徒刑三年，宣告缓刑四年	
46	余某某等医闹案	（2016）皖0825刑初58号	认为医院对男婴的死亡负有责任，在医院进行哄闹，打砸医院设备，摆放花圈，造成恶劣影响，致使医院无法正常工作，严重破坏医疗秩序	聚众扰乱社会秩序罪	有期徒刑三年，缓刑三年	同案被告人被判处期徒刑一年十个月至有期徒刑二年不等，并宣告缓刑
47	白某某医闹案	（2016）冀06刑终336号	认为医院误诊病情，纠集多人封堵医院，违规停放尸体，在医院内设灵堂、摆花圈、烧纸、放炮，打砸医院设备，致使医院医疗工作无法正常进行，严重破坏医疗秩序	聚众扰乱社会秩序罪	有期徒刑四年	
48	苏某某等医闹案	（2016）桂08刑终75号	认为患者死亡系医院责任，纠集数名村民堵塞医院门前的二级公路，在医院门口附近聚众闹事，围攻、谩骂、殴打医务人员，致使医院无法正常开展医疗工作，病人无法进入医院就诊，严重破坏医疗秩序和周边的交通秩序	聚众扰乱社会秩序罪	有期徒刑三年三个月	同案被告人分别被判处有期徒刑两年至二年六个月
49	杨某某等医闹案	（2016）豫1122刑初142号	认为患者死因异常，违规停放患者尸体，对医务人员进行围攻、谩骂、拉扯，纠集亲属和村民在医院门诊楼前摆放花圈、拉横幅、放哀乐等，致使医院工作无法开展	聚众扰乱社会秩序罪	有期徒刑三年，宣告缓刑三年	同案被告人被判处有期徒刑一 年，宣告缓刑二年

续表

序号	案件名称	案号	基本案情	罪名	量刑	备注
50	胡某某医闹案	(2016)川1502刑初537号	因患者死亡导致现场秩序混乱，在民警维持秩序过程中，辱骂、推搡、殴打执法民警，致使警务人员受伤，严重扰乱社会秩序	妨害公务罪	有期徒刑两年	
51	杜某某医闹案	(2016)晋10刑终253号	认为患者死亡系医疗事故所致，骑着篷布上悬挂死亡患者照片和写着冤枉、告状理由等文字的三轮车，多次到医院门口大声喧哗，造成恶劣影响，致使医疗秩序遭到严重破坏	寻衅滋事罪	有期徒刑九个月	认定侯马市人民医院对患者诊疗过程符合常规，不承担赔偿责任
52	宋某某等医闹案	(2016)晋1024刑初151号	因与医院协商不成，违规停放患者尸体，在急诊大厅设置灵堂，摆放遗像、香案、祭品等物品，致使急诊大厅秩序混乱，严重破坏医疗秩序	聚众扰乱社会秩序罪	有期徒刑三年六个月	同案被告人被判处有期徒刑三 年，缓刑三年
53	张某某医闹案	(2016)湘0621刑初255号	认为婴儿死亡系医生错误处方所致，纠集数名亲属，打砸医院设备，封堵医院大 门，纠缠殴打医务人员，致使医务人员受伤、医院财产受损，严重破坏医疗秩序	聚众扰乱社会秩序罪	有期徒刑三年；缓刑三年	
54	陈某某等医闹案	(2016)晋0427刑初62号	认为患者死亡系医院责任，违规停放患者尸体，在医院大厅摆放花圈、贡品等物，进行祭奠活动，致使医院医疗活动无法正常进行，严重破坏医疗秩序	聚众扰乱社会秩序罪	有期徒刑三年，缓刑三年	同案被告人免予刑事处罚、被判处有期徒刑一年至二年并宣告缓刑不等

续表

序号	案件名称	案号	基本案情	罪名	量刑	备注
55	曹某某等医闹案	（2016）皖0405刑初107号	因与医院协商无果，纠集数名亲属，在医院采取摆设花圈、拉横幅、烧纸、用拖拉机堵门、尸体停放在病房、辱骂医务人员等手段，聚众扰乱医院工作秩序，致使医院无法正常工作，严重破坏医疗秩序	聚众扰乱社会秩序罪	有期徒刑三年，缓刑四年	同案被告人被判处有期徒刑六个月至一年不等，并宣告缓刑
56	杨某某医闹案	（2016）渝0103刑初985号	因与被害人发生纠纷，用手猛击被害人头部，致使被害人右眼受伤，损伤程度为轻伤一级	故意伤害罪	有期徒刑一年二个月	
57	许某某医闹案	（2016）甘11刑终183号	认为医生服务态度不好，故意殴打医务人员，致其受伤，严重扰乱社会秩序	寻衅滋事罪	有期徒刑一年六个月	
58	赵某某医闹案	（2017）黑01刑终69号	因酒后闹事，随意谩骂医务人员，并用脚将医院注射室、诊室房门踹坏，致使医院财产损失，严重破坏医疗秩序	寻衅滋事罪	有期徒刑四年六个月	
59	丘某某等医闹案	（2016）闽0821刑初202号	因与医院协商未果，纠集多名亲属，违规停放患者尸体，封堵医院大门，在医院设灵堂、摆花圈、播哀乐等，谩骂拉扯医护人员，致使医疗工作无法正常进行，医疗业务量严重下降，严重破坏医疗秩序	聚众扰乱社会秩序罪	有期徒刑一年九个月，缓刑二年	同案被告人分别被判处有期徒刑六个月至一年六个月不等，并宣告缓刑

续表

序号	案件名称	案号	基本案情	罪名	量刑	备注
60	范某某等医闹案	(2017)鄂1126刑初54号	因医患纠纷，在医院门诊部烧香纸、燃放鞭炮，封堵医院大门，殴打医务人员、律师和民警，致使医务人员、律师、民警受伤，医院工作无法正常开展医疗秩序	寻衅滋事罪	有期徒刑一年	同案被告人被判处有期徒刑六个月，缓刑一年
61	王某某等医闹案	(2017)皖1721刑初52号	因未与医院达成协议，破坏医院财物，违规停放患者尸体，在住院部门口及医院门口的公路上燃放鞭炮，踢落民警手机，迫使人民政府支付安葬费等费用，致使医院门诊基本停诊，正常工作无法进行，社会影响恶劣，严重破坏医疗秩序	聚众扰乱社会秩序罪	有期徒刑三年，缓刑三年	同案被告人分别被判处有期徒刑一年至二年不 等，并宣告缓刑
62	胡某某等医闹案	(2017)豫1422刑初263号	因受雇于他人，在医院进行闹事，对医务人员进行辱骂，并扬言放花圈、扯横幅，影响医院声誉，致使医院工作人员无法正常办公，严重破坏医疗秩序	组织、领导、参加黑社会性质组织罪、寻衅滋事罪	犯组织、领导、参加黑社会性质组织罪，判处有期徒刑七年…… 犯寻衅滋事罪，判处有期徒刑七年……数罪并罚，决定执行有期徒刑十一年	同案被告人数罪并罚后分别有期徒刑二年七年不等

续表

序号	案件名称	案号	基本案情	罪名	量刑	备注
63	黄某某等医闹案	（2017）粤0103刑初953号	认为胎儿死亡与医院有关，纠集数位亲属，通过拜祭死婴、撒冥纸、拉横幅等形式在医院门口哄闹，堵塞医院出入口，与医务人员发生冲突和打斗，冲破民警防线，打砸医院大堂，致使医院财物受损、医务人员受伤、正常医疗工作无法开展，严重破坏医疗秩序	聚众扰乱社会秩序罪	有期徒刑二年一个月	同案被告人判处有期徒刑十个月
64	吴某某等医闹案	（2017）皖0421刑初303号	认为患者死亡系医院责任，纠集亲属村民，在医院门口采取堵门、焚烧纸钱、摆放花圈、摆设灵堂等方式聚众滋事，致医院正常工作无法开展，严重破坏医疗秩序	聚众扰乱社会秩序罪	有期徒刑一年，缓刑一年六个月	同案被告人被判处有期徒刑十个月，缓刑一年二个月
65	黎某某医闹案	（2017）湘0481刑初473号	认为婴儿死亡系医院打针所致，纠集亲属闹事，在医院大厅门口燃放鞭炮，封堵医院要道，扯打医务人员，致使医院正常工作无法顺利进行，严重破坏医疗秩序	聚众扰乱社会秩序罪	有期徒刑九个月	
66	宋某某医闹案	（2018）豫1303刑初125号	为要挟政府给其解决宅基地，将母亲遗弃在医院且拒不支付医药费用，违规停放其尸体，并在因非法上访已受过公安机关训诫处罚、行政拘留处罚的情况下，仍然多次非法上访，致使社会公共秩序受到严重影响	寻衅滋事罪	有期徒刑四年	

续表

序号	案件名称	案号	基本案情	罪名	量刑	备注
67	刘某某医闹案	（2017）湘0111刑初1107号	因纠纷怀恨在心，趁被害人不备，使用裁纸刀刺向被害人右颈部，致使被害人受伤，损伤程度为轻伤二级	故意伤害罪	有期徒刑一年	法院认定医院有过错，但未鉴定其过错程度
68	宋某某等医闹案	（2018）鲁1003刑初107号	认为患者死亡系医院责任，在医院打砸闹事，在民警出警过程中，采用辱骂、言语威胁等手段，阻碍民警依法执行公务，致使警务人员手部受伤，严重扰乱社会秩序	妨害公务罪	有期徒刑七个月，缓刑一年	同案被告人被判处有期徒刑六个月，缓刑一年
69	陈某某等医闹案	（2018）浙1022刑初132号	认为患者死亡系医院责任所致，纠集亲属等人，在病房内焚烧纸钱，与医院保安发生扭打，破坏医院设备，致使医院财物受损、相关人员受伤、医疗活动无法正常开展，严重破坏医疗秩序	聚众扰乱社会秩序罪	有期徒刑二年，缓刑二年六个月	同案被告人被判处有期徒刑八个月至有期徒刑一年八个月不等，除一人以外，其余人宣告缓刑
70	宁某某医闹案	（2018）黑0108刑初133号	因不满医院处理方式，在医院使用高音喇叭宣扬吵闹，并拒绝配合民警执法而与民警发生撕扯，致使警务人员受伤，严重扰乱社会秩序	妨害公务罪	有期徒刑八个月，缓刑一年	
71	谭某某等医闹案	（2018）湘04刑终217号	认为医院应对患者死亡负全部责任，纠集数人，违规停放患者尸体，在医院门口拉横幅、燃放鞭炮，封堵医院大门，并与医院保安人员发生冲突，致使医院正常工作无法顺利开展、相关人员受伤，严重破坏医疗秩序	聚众扰乱社会秩序罪、故意伤害罪	谭某某犯聚众扰乱社会秩序罪，判处有期徒刑三年四个月	赵某某犯聚众扰乱社会秩序罪，判处有期徒刑一年六个月；犯故意伤害罪，判处有期徒刑六个月，决定执行有期徒刑一年九个月

续表

序号	案件名称	案号	基本案情	罪名	量刑	备注
72	贾某某等医闹案	(2018)豫1424刑初508号	认为患者死亡与医院有关，纠集多人到医院，采取戴孝帽、孝布进行哭闹的方式，阻塞急诊通道，煽动围观群众，致使医院工作无法进行，严重破坏医疗秩序	聚众扰乱社会秩序罪	有期徒刑三年，缓刑四年	同案被告人被判处有期徒刑三年，缓刑三年
73	尹某某等医闹案	(2018)津0117刑初468号	受精神疾病影响，无故对诊断医生进行殴打，并打伤前来劝架的医生和保安，砸损诊室设施，致使相关人员受伤、医院财物受损，严重破坏医疗秩序	寻衅滋事罪	有期徒刑一年	同案被告人被判处有期徒刑六个月，缓刑一年
74	刘某某医闹案	(2018)冀0203刑初211号	认为胎儿死亡系医院责任，违规停放尸体，封堵产科医生办公室、拉条幅、贴海报，并采用阻挡、叫骂、拦截等方式冲击执法人员，与执法人员发生肢体冲突，致使警务人员受伤，严重破坏医疗秩序	妨害公务罪	免予刑事处罚	
75	罗某某医闹案	(2018)粤0604刑初966号	因医院拒绝为其开具诊断证明书，多次找院方吵闹，辱骂拉扯医务人员，打砸医院财物，抢占医院床位，在医院门口挂条幅，致使医院财物损失、患者无法正常就医、医疗工作无法顺利开展，严重破坏医疗秩序	寻衅滋事罪	有期徒刑二年	医疗行为与医疗不足与罗某某主张的损害后果之间无因果关系
76	赵某某医闹案	(2018)冀0606刑初42号	认为患者死亡与医院有关，纠集数位亲属，在医院内打条幅、焚烧纸钱、使用扩音器喊话、损坏医用物品、追打医院保安、推搡警察、辱骂医务人员，致使医院财产受损、相关人员受伤、医疗工作无法顺利开展，严重破坏医疗秩序	聚众扰乱社会秩序罪	有期徒刑三年，缓刑三年	

续表

序号	案件名称	案号	基本案情	罪名	量刑	备注
77	周某某医闹案	（2019）鲁02刑终119号	因医疗纠纷，在门诊大厅吵闹，与医院保安发生争执和撕扯，致使相关人员受伤，严重破坏医疗秩序	故意伤害罪	有期徒刑一年九个月	
78	李某某等医闹案	（2018）苏0723刑初318号	因欲给医院施加压力，违规停放患者尸体，纠集数名亲友，携带危险品至医院，封堵医院要道，辱骂、冲撞、推搡维持秩序的民警，致使民警无法正常执行公务，严重破坏医疗秩序	聚众扰乱社会秩序罪	有期徒刑三年	同案被告人被判处有期徒刑一年三个月至一年六个月不等，并宣告缓刑
79	朱某某等医闹案	（2019）苏0381刑初120号	认为患者死亡系医院责任所致，纠集数人在医院大厅停放尸体、烧火纸、摆放花圈、播放哀乐，并辱骂医务人员和病人，致使医护人员无法正常从事医疗工作，多名病人不能及时就诊或者被迫转、出院，严重破坏医疗秩序	聚众扰乱社会秩序罪	有期徒刑三年	同案被告人分别被判处有期徒刑十个月至一年二个月，并宣告缓刑
80	王某某医闹案	（2019）陕0828刑初20号	认为腿部残疾系医疗事故所致，以非法上访的方式多次索要财物，并多次扰乱巡视组的正常工作秩序，致使社会影响恶劣，严重扰乱社会公共秩序	寻衅滋事罪	有期徒刑三年，宣告缓刑五年	经佳县医疗鉴定委员会做出结论，不属医疗事故
81	刘某某医闹案	（2019）冀02刑终188号	认为胎儿死亡系医院责任，违规停放尸体，在医院拉条幅、贴海报，并采用阻挡、叫骂、拦截等方式冲击执法人员，与执法人员发生肢体冲突，致使警务人员受伤，严重破坏医疗秩序	妨害公务罪	免予刑事处罚	

续表

序号	案件名称	案号	基本案情	罪名	量刑	备注
82	刘某某等医闹案	（2019）冀0133刑初86号	认为患者死亡系医院责任，在医院门口拉条幅、放花圈、放炮，并对民警实施了推搡、追赶、殴打等行为，致使警务人员受伤、警服被撕坏，严重扰乱社会秩序	妨害公务罪	有期徒刑八个月，缓刑一年	同案被告人分别被判处有期徒刑七个月并缓刑一年或者判处罚金1000元至3000元不等
83	赵某某医闹案	（2019）吉0302刑初8号	因对院方解答不满，殴打相关医务人员并发生撕扯，致使医务人员受伤，损伤程度为轻伤二级	寻衅滋事罪	有期徒刑二年	
84	章某某医闹案	（2019）浙07刑终583号	为重新取得租赁权并得以继续经营有关酒店，故意以摔凳子等方式进行医闹滋事，辱骂医务人员，致使医院财物受损、医院正常工作受阻，严重破坏医疗秩序	寻衅滋事罪	有期徒刑七年	
85	叶某某等医闹案	（2019）吉0421刑初110号	认为孩子死亡系医院责任，违规停放尸体，在民警维持秩序过程中，以暴力手段威胁、殴打民警，妨害其依法执行公务，致使多名民警不同程度受伤，严重扰乱社会秩序	妨害公务罪	有期徒刑十个月	同案另外两被告人被判处有期徒刑十个月，其中一被告人缓刑一年六个月
86	李某某医闹案	（2019）鲁0181刑初742号	因酒后闹事，在医院大吵大闹，推搡、殴打并辱骂医护人员及医院物业安保人员，造成大量人群围观，致使耽误他人的抢救进程、无法进行正常的医疗工作，严重破坏医疗秩序	寻衅滋事罪	有期徒刑一年，缓刑一年	

续表

序号	案件名称	案号	基本案情	罪名	量刑	备注
87	董某某等医闹案	(2019)赣1103刑初229号	认为医院诊断错误、延误治疗导致右腿高位截肢，多次组织人员到医院滋扰生事，逼迫医院赔偿其损失，致使医务人员的工作生活受到重大影响，严重破坏医疗秩序	寻衅滋事罪	有期徒刑二年	同案被告人被判处有期徒刑一年八个月（多次寻衅滋事且不含数罪并罚）
88	宋某某等医闹案	(2019)赣0681刑初330号	认为患者死亡系医院责任，违规停放尸体，对前来处置情况的民警进行推搡和殴打，并损毁执法记录仪，致使多名警务人员受伤、执法财产受损、执行公务受到阻碍，严重扰乱社会秩序	妨害公务罪	有期徒刑七个月	同案被告人被判处有期徒刑七个月以及拘役五个月（缓刑十个月）
89	宫某某医闹案	(2019)晋09刑终332号	认为患者死亡系医院医疗事故所致，在医院楼道静坐、吵闹，在墙上悬挂横幅，违规停放尸体并搭建灵棚，阻碍警察执行职务，致使医院正常工作的开展受到阻碍，严重破坏医疗秩序	聚众扰乱社会秩序罪	有期徒刑六个月，缓刑一年	经山西省医疗责任保险事故专家评估认定，宁武县人民医院对产妇李某的诊疗过程存在不足，应承担相应责任（但未说明责任程度）
90	林某某等医闹案	(2019)闽05刑终800号	应职业医闹而受雇于他人，多次到医院拉讨债横幅、播放讨债音频及四处敲锣，阻碍人员出入，在医院内追逐、纠缠、滋扰、威胁、恐吓他人，致使医院无法正常营业，遭受严重经济损失，严重扰乱医疗秩序	聚众扰乱社会秩序罪	有期徒刑三年	同案被告人分别被判处有期徒刑六个月至二年（不含数罪并罚）

续表

序号	案件名称	案号	基本案情	罪名	量刑	备注
91	王某某等医闹案	（2019）湘0724刑初165号	认为患者死亡系医院误诊所致，纠集多人，试图冲撞重症监护室，殴打相关医务人员，致使多名医务人员受伤、重症监护病房受到破坏，严重破坏医疗秩序	寻衅滋事罪	有期徒刑二年，缓刑三年	同案被告人被判处有期徒刑一年五个月，缓刑二年
92	郭某某等医闹案	（2019）湘0581刑初350号	因职业医闹而插手医疗纠纷，强拿硬要他人财物，随意殴打他人，致使社会管理秩序受到严重影响	寻衅滋事罪	有期徒刑三年九个月	同案被告人被判处拘役四个月，缓刑六个月以及有期徒刑九个月十二天至三年六个月不等
93	任某某医闹案	（2020）鄂05刑终19号	认为胎儿死亡系医院责任，故意毁坏医疗器具，在已治愈办理出院手续后仍长期霸占病床，致使医院财产受损、医疗工作无法顺利开展，严重破坏医疗秩序；同时多年来非法上访，致使正常工作秩序及公共场所社会秩序受到严重影响	寻衅滋事罪	有期徒刑二年	
94	樊某某医闹案	（2020）内0105刑初83号	因医闹事件，在民警处置过程中，阻拦警车并殴打民警后背，致使民警正常执行公务受阻，严重扰乱社会秩序	妨害公务罪	有期徒刑一年，缓刑一年	

续表

序号	案件名称	案号	基本案情	罪名	量刑	备注
95	王某某等医闹案	（2019）冀0634刑初340号	认为患者死亡系医院责任，纠集数名亲属，打砸医院设备，在医院门口悬挂横幅、焚烧纸钱，违规停放尸体，设置灵堂，致使医院正常医疗工作无法开展，严重破坏医疗秩序	聚众扰乱社会秩序罪	有期徒刑一年六个月，缓刑二年	同案被告人分别被判处有期徒刑八个月至一年不等，并宣告缓刑
96	吴某某医闹案	（2020）苏09刑终298号	因无事生非，多次在医疗机构采取睡卧不起、辱骂、殴打医护人员、裸露身体等方法起哄闹事，致使公共场所秩序严重混乱	寻衅滋事罪	有期徒刑二年六个月	
97	苑某某医闹案	（2020）赣0202刑初47号	认为医院没有治好其伤势且对其要求不管不问，以随意占用床位、随地大小便、当众裸露身体、辱骂医护人员及其他病人、损毁医院设施等方式滋事，致使正常医疗工作的开展受到阻碍，严重破坏医疗秩序	寻衅滋事罪	有期徒刑二年	
98	曾某某等医闹案	（2020）湘0581刑初148号	曾某某等黑恶势力犯罪集团人员经常聚集在一起，充当医患关系“黑保安”“地下执法队”，插手医疗纠纷，随意殴打他人	寻衅滋事罪 聚众斗殴罪	数罪并罚有期徒刑四年	同案被告人数罪并罚有期徒刑二年七个月

附表 3 “暴力伤医”犯罪

序号	案件名称	案件号	基本案情	罪名	量刑	备注
1	黎某某等暴力伤医案	(2002)粤高法刑一终字第120号	认为医生误诊致使其三子久治不愈而自制炸弹蓄意报复医生，造成包括医生及其亲属、无辜路人在内的6人死亡、3人重伤、2人轻伤、10人轻微伤	爆炸罪	均被判处死刑，剥夺政治权利终身	
2	黎某某等暴力伤医案	(2005)金堂刑初字第109号	医生出诊时随同的侄子与被告人发生争执，被告人集结同伙至社区诊所蓄意寻仇未果，于是转而殴打并持刀报复诊所工作人员，致1人死亡	黎某某故意伤害罪；陈某、张某某寻衅滋事罪	犯故意伤害罪，判处有期徒刑十五年，剥夺政治权利二年	同案被告人犯寻衅滋事罪，分别被判处有期徒刑五年、二年六个月
3	蒋某某暴力伤医案	(2010)郴刑一初字第5号	勒索董事长现金未果而至其所属医院以自制炸弹的方式蓄意报复，致使1人重伤、1人轻伤、4人轻微伤	爆炸罪	死刑，剥夺政治权利终身	
4	陈某某暴力伤医案	(2011)永中刑一终字第120号	被告人亲属在院治疗后死亡，打砸医院以及殴打医生，造成1人轻伤	故意伤害罪	有期徒刑一年	
5	丁某某暴力伤医案	(2011)承刑终字第00178号	被告人对医生治疗不满后持刀至医院蓄意砍杀医生，致使医生以及前来协助抓捕的群众2人轻伤	故意杀人罪、故意伤害罪	犯故意杀人罪，判处有期徒刑五年；犯故意伤害罪，判处有期徒刑一年六个月	数罪并罚，决定执行有期徒刑六年

续表

序号	案件名称	案件号	基本案情	罪名	量刑	备注
6	李某某等暴力伤医案	(2012)鄂宜都刑初字第141号	被告人亲属在院治疗后死亡，在死因未明之前有打砸医院、殴打医生、拉扯警察、扰乱医院工作秩序等行为，造成5人轻微伤、1人轻伤	聚众扰乱社会秩序罪	有期徒刑一年六个月，缓刑三年	同案被告人被判处有期徒刑一年，缓刑二年
7	连某某暴力伤医案	(2014)刑一复73817696号	被告人对治疗效果不满，后持铁锤、尖刀蓄意杀害医生致使1人死亡、1人重伤	故意杀人罪	死刑，剥夺政治权利终身	目前说明医院无任何过错
8	王某某暴力伤医案	(2013)津高刑一终字第74号	被告人对治疗效果不满、怀疑医疗方案而持斧头蓄意砍杀医生致使1人死亡	故意杀人罪	死刑，剥夺政治权利终身	
9	肖某某暴力伤医案	(2014)岳刑初字第100号	被告人对美容手术效果不满而持菜刀前往医院蓄意伤害医护人员，致使3人轻伤	故意伤害罪	有期徒刑三年	
10	彩某某暴力伤医案	(2014)皖刑终字第00067号	被告人对治疗效果不满而持菜刀前往医院蓄意砍杀医护人员，致使1人死亡、3人轻伤、1人轻微伤	故意杀人罪	无期徒刑，剥夺政治权利终身	
11	高某某暴力伤医案	(2014)集刑初字第188号	因医疗纠纷与医生发生争执后殴打医生，致使1人重伤	故意伤害罪	有期徒刑三年	
12	张某某等暴力伤医案	(2014)沭刑初字第0607号	因怀疑妇产科男医生偷窥其妻的隐私部位而纠集同伙蓄意殴打该医生，致使1人轻伤	寻衅滋事罪	有期徒刑二年	同案另两被告人均被判处有期徒刑一年十个月

续表

序号	案件名称	案件号	基本案情	罪名	量刑	备注
13	陈某某等暴力伤医案	(2014)安刑初字第692号	家属怀疑患者在医治疗后病情恶化并死亡系医院责任，便通过打砸医院、殴打医护人员、设灵堂、烧纸钱、拉横幅、堵大门、围堵电梯出入口，打砸中药房、急诊科医生办公室等方式，致使医护、警务人员1人轻伤、7人轻微伤	聚众扰乱社会秩序罪	有期徒刑三年	同案三被告人分别被判处有期徒刑一年至一年三个月不等，并宣告缓刑
14	邓某某等暴力伤医案	(2014)阳东法刑初字第177号	占有医院资源并因清洁工不够漂亮而辱骂，并殴打前来处理的护士长，致使护士以及保安1人轻伤、1人轻微伤	寻衅滋事罪	两被告人被判处有期徒刑二年	同案另一被告人被判处有期徒刑一年零八个月
15	谢某某暴力伤医案	(2014)川刑终字第624号	因对医生未治愈其牙齿不满而以泼洒汽油并点燃焚烧方式蓄意杀害医生，致1人重伤	故意杀人罪	死刑，缓期二年执行，剥夺政治权利终身	
16	吴某某暴力伤医案	(2014)醴法刑初字第366号	因听说被告人的兄弟在医治疗后出事便前往医院打砸医院	寻衅滋事罪	有期徒刑一年	
17	陈某某暴力伤医案	(2014)汕陆法刑初字第353号	因被告人家属在转院途中死亡而打砸医院、殴打医护人员，致使2人轻伤	故意伤害罪、故意毁坏财物罪	犯故意毁坏财物罪，判处有期徒刑三年；犯故意伤害罪，判处有期徒刑一年	决定执行有期徒刑三年，缓刑五年

续表

序号	案件名称	案件号	基本案情	罪名	量刑	备注
18	陈某某暴力伤医案	（2015）迎刑初字第00020号	因不满术后的不良反应且怀疑医生不负责任用错药，而持刀蓄意砍杀医生未果，后看见护士而刺杀致1人重伤	故意杀人罪	有期徒刑九年	
19	李某某暴力伤医案	（2015）岚刑初字第37号	因不满医生拔掉其子氧气而与医生发生争执并打砸医院，致使2名医生被被玻璃划伤、多人被迫停止治疗	寻衅滋事罪	有期徒刑十个月	
20	王某某等暴力伤医案	（2015）长刑初字第00076号	被告人酒后前往医院与其亲属理论未果，而在院吵闹，被医护人员制止后殴打医护人员、打砸医院，致使2人轻微伤	寻衅滋事罪	均被判处有期徒刑一年，缓刑一年	
21	郭某某等暴力伤医案	（2015）甘刑初字第323号	因不满医生检查时弄疼其而辱骂殴打医生及前来劝说的护士，致使1人轻伤、1人轻微伤	寻衅滋事罪	均被判处拘役六个月，缓刑一年	
22	赵某某暴力伤医案	（2015）泰兴刑初字第703号	因怀疑身体不适与医生点其痣有关而持剪刀蓄意报复医生，致使医生以及前来制止的护士2人轻伤	故意伤害罪	有期徒刑一年，缓刑一年	
23	张某某暴力伤医案	（2016）冀0224刑初22号	在治疗时酒后无端殴打医生，致使医生1人轻伤	寻衅滋事罪	有期徒刑三年四个月	
24	伦某某暴力伤医案	（2016）鲁0783刑初76号	就诊时无故用剪刀刺伤医生，致使医生1人轻伤	寻衅滋事罪	有期徒刑二年，缓刑二年	

续表

序号	案件名称	案件号	基本案情	罪名	量刑	备注
25	麦某某暴力伤医案	（2015）湛中法刑一重字第2号	因怀疑医生治疗不当致其病情加重而持刀前往医生住处蓄意刺杀医生，并为防止医生妻子制止而用砖头砸妻子头部，致使医生及其妻子2人死亡	故意杀人罪	死刑，剥夺政治权利终身	
26	高某某暴力伤医案	（2016）湘1224刑初243号	因怀疑医生治疗不当致使病情恶化而持菜刀蓄意伤害医生，致使医生1人重伤	故意伤害罪	有期徒刑五年	
27	向某某等暴力伤医案	不详	因医生认为被告人要缝合但被告人不同意而发生口角并殴打医生，致使医生1人轻伤	故意伤害罪	有期徒刑二年	同案被告人分别被判处有期徒刑一年九个月、一年三个月
28	蒋某某暴力伤医案	（2016）云2531刑初74号	因被告人在病房大声喧哗被医生制止后殴打医生，致使医生1人轻伤	故意伤害罪	有期徒刑七个月	
29	叶某某暴力伤医案	（2016）粤0105刑初1282号	因不满医生而殴打医生以及前来制止的保安，致使医生、保安3人轻微伤	寻衅滋事罪	有期徒刑八个月	
30	吴某某等暴力伤医案	（2016）粤0105刑初1206号	因不满医生而殴打医生以及前来制止的保安，致使医生、保安3人轻微伤	寻衅滋事罪	均被判处拘役五个月，缓刑九个月	
31	梁某某暴力伤医案	（2016）粤5381刑初299号	因怀疑医生的针剂有问题而持刀前往诊所蓄意刺伤医生，致使医生1人重伤	故意伤害罪	有期徒刑四年	

续表

序号	案件名称	案件号	基本案情	罪名	量刑	备注
32	姚某某暴力伤医案	（2016）桂0721刑初586号	因看诊后身体不适而怀疑医生，蓄意持刀前往医院报复医护人员	寻衅滋事罪	有期徒刑一年	案发时处于精神分裂症发病期
33	杨某某暴力伤医案	（2016）闽0302刑初710号	因其女在院治疗后死亡而心生不满，蓄意持刀前往医院随意刺杀医护人员，致使2人轻微伤	寻衅滋事罪	有期徒刑二年	
34	王某某暴力伤医案	不详	因治疗后仍不适而怀疑医生不负责任，故心生不满而持铁锤蓄意杀害医生，致使2名医生1人重伤、1人轻伤	故意杀人罪	有期徒刑十年六个月	
35	卢某某暴力伤医案	不详	因怀疑医生误诊致其病情恶化导致其妻与之离婚而心生不满，持菜刀前往医院蓄意砍杀医生，致使1人死亡、1人重伤	故意杀人罪	死刑，剥夺政治权利终身	
36	汪某某暴力伤医案	（2016）皖刑终404号	因其子精神病发本应转去心理科但无床位而未转科成功，后其子跳楼死亡，被告人认为医院及医生对此有责任，而心生不满便蓄意自制炸弹，并在医生的汽车中引爆，致使医生1人重伤	故意杀人罪	无期徒刑，剥夺政治权利终身	
37	贺某某暴力伤医案	（2017）湘刑终41号	因医院工作人员孔某对医疗费用报销进行劝阻而心生不满，持刀蓄意杀害医生，等待孔某未果，发现其十岁的儿子孔某某，使用尖刀连续捅刺其子，致使孔某某重伤	故意杀人罪	死刑，缓期二年执行，剥夺政治权利终身	

续表

序号	案件名称	案件号	基本案情	罪名	量刑	备注
38	何某某暴力伤医案	（2017）黔0302刑初15号	酒后怀疑医生未及时为其子诊治而殴打、辱骂医生并用随身携带的刀刺伤医生，致使1人轻伤	寻衅滋事罪	有期徒刑一年零六个月	
39	丘某某暴力伤医案	（2017）粤1523刑初3号	酒后无辜打砸医院并殴打前来阻止的医生，致使医生1人轻微伤	寻衅滋事罪	有期徒刑一年三个月，缓刑二年三个月	
40	杨某某等暴力伤医案	（2017）黔06刑终11号	因家属在院分娩后死亡，打砸医院、砸伤医生，导致医院持续一个多小时无法正常工作	聚众扰乱社会秩序罪	有期徒刑二年	同案被告人被判处管制一年
41	于某某暴力伤医案	（2017）鲁1092刑医1号	行为人精神病发作期间自认为自己没病并且认为医生要害其，后蓄意持刀刺伤医生	—	—	法院裁定对被申请人强制医疗
42	刘某某等暴力伤医案	（2017）赣0402刑初108号	就诊期间因不满医生态度与之产生口角，后殴打、抓咬医护人员，致使1人轻伤	故意伤害罪	两被告人均被判处拘役五个月	
43	黄某某暴力伤医案	（2017）粤0512刑初4号	因其父治疗效果不佳而怀疑医生耽误治疗，故而持刀蓄意刺伤医生，致医生1人轻伤	故意伤害罪	有期徒刑二年三个月	
44	黎某某暴力伤医案	（2017）湘0702刑初145号	因被告人在医院违规停车而被护士阻止，后认为没面子而蓄意纠集同伙辱骂、殴打医护人员，致使护士以及前来制止的医生2人轻微伤	寻衅滋事罪	拘役三个月	

续表

序号	案件名称	案件号	基本案情	罪名	量刑	备注
45	刘某某暴力伤医案	（2017）湘1382刑初282号	因其父治疗效果不佳而怀疑医生耽误治疗，故而持刀蓄意刺伤医生，致医生1人轻伤	故意伤害罪	有期徒刑一年，缓刑一年	
46	徐某某等暴力伤医案	（2018）鄂13刑终25号	因被告人亲属在院分娩后死亡而纠集亲属前来围堵、闹事并殴打医护人员，致使2人轻微伤	聚众扰乱社会秩序罪	有期徒刑三年	同案被告人分别被判处有期徒刑一年至两年不等，宣告缓刑
47	刘某某暴力伤医案	（2018）粤1622刑初139号	被告人酒后驾驶不配合检测，并打伤医生，致使医护人员、警务人员2人轻微伤	妨害公务罪	有期徒刑七个月，缓刑一年	
48	陈某某暴力伤医案	（2018）皖1823刑初137号	被告人以危害人身安全威胁医护人员，致使医护人员不敢上班	寻衅滋事罪	有期徒刑七个月	
49	高某某暴力伤医案	（2018）粤1973刑初1149号	因不满手术效果而持刀蓄意砍伤医生，致使医生1人轻伤	故意伤害罪	有期徒刑一年四个月	
50	黄某某暴力伤医案	（2019）川1002刑初28号	因不满手术效果而多次要求医生为其重做手术，并预先携刀，在医生拒绝其要求后报复医生，致使医生1人轻伤	故意伤害罪	有期徒刑一年四个月	
51	程某某暴力伤医案	（2019）浙1102刑初169号	因医药费纠纷而对医生怀恨在心，后持刀待医生查房时蓄意砍杀医生，砍杀未果后，打砸医院	故意杀人罪、故意毁坏财物罪	故意杀人罪，判处有期徒刑二年；故意毁坏财物罪，判处有期徒刑一年	数罪并罚，决定执行有期徒刑二年六个月

续表

序号	案件名称	案件号	基本案情	罪名	量刑	备注
52	朱某某暴力伤医案	（2019）赣0281刑初4号	多次要求医生为其开具虚假诊断证明未果而打砸医院、打伤医生、保安等医院工作人员	寻衅滋事罪	有期徒刑四年六个月	
53	陈某某等暴力伤医案	（2019）闽0322刑初298号	被告人就诊时不排队、不办卡，被医护人员制止后殴打医护人员，致使医生1人轻微伤	寻衅滋事罪	有期徒刑一年三个月	同案被告人分别被判处有期徒刑六个月至一年
54	徐某某暴力伤医案	（2019）黑02刑终133号	怀疑医生迟换药而心生不满，购买汽油蓄意焚烧医生休息室	放火罪	有期徒刑五年	
55	潘某某暴力伤医案	（2019）甘01刑终347号	怀疑医生治疗不当致使其病情恶化、并怀疑医生嘲笑其而心生不满，故持刀蓄意报复医生，致使医生1人重伤	故意伤害罪	有期徒刑三年七个月	
56	程某某等暴力伤医案	（2019）赣11刑终454号	认为医院诊断错误致使其被截肢而不满，故蓄意纠集同伙打砸医院、威胁医护人员，安排人员跟踪、滋扰、恐吓、威胁医院领导	寻衅滋事罪	有期徒刑八年	
57	陈某某等暴力伤医案	（2019）青01刑终172号	醉酒后被救护车运送进行救治，无故殴打医护人员，医护人员报警后，同案被告人心生不满便与医护人员发生口角、拉扯，造成4人轻微伤	寻衅滋事罪	有期徒刑一年十个月	同案被告人分别被判处有期徒刑一年至一年七个月不等
58	张某某等暴力伤医案	（2019）粤0513刑初1067号	认为医生态度不好而发生冲突并殴打医生，致使医生以及前来阻止的护士2人轻微伤	寻衅滋事罪	有期徒刑八个月，缓刑一年	同案被告人判处有期徒刑六个月，缓刑一年

续表

序号	案件名称	案件号	基本案情	罪名	量刑	备注
59	孙某某暴力伤医案	（2020）京03刑初9号	不配合并多次拒绝医院根据病情对其母给予检查和治疗，而对医生心怀不满，持刀蓄意对医生反复割喉，致使1人死亡	故意杀人罪	死刑，剥夺政治权利终身	
60	唐某某暴力伤医案	（2020）苏0925刑初78号	因在病房吸烟被医生制止后与医生发生口角，并殴打医生、前来阻止的院长以及群众，致使3人轻微伤	寻衅滋事罪	有期徒刑一年	
61	杨某某等暴力伤医案	（2020）粤0507刑初38号	被告人到院后违规停车被保安阻止而心生不满，后纠集同案被告人持刀前来蓄意报复，致使医院保安1人轻微伤	寻衅滋事罪	有期徒刑四年六个月	同案被告人分别被判处有期徒刑九个月至三年三个月不等
62	陈某某暴力伤医案	（2020）浙0383刑初142号	疫情期间在酒后到医院就诊时不按规定行走被医生阻止而不满，殴打医生以及前来阻止的保安，致使1人轻伤、2人轻微伤	寻衅滋事罪	有期徒刑三年四个月	
63	杜某某暴力伤医案	（2020）苏1183刑初360号	因其母在院治疗效果不佳而与医院发生矛盾，在网上扬言报复医护人员、污蔑法院及公安局工作人员，引发大量网民对国家机关公信力的质疑，严重扰乱公共秩序	寻衅滋事罪	有期徒刑七个月	
64	尚某某暴力伤医案	（2020）甘06刑终117号	因不满医生未治愈其妇科病而心生不满，持刀蓄意杀害医生，后被害医生逃脱	故意杀人罪	有期徒刑三年六个月	

续表

序号	案件名称	案件号	基本案情	罪名	量刑	备注
65	柯某某暴力伤医案	（2020）鄂0104刑初167号	疫情期间，因其岳父转院问题、病情加重问题与医护人员发生争执，抓挠、撕扯医生防护服，致使1名医生轻微伤以及防护服破损	寻衅滋事罪	有期徒刑八个月	
66	李某某暴力伤医案	（2020）粤0104刑初410号	在疫情期间到医院持注射器挟持护士要求会见专家	寻衅滋事罪	有期徒刑一年	
67	员某某暴力伤医案	不详	因不满祛斑效果并认为自己被烫伤而要求索赔，索赔未果持刀前往医院蓄意砍杀医生，致使医生1人死亡	故意杀人罪	死刑，剥夺政治权利终身	
68	吕某某暴力伤医案	不详	被告人在分裂型障碍无故持刀杀害医生，致使医生2人轻伤	故意杀人罪	有期徒刑十三年，剥夺政治权利三年	
69	李某某暴力伤医案	（2015）海刑初字第657号	因候诊时间过长而与医生发生口角而心生不满，便蓄意持刀和羊角锤报复医生，致使1人轻微伤	寻衅滋事罪	有期徒刑二年	
70	杨某某暴力伤医案	最高人民检察院发布13起加强侦查监督典型案例之一	认为医生救治不及时而与医生发生争执、扭打，致使医生1人死亡	检察院以涉嫌故意伤害罪批准逮捕		未检索到后续判决书

续表

序号	案件名称	案件号	基本案情	罪名	量刑	备注
71	李某某暴力伤医案	最高人民检察院发布12起检察机关服务健康中国建设典型案例之二	因车祸后腿部感染而残疾而对医生心生不满，故持刀蓄意捅杀医生，致使医生1人死亡	检察院以涉嫌故意杀人罪批准逮捕		未检索到后续判决书
72	陈某某暴力伤医案	最高人民检察院发布12起检察机关服务健康中国建设典型案例	女儿在院治疗后死亡，因与医院协商未果，持刀蓄意砍杀医生，致使医生1人死亡	检察院以涉嫌故意杀人罪批准逮捕		未检索到后续判决书

附表 4 “医保诈骗”犯罪

序号	案件名称	案号	基本案情	罪名	量刑	备注
1	李某某等医保诈骗案	（2013）丽遂刑初字第200号	通过提供虚假的住院发票等相关报销材料的方式，骗取新型农村合作医疗补偿款，诈骗数额特别巨大	诈骗罪	三被告人均被判处有期徒刑十年，分别并处罚金	其他同案被告人被判处有期徒刑五年八个月、有期徒刑三年至六个月不等，均被并处罚金
2	李某某医保诈骗案	（2014）嘉平刑初字第178号	通过不符合条件开设社保账号以及假发票的方式进行医疗保险诈骗，诈骗数额巨大	诈骗罪	有期徒刑四年十个月，并处罚金	
3	唐某某医保诈骗案	（2014）嘉平刑初字第97号	通过购买假发票进行虚假医保报销，诈骗数额巨大	诈骗罪	有期徒刑三年，缓刑五年，并处罚金	
4	胡某某医保诈骗案	（2014）抚刑二终字第47号	通过购买虚假住院资料进行虚假医保报销，诈骗数额巨大	诈骗罪	有期徒刑四年零六个月，并处罚金	
5	陈某某等医保诈骗案	（2014）闸刑初字第749号	通过使用本人和借用并冒用他人医保卡在各医院非正常挂号就医、将多配药品贩卖给他人牟利以及冒用他人名义申请医保综合减负的方式，诈骗数额特别巨大	诈骗罪	有期徒刑十年六个月，并处罚金	同案被告人被判处有期徒刑十年、有期徒刑二年、有期徒刑一年、拘役六个月不等，并宣告缓刑，并均被判处罚金

续表

序号	案件名称	案号	基本案情	罪名	量刑	备注
6	鲍某某医保诈骗案	(2014)南刑初字第384号	通过冒用他人医保卡办理虚假住院、开药后出售的方式，诈骗数额巨大	诈骗罪	有期徒刑一年七个月，并处罚金	
7	滕某某等医保诈骗案	(2014)麻刑初字第56号	通过伪造多人住院信息资料和发票的方式，多次骗取医保金和医疗救助款，诈骗数额特别巨大	诈骗罪	有期徒刑十三年，并处罚金	同案被告人被判处有期徒刑十一年到九年、有期徒刑二年六个月至二年不等，均被并处罚金
8	雷某某等医保诈骗案	(2014)陈刑初字第41号	医保局审核人员在接收审核参保患者医疗费结算报销工作中不认真履行职责，对诊断医嘱用药明显不相符等问题未及时发现，致使多份虚假申报材料通过审核，造成医保资金被骗，情节特别严重，造成特别重大损失	玩忽职守罪	有期徒刑三年六个月	同案被告人被判处有期徒刑三年，缓刑三年
9	戴某某等医保诈骗案	(2015)台天刑初字第104号	通过借用其兄弟的身份证和医保卡，冒用其兄弟的身份进行治疗以及骗取报销款	诈骗罪	有期徒刑一年，缓刑二年，并处罚金	同案被告人有期徒刑八个月，缓刑一年，并处罚金
10	许某某等医保诈骗案	(2015)闵刑初字第1470号	利用他人医保卡配药后转卖牟利，诈骗数额巨大	诈骗罪	有期徒刑二年六个月，并处罚金	同案被告人被判处有期徒刑三年，缓刑三年，并处罚金

续表

序号	案件名称	案号	基本案情	罪名	量刑	备注
11	张某某医保诈骗案	(2015)宁法刑初字第64号	作为材料审核员，不正确履行职责，未认真审核报账材料，给国家造成直接经济损失	玩忽职守罪	免予刑事处罚	
12	周某某等医保诈骗案	(2015)六刑终字第00243号	通过办理虚假的住院材料的方式，诈骗数额巨大	诈骗罪	有期徒刑三年，缓刑四年，并处罚金	同案被告人被判处有期徒刑二年六个月，缓刑三年，并处罚金
13	卢某某等医保诈骗案	(2016)浙0521刑初259号	通过使用伪造的住院材料和发票报销医保费用进行虚假医保报销，诈骗数额巨大	诈骗罪	有期徒刑四年四个月，并处罚金	同案四被告人被判处有期徒刑四年四个月至一年一个月不等，并处罚金
14	纪某某医保诈骗案	(2016)闽0426刑初239号	利用虚假住院材料骗取医保基金，诈骗数额巨大	诈骗罪	有期徒刑三年，缓刑四年，并处罚金	
15	吴某某等医保诈骗案	(2016)琼0106刑初7号	在监管医保资金过程中，严重不负责任，不正确履行职责，致使医院作假泛滥，造成医保资金巨额损失	玩忽职守罪	两被告人被判处有期徒刑三年，缓刑四年	同案被告人一人免予刑事处罚、一人被判处有期徒刑三年，缓刑三年
16	孙某某等医保诈骗案	(2016)浙0102刑初418号	通过使用本人的医保卡重复配药予以出售牟利，且伙同他人冒充就诊检查，虚构患病事实，违规配取药物出售牟利，诈骗数额巨大	诈骗罪	有期徒刑三年，缓刑四年，并处罚金	同案被告人有期徒刑一年，缓刑一年六个月并处罚金

续表

序号	案件名称	案号	基本案情	罪名	量刑	备注
17	储某某医保诈骗案	(2016)苏0682刑初656号	通过购买伪造的上海长海医院的病历、住院病人费用清单、医疗费发票等虚假资料,诈骗数额巨大	诈骗罪	有期徒刑六年六个月,并处罚金九万元	
18	李某某等医保诈骗案	(2016)皖02刑初13号	通过虚增药品和耗材的数量、高套药品和耗材价格、虚报诊疗事实或者项目等方式,诈骗数额特别巨大	诈骗罪	有期徒刑十四年,并处罚金	同案被告人被判处有期徒刑五年至三年不等,均被并处罚金
19	刘某某等医保诈骗案	(2017)吉0204刑初153号	67人采取空划慢性病医保卡进行虚假开药等手段,诈骗国家财政医保统筹款数额巨大	诈骗罪	有期徒刑三年,缓刑三年,并处罚金	人数最多,达67人;两人被宣告缓刑;两人单处罚金;62人免除处罚
20	何某某等医保诈骗案	(2017)吉0204刑初154号	通过虚构购买药品事实,直接或通过他人虚假划卡,诈骗国家财政医保统筹款,数额巨大	诈骗罪	两被告人被判处有期徒刑三年,缓刑三年,并处罚金	其余同案57个被告人免予刑事处罚
21	王某某医保诈骗案	(2017)沪0112刑初911号	虚构用药需求,配药后转卖牟利诈骗数额巨大	诈骗罪	有期徒刑三年,并处罚金	
22	程某某医保诈骗案	(2017)川0812刑初53号	通过虚假医疗报销资料进行虚假医保报销,诈骗数额较大	诈骗罪	单处罚金	
23	李某某等医保诈骗案	(2017)湘01刑终348号	通过找人代写病历后加盖医院公章,伪造清单、住院发票等方式,伪造病历资料和医疗票据进行虚假医保报销,诈骗数额特别巨大	诈骗罪	有期徒刑六年六个月,并处罚金	有期徒刑三年,缓刑五年,并处罚金;有期徒刑三年,缓刑四年,并处罚金

续表

序号	案件名称	案号	基本案情	罪名	量刑	备注
24	汤某某等医保诈骗案	（2017）赣11刑终233号	通过借他人医保卡等证件，购买虚假的住院病历及发票进行虚假医保报销，诈骗数额特别巨大	诈骗罪	有期徒刑十年六个月，并处罚金	同案被告人分别被判处有期徒刑六年六个月至六个月不等，其中一人被判处有期徒刑一年并缓刑一年，均并处罚金
25	刘某某医保诈骗案	（2017）黑7104刑初37号	通过购买假病案，进行7次虚假医保报销，诈骗数额巨大	诈骗罪	有期徒刑七年，并处罚金	
26	季某某等医保诈骗案	（2017）浙0303刑初867号	医院院长指示药房工作人员虚录药品、住院部医护人员虚开药品、伪造病人住院病历等，骗取医保基金数额特别巨大	诈骗罪	有期徒刑五年，并处罚金	同案被告人被判处有期徒刑三年至一年六个月不等，宣告缓刑，并处罚金
27	陈某某等医保诈骗案	（2017）浙1003刑初676号	因工作摔倒，在知晓不能报销农村医保的情况下，商量虚构在自己村里山上走路时不小心跌倒的事实去骗取农村医保，诈骗数额较大	诈骗罪	有期徒刑十个月，缓刑一年，并处罚金	同案另两被告人分别被判处有期徒刑九个月，缓刑一年，并处罚金，有期徒刑七个月，缓刑一年，并处罚金
28	杨某某医保诈骗案	（2017）甘0271刑初521号	使用伪造的该医院住院病历及费用凭证等进行虚假医保报销，诈骗数额巨大	诈骗罪	有期徒刑三年，缓刑三年，并处罚金	

续表

序号	案件名称	案号	基本案情	罪名	量刑	备注
29	吴某某等医保诈骗案	(2018)皖06刑终22号	使用虚假的住院病历、医疗费收据骗取医保金数额巨大	诈骗罪	有期徒刑五年九个月,并处罚金	同案被告人分别有期徒刑四年至有期徒刑三年、一年六个月,并宣告缓刑不等,均并处罚金
30	朱某某等医保诈骗案	(2017)浙0102刑初496号	药房医师在明知无实际就诊需求的情况下,虚开中药材、针灸理疗等处方,从而使员工获得免费名贵中药材、返现等好处,造成国家医保基金损失数额巨大	诈骗罪	有期徒刑二年六个月,缓刑三年,并处罚金	有期徒刑一年五个月缓刑二年,并处罚金;有期徒刑一年四个月缓刑二年,并处罚金
31	李某某医保诈骗案	(2018)湘1027刑初19号	作为医保审核员,购买61份虚假医学资料、住院发票等证明材料,虚假报账,骗取城乡医保基金数额巨大	贪污罪	有期徒刑二年,并处罚金	
32	刘某某医保诈骗案	(2018)湘1382刑初454号	谎称其叔在家摔伤的虚假事实,进行虚假医保报销,诈骗数额较大	诈骗罪	拘役四个月,缓刑六个月,并处罚金	
33	谢某某等医保诈骗案	(2018)鄂0525刑初35号	三被告作为医保审核人员,对医院的监管措施不力,未能严格落实查房制度,未发现医院造假骗取农合基金的行为,致使医院在此期间骗取农合基金	玩忽职守罪	均免予刑事处罚	

续表

序号	案件名称	案号	基本案情	罪名	量刑	备注
34	贝某某医保诈骗案	(2018)桂1121刑初129号	以虚假的住院材料和发票骗取新农合补偿款以及大病救助款，骗取医疗保险赔付金，数额巨大	诈骗罪、保险诈骗罪	诈骗罪，判处有期徒刑六年十一个月，并处罚金；保险诈骗罪，判处有期徒刑六年，并处罚金，决定执行有期徒刑十一年，并处罚金	
35	邹某某等医保诈骗案	(2018)浙0103刑初404号	通过免费赠药、免费住院、免费理疗、给予回扣等方式吸引大量人员到医院空刷医保卡，以及虚开处方等方式，骗取国家医保基金人民币，数额特别巨大	诈骗罪	有期徒刑二年，缓刑二年三个月，并处罚金	同案被告人被判处一年九个月至一年三个月不等，宣告缓刑，并处罚金
36	朱某某等医保诈骗案	(2018)湘1382刑初737号	谎称其在家摔伤的虚假事实，进行虚假医保报销，诈骗数额数额较大	诈骗罪	有期徒刑六个月，缓刑一年，并处罚金	同案被告人判处相同刑罚
37	宋某某医保诈骗案	(2018)黑1202刑初372号	通过伪造并使用伪造的病历等虚假医保报销，诈骗数额较大	诈骗罪	有期徒刑六个月，缓刑一年，并处罚金	
38	张某某医保诈骗案	(2018)黑1225刑初100号	通过利用他人身份证复印件和参保凭证复印件，伪造住院手续(包括病例、费用清单、诊断、票据)，诈骗数额巨大	诈骗罪	有期徒刑四年二个月并处罚金	

续表

序号	案件名称	案号	基本案情	罪名	量刑	备注
39	李某某等医保诈骗案	(2018)津0101刑初434号	通过办理虚假的基本医疗保险门诊特殊病种续期登记，进行偏瘫门特挂号、就诊、开药，后将开出的药品自用及出售获利，诈骗数额巨大	诈骗罪	有期徒刑三年，缓刑四年，并处罚金	同案被告人有期徒刑三年，缓刑三年，并处罚金；有期徒刑三年，缓刑三年六个月，并处罚金
40	赵某某医保诈骗案	(2018)津0101刑初477号	将本人合法持有的医保卡借给他人实施伪造医疗文书后进行医保诈骗的行为，使共同犯罪人诈骗数额巨大	诈骗罪	有期徒刑二年，缓刑二年，并处罚金	
41	张某某医保诈骗案	(2018)黑7104刑初79号	购买伪造的医院门诊收费专用收据进行虚假医保报销，诈骗数额巨大	诈骗罪	有期徒刑三年，缓刑五年，并处罚金	
42	姜某某等医保诈骗案	(2018)津0101刑初496号	雇佣被告人并冒充偏瘫病人以及雇佣被告人冒充病人家属，伪造CT报告、医院诊断证明、亲属身份证明等文件，为未患有偏瘫或者未达到偏瘫门诊特殊病种标准的被告人办理了虚假的天津市基本医疗保险门诊特殊病种，后到指定医疗机构进行偏瘫门特挂号、就诊、开药，并将开出的药品用于其本人及他人使用或变卖牟利，诈骗数额巨大	诈骗罪	有期徒刑五年，并处罚金	同案被告人被判处有期徒刑三年至一年不等，均并处罚金
43	段某某等医保诈骗案	(2019)云0521刑初15号	采用虚假病历资料诈骗医疗保险资金及民政救助资金，诈骗数额特别巨大	诈骗罪	有期徒刑十三年四个月，并处罚金	同案被告人被判处有期徒刑十二年至有期徒刑一年六个月至拘役四个月不等，均并处罚金

续表

序号	案件名称	案号	基本案情	罪名	量刑	备注
44	王某某等医保诈骗案	(2019)津01刑终174号	虚构偏瘫虚假事实，进行挂号、开药，后将开出的药品部分药品变卖牟利，诈骗数额巨大	诈骗罪	有期徒刑三年六个月，并处罚金	同案被告人被判处有期徒刑二年，缓刑二年，并处罚金
45	张某某医保诈骗案	(2019)豫1524刑初74号	使用虚假的住院病历及发票进行虚假医保报销，诈骗数额较大	诈骗罪	有期徒刑八个月，缓刑一年，并处罚金	
46	刘某某医保诈骗案	(2019)黑0231刑初30号	伪造病历骗取医疗保险金，诈骗数额较大	诈骗罪	有期徒刑一年三个月，缓刑二年，并处罚金	
47	张某某医保诈骗案	(2019)陕0113刑初517号	通过虚假的住院病历及发票交于其单位申请报销医疗费用，诈骗数额巨大	诈骗罪	有期徒刑三年六个月，并处罚金	
48	杨某某等医保诈骗案	(2018)豫1282刑初501号	定点医院管理委员会成员伙同医生等员工通过替换药品、虚开理疗项目和次数、空挂床等方式，降低医院开支，提高病人住院花费，增加报销数额，获取非法利益，医院骗取医保资金和新农合基金，数额特别巨大	合同诈骗罪	有期徒刑十二年，剥夺政治权利三年，并处罚金	同案被告人被判处有期徒刑六年至三年不等，并处罚金
49	尹某某医保诈骗案	(2019)皖0523刑初135号	通过虚假的门诊发票以及住院发票，诈骗数额巨大	诈骗罪	有期徒刑两年三个月，缓刑四年，并处罚金	

续表

序号	案件名称	案号	基本案情	罪名	量刑	备注
50	孟某某等医保诈骗案	(2019)豫17刑终310号	通过伪造病历的方式进行虚假医保报销，诈骗数额巨大	诈骗罪	有期徒刑十五年，并处罚金	同案三被告人分别被判处有期徒刑九年，并处罚金；有期徒刑五年零二个月，并处罚金
51	冯某某等医保诈骗案	(2019)浙01刑终359号	药房实际控制人伙同员工，采用空开中药材、针灸理疗等处方的方式，至少造成国家医保损失数额巨大	诈骗罪	有期徒刑六年，并处罚金	同案两被告人被判处有期徒刑四年九个月，并处罚金；有期徒刑四年，并处罚金
52	刘某某等医保诈骗案	(2019)浙02刑终509号	药店出资人利用其任医院医生的职务便利，伙同其他医生，多次使用离休老干部医保账户，违反外配外方规定，开具阴阳处方，并虚开的部分药品再次销售从中非法获利，骗取国家医保基金数额特别巨大	诈骗罪	有期徒刑十年，并处罚金	同案两被告人分别被判处有期徒刑五年六个月，并处罚金；有期徒刑五年，并处罚金
53	周某某等医保诈骗案	(2019)吉0881刑初169号	通过制造、出售并使用伪造虚假病历，进行虚假医保报销，骗取医疗保险费数额特别巨大	诈骗罪	有期徒刑十二年，并处罚金	同案两被告人分别被判处有期徒刑十二年，并处罚金；有期徒刑六年，并处罚金

续表

序号	案件名称	案号	基本案情	罪名	量刑	备注
54	孙某某医保诈骗案	(2019)鲁1102刑初760号	殴打孙某某后，在明知孙某某不符合城乡居民基本医疗保险报销的情况下，谎报系自己摔倒，诈骗数额较大	诈骗罪	拘役六个月，并处罚金	
55	吴某某等医保诈骗案	(2019)湘1322刑初389号	多次出借以及假借他人的身份信息伪造假病例资料骗取医保资金，数额巨大	诈骗罪	有期徒刑四年十个月，并处罚金	同案被告人被判处有期徒刑三年二个月至有期徒刑一年六个月不等，均并处罚金
56	张某某等医保诈骗案案	(2019)苏03刑终449号	明知其母冒用他人的医保身份，仍旧积极签署相关住院手术单据并办理出院报销等事宜，骗取医保费用数额巨大	诈骗罪	有期徒刑一年四个月，缓刑二年，并处罚金	有期徒刑一年四个月，缓刑二年
57	刘某某等医保诈骗案	(2018)川0502刑初112号	诸被告人作为医生，在院长授意指使下，通过采用将病人不可报销的病种变更为可以报销的病种办理住院、利用已掌握的病人信息编造虚假住院、指使病人冒用他人医保卡办理住院等方式办理虚假住院，并制作虚假病历，诈骗数额巨大	诈骗罪	有期徒刑七年六个月，并处罚金	同案被告人分别被判处有期徒刑三年六个月至有期徒刑一年八个月不等，并处罚金；部分被判处有期徒刑一年六个月至拘役四个月不等，并宣告缓刑，均被并处罚金
58	吴某某医保诈骗案	(2019)皖1623刑初827号	通过医院住院病历、住院收费票据等方式，进行虚假医保报销，诈骗数额特别巨大	诈骗罪	有期徒刑十年，并处罚金	

续表

序号	案件名称	案号	基本案情	罪名	量刑	备注
59	张某某医保诈骗案	(2019)渝0108刑初509号	作为医院总经理和院长，要求医院各部门在拉假病人住院、空挂病人、药品空转、控制医保报销单量等方面协调配合，伙同他人骗取国家医疗保险资金数额特别巨大	诈骗罪单位行贿罪	诈骗罪，判处有期徒刑十四年，剥夺政治权利四年，并处罚金	同时犯单位行贿罪，判处有期徒刑一年，并处罚金；决定执行有期徒刑十四年六个月，剥夺政治权利四年，并处罚金
60	张某某等医保诈骗案案	(2019)甘0402刑初193号	两被告人身为国家机关工作人员，不认真履行监督检查职责，履职不到位，致使医院骗取国家新农合资金	玩忽职守罪	有期徒刑三年，缓刑四年	同案被告人被判处有期徒刑三年，缓刑三年
61	卢某某等医保诈骗案	(2019)冀0631刑初68号	医院院长伙同工作人员，以伪造病历、虚开药品的方式骗取国家医保资金，诈骗数额巨大	诈骗罪	有期徒刑五年二个月，并处罚金	有期徒刑四年二个月至十个月，并处罚金
62	邓某某等医保诈骗案	(2020)渝05刑终29号	医院管理人员工作人员伙同他人，招揽有医保的区县居民来医院住院体检，采取空挂病人、延长住院天数、虚增用药数量和伪造住院病历等方式，骗取国家医疗保险资金数额特别巨大	诈骗罪	有期徒刑十二年，并处罚金	分别被判处有期徒刑十年至八年不等，以及并处罚金

续表

序号	案件名称	案号	基本案情	罪名	量刑	备注
63	梁某、重庆学府医院诈骗案	(2019)渝0108刑初526号	被告自然人为医院法定代表人，以体检为名，招揽病人到医院办理住院手续，采用空挂住院、虚构诊疗及用药等方式骗取医保基金，然后采用伪造药品采购记录、虚开增值税发票等方式，将医保资金套出，涉案数额特别巨大；被告单位为了提高医保额度指标、在日常监督检查等方面得到关照，以医院名义多次向国家工作人员行贿	诈骗罪、单位行贿罪	犯诈骗罪，判处有期徒刑十五年，剥夺政治权利五年，并处罚金；犯单位行贿罪，判处有期徒刑二年六个月，并处罚金。决定执行有期徒刑十七年，剥夺政治权利五年，并处罚金	医院犯单位行贿罪，判处罚金
64	邓某某等医保诈骗案	(2020)渝05刑终28号	作为医院运营中心主任、主任助理和业务人员，通过“义诊”及宣传，以免费体检的名义招揽有医保的居民住院体检，通过空挂病人、延长住院天数、虚增用药和伪造住院病历等方式，骗取国家医保资金；又采用伪造药品采购记录，由药品公司虚开发票和货单等方式，将医院账目做平，数额特别巨大	诈骗罪	有期徒刑六年，并处罚金	同案被告人分别被判处有期徒刑四年六个月至一年七个月不等，均被并处罚金
65	谢某某医保诈骗案	(2020)津01刑终128号	为本人、他人办理虚假医疗保险、冒用他人医保卡代取药等，在糖尿病门诊挂号就诊，开取大量中药及少量西药，诈骗数额特别巨大	诈骗罪	有期徒刑十年，并处罚金	
66	赵某某医保诈骗案	(2020)黔2301刑初75号	购买虚假病历，进行虚假医保报销，诈骗数额巨大	诈骗罪	有期徒刑三年，缓刑五年，并处罚金	

续表

序号	案件名称	案号	基本案情	罪名	量刑	备注
67	徐某某等医保诈骗案	(2020)粤刑终257号	作为医院院长、投资人，伙同他人，通过降低住院标准、虚构住院者病情、增加住院时间、虚开用药医嘱、虚开治疗项目等手段，甚至窃取参保人员医保信息办理虚假住院，进行虚假医保报销，诈骗数额特别巨大	诈骗罪出售非法制造的发票罪	犯诈骗罪的，判处无期徒刑，剥夺政治权利终身，并处没收全部财产	同案被告人，犯诈骗罪的，有期徒刑十三年至三年，均被并处罚金人民币八百万元至一万元；犯出售非法制造的发票罪的，被判处有期徒刑五年、四年
68	肖某某等医保诈骗案	(2020)湘04刑终458号	医院法定代表人伙同他人，利用“空挂床”住院(制作病人虚假住院病历)、虚开药品、虚开检查化验单、虚计及多计理疗项目等方式套取医保资金，诈骗数额巨大	诈骗罪	有期徒刑五年，并处罚金	同案被告人分别被判处有期徒刑三年至一年五个月，部分不判处缓刑；均被并处罚金五万元至二万元不等
69	左某某等医保诈骗案	(2020)辽1005刑初57号	作为医院经营者，雇佣他人引诱持有医保卡人员到医院住院消费并以指使员工给患者少用剂量，非法获取药品、虚构患者门诊治疗、购药进行空刷新农某医疗卡等方法，涉案金额特别巨大	诈骗罪	有期徒刑十年八个月，并处罚金	同案被告人分别被判处有期徒刑十年至一年二个月不等，均被并处罚金

续表

序号	案件名称	案号	基本案情	罪名	量刑	备注
70	付某某医保诈骗案	(2020)黑0113刑初259号	作为诊所经营者，以虚开医疗费用的方式骗取城乡居民医疗保险门诊统筹基金数额巨大	诈骗罪	有期徒刑三年，缓刑四年，并处罚金	
71	邓某某医保诈骗案	(2020)黑0113刑初260号	诊所经营者以虚开医疗费用的方式骗取城乡居民医疗保险门诊统筹基金数额巨大	诈骗罪	有期徒刑三年，缓刑四年，并处罚金	
72	邓某某等医保诈骗案	(2019)渝0108刑初38号	医院管理人员工作人员伙同他人招揽有医保的区县居民到医院住院体检、空挂病人、延长住院天数、虚增用药量和伪造住院等方式，骗取国家医疗保险资金数额特别巨大	诈骗罪	有期徒刑十二年，并处罚金	同案被告人分别被判处有期徒刑十年至八年不等，以及并处罚金（系列案件）

参考文献

一、中文著作（译著）

1.［德］安塞尔姆·里特尔·冯·费尔巴哈:《德国刑法教科书》，徐久生译，中国方正出版社2010年版。

2.［美］贝内迪克特·克莱门茨等编:《医保改革的经济学分析》，王宇等译，商务印书馆2017年版。

3.常林:《司法鉴定专家辅助人制度研究》，中国政法大学出版社2012年版。

4.储槐植:《刑事一体化与关系刑法论》，北京大学出版社1997年版。

5.储槐植:《刑事一体化论要》，北京大学出版社2007年版。

6.陈兴良主编:《刑事法评论》（第3卷），中国政法大学出版社1999年版。

7.陈瑞华:《刑事证据法的理论问题》，法律出版社2018年版。

8.冯军等主编:《刑法总论》，中国人民大学出版社2016年版。

9.冯军:《刑事责任论》（修订版），社会科学文献出版社2017年版。

10.冯磊:《冲突与治理——中国医疗暴力的现实图景与治理策略研究》，科学出版社2017年版。

11.冯磊:《社会变革与卫生法治：事件、制度及其学术想象》，中国政法大学出版社2018年版。

12.冯卫国:《医疗事故罪的认定与处理》，人民法院出版社2003年版。

13.傅学良:《刑事一体化视野中的环境刑法研究》,中国政法大学出版社2015年版。

14.郭华:《鉴定结论论》,中国人民公安大学出版社2007年版。

15.郭华:《专家辅助人制度的中国模式》,经济科学出版社2015年版。

16.何勤华等:《德国法律发达史》,法律出版社2000年版。

17.何毅:《全民医保:从"碎片化"到基金整合》,中国金融出版社2014年版。

18.梁根林、张立宇主编:《刑事一体化的本体展开》,法律出版社2003年版。

19.[法]米海伊尔·戴尔玛斯-马蒂:《刑事政策的主要体系》,卢建平译,法律出版社2000年版。

20.[德]克劳斯·罗克辛:《刑事政策与刑法体系》,蔡桂生译,中国人民大学出版社2011年版。

21.[美]劳伦斯·鲍姆:《从专业化审判到专门法院:专门法院发展史》,何帆、方斯远译,北京大学出版社2019年版。

22.刘维新:《医事刑法初论》,中国人民公安大学出版社2009年版。

23.刘明祥等:《医学进步带来的刑法问题思考》,北京大学出版社2014年版。

24.吕忠梅等:《环境司法专门化:现状调查与制度重构》,法律出版社2017年版。

25.马克昌:《中国刑事政策学》,武汉大学出版社1992年版。

26.[英]查尔斯·福斯特:《医事法》,刘文戈译,译林出版社2020年版。

27.[英]杰瑞米·侯德:《阿什沃斯刑法原理》(第8版),时延安等译,中国法制出版社2019年版。

28.刘建利主编:《医事刑法重点问题研究》,东南大学出版社2017年版。

29.王保真主编:《医疗保障》,人民卫生出版社2005年版。

30.王海容等主编:《医疗暴力防控的法治方略研究》,浙江工商大学出版社2019年版。

31.王延中主编:《中国社会保障发展报告(2020)》,社会科学文献出版社2021年版。

32.[英]威廉姆·威尔逊:《刑法理论的核心问题》,谢望原等译,中国人民大学出版社2015年版。

33.邢学毅编著:《医疗纠纷处理现状分析报告》,中国人民公安大学出版社2008年版。

34.徐丽红:《我国专门法院(庭)设置的基础研究与前瞻》,法律出版社2020年版。

35.杨丹:《医疗刑法研究》,中国人民大学出版社2010年版。

36.杨丹:《尖端医疗领域刑法理论及立法对策研究》,中国人民大学出版社2016年版。

37.臧冬斌:《医疗犯罪比较研究》,中国人民公安大学出版社2005年版。

38.张明楷:《刑法学》(上),法律出版社2016年版。

39.张绍谦:《刑法因果关系研究》,中国检察出版社2004年版。

40.张赞宁编著:《医事法学研究及典型案例评析》,东南大学出版社2003年版。

41.郑功成主编:《中国医疗保障发展报告(2020)》,社会科学文献出版社2020年版。

二、中文期刊论文

1.白建军:《大数据对法学研究的些许影响》,载《中外法学》2015年第1期。

2.毕玉谦:《专家辅助人制度的机能定位与立法性疏漏之检讨》,载

《法治研究》2019年第5期。

3.卞建林:《刑事一体化思想下的刑事程序法研究》,载《中国检察官》2018年第1期。

4.车浩:《刑事政策的精准化:通过犯罪学抵达刑法适用——以疫期犯罪的刑法应对为中心》,载《法学》2020年第3期。

5.车浩:《刑事立法的法教义学反思——基于〈刑法修正案(九)〉的分析,载《法学》2015年第10期。

6.陈邦达:《鉴定人出庭作证制度实证研究》,载《法律科学(西北政法大学学报)》2016年第6期。

7.陈光中、吕泽华:《我国刑事司法鉴定制度的新发展与新展望》,载《中国司法鉴定》2012年第2期。

8.陈如超:《专家参与刑事司法的多元功能及其体系化》,载《法学研究》2020年第2期。

9.陈瑞华:《刑法学与刑事诉讼法学研究的互动》,载《中国检察官》2018年第1期。

10.陈兴良:《刑事一体化视野中的犯罪学研究》,载《中国法学》1999年第6期。

11.陈兴良:《刑法教义学与刑事政策的关系:从李斯特鸿沟到罗克辛贯通——中国语境下的展开》,载《中外法学》2013年第5期。

12.陈兴良:《刑事一体化:刑事政策与研究方法视角的思考》,载《中国检察官》2018年第1期。

13.陈兴良:《刑法的刑事政策化及其限度》,载《华东政法大学学报》2013年第4期。

14.陈祖辉:《广州市医院工作场所医疗暴力流行病学研究》,南方医科大学2011年博士学位论文。

15.程琥:《论我国专门法院制度的反思与重构》,载《中国应用法学》

2019年第3期。

16.储槐植:《建立刑事一体化思想》,载《中外法学》1989年第1期。

17.储槐植:《刑事政策的概念、结构和功能》,载《法学研究》1993年第3期。

18.储槐植:《再说刑事一体化》,载《法学》2004年第3期。

19.储槐植:《刑事“三化”述要》,载《中国检察官》2018年第1期。

20.储槐植、闫雨:《刑事一体化践行》,载《中国法学》2013年第2期。

21.戴玉忠:《刑事鉴定制度修改完善的几个关键问题》,载《中国司法鉴定》2011年第6期。

22.樊文:《多维度下的刑事一体化思想探略》,载《中国检察官》2018年第1期。

23.范永龙:《从专业法庭到专门法院——论设立环境资源法院的现实考量与机制构建》,载《山东法官培训学院学报》2019年第5期。

24.郭华:《鉴定人与专家证人制度的冲突及其解决——评最高院有关专家证人的相关答复》,载《法学》2010年第17期。

25.郭华:《论鉴定结论审查模式的选择——从最高人民法院的一项“管理规定”说起》,载《法学》2008年第5期。

26.贾晓莉等:《2003～2012年全国医院场所暴力伤医情况调查研究》,载《中国医院》2014年第3期。

27.劳东燕:《刑事一体化思想下的学术研究所感》,载《中国检察官》2018年第3期。

28.劳东燕:《刑事政策与刑法解释中的价值判断——兼论解释论上的“以刑制罪”现象》,载《政法论坛》2012年第4期。

29.劳东燕:《罪刑规范的刑事政策分析——一个规范刑法学意义上的解读》,载《中国法学》2011年第1期。

30.李玲、江宇:《如何解决暴力伤医问题》,载《求是》2014年第9期。

31.李学军:《专家辅助人制度研析》,载《法学家》2015年第1期。

32.李永泉:《功能主义视角下专家辅助人诉讼地位再认识》,载《现代法学》2018年第1期。

33.林维:《聚众扰乱医疗秩序的定性》,载《人民司法》2015年第22期。

34.梁根林:《刑事一体化与罪刑法定、刑事政策与刑法体系的深度融通》,载《中国检察官》2018年第1期。

35.梁根林、何慧新:《二十世纪的中国刑法学(下)——反思与展望》,载《中外法学》1999年第4期。

36.刘宪权:《刑事立法应力戒情绪——以〈刑法修正案(九)〉为视角》,载《法学评论》2016年第1期。

37.刘艳红:《醉驾型危险驾驶罪刑事证据规则研究——基于刑事一体化的尝试性构建》,载《法律科学(西北政法大学学报)》2014年第2期。

38.刘艳红:《我国应该停止犯罪化的刑事立法》,载《法学》2011年第11期。

39.刘艳红:《象征性立法对刑法功能的损害——二十年来中国刑事立法总评》,载《政治与法律》2017年第3期。

40.刘艳红:《积极预防性刑法观的中国实践发展——以〈刑法修正案(十一)〉为视角的分析》,载《比较法研究》2021年第1期。

41.卢建平:《刑事政策与刑法关系的应然追求》,载《法学论坛》2007年第3期。

42.马荣春、刘晓霞:《平衡性立法思维:〈刑法修正案(九)〉的立法贡献》,载《中国刑事法杂志》2016年第4期。

43.苗生明:《刑事一体化思想的检察实践》,载《中国检察官》2018年第3期。

44.苗有水:《让刑事一体化思想在审判环节得到践行》,载《中国检察官》2018年第3期。

45.皮艺军:《犯罪学研究在刑事一体化中的功能与贡献》,载《犯罪学论丛》2009年第7期。

46.齐文远:《我国刑法完善应当遵循的几个原则——以“刑法修正案”为主要视角》,载《法治研究》2017年第5期。

47.邱文聪:《被忽略的(立法)事实——探询实证科学在规范论证中的可能角色兼评释字第584号解释》,载《台大法律论丛》2008年第2期。

48.曲新久:《公共政策视域中的刑事一体化思想》,载《中国检察官》(上)2018年第1期。

49.邵博文:《晚近我国刑事立法趋向评析——由〈刑法修正案(九)〉展开》,载《法制与社会发展》2016年第5期。

50.孙长永:《论刑事证据法规范体系及其合理构建——评刑事诉讼法修正案关于证据制度的修改》,载《政法论坛》2012年第5期。

51.唐应茂:《领导意愿、机构能力和司法公开——北京、上海、广东裁判文书上网率的初步研究》,载《中国法律评论》2018年第6期。

52.田宏杰:《立法扩张与司法限缩:刑法谦抑性的展开》,载《中国法学》2020年第1期。

53.汪建成、余诤:《对刑法和刑事诉讼法关系的再认识——从刑事一体化角度观察》,载《法学》2000年第7期。

54.王沛、郝银钟:《司法鉴定制度完善论——以国际刑事司法鉴定人制度的特点为视角》,载《中国司法鉴定》2010年第5期。

55.王树义:《论生态文明建设与环境司法改革》,载《中国法学》2014年第3期。

56.吴志正、叶眉君:《医疗刑责过失程度之法实证分析:对医疗刑责合理化之省思》,载《台大法学论丛》2018年第3期。

57.熊永明:《我国罪名建言热潮之隐忧及其批判》,载《法学评论》2015年第6期。

58.许波、仪军:《论我国技术调查官制度的构建与完善——以北京知识产权法院对我国技术调查官制度的探索为视角》,载北京知识产权法院组织编写:《技术调查官制度化创新与实践》,知识产权出版社2019年版。

59.徐昕、卢荣荣:《暴力与不信任——转型中国的医疗暴力研究:2000～2006》,载《法制与社会发展》2008年第1期。

60.杨丹:《生命科技时代的刑法规制——以基因编辑婴儿事件为中心》,载《法学杂志》2020年第12期。

61.杨丹:《我国处理医疗事故刑事案件的实证分析》,载《中国刑事法杂志》2008年第6期。

62.杨秀清:《我国知识产权诉讼中技术调查官制度的完善》,载《法商研究》2020年第6期。

63.杨迎泽:《刑事一体化思想回顾与展望》,载《中国检察官》2018年第3期。

64.于佳佳:《论医疗过失的判断标准——解读〈侵权责任法〉第57条对医疗上注意义务的规定》,载《中南大学学报(社会科学版)》2016年第3期。

65.翟李鹏:《专家陪审制度的研究》,载《证据科学》2017年第6期。

66.张丽卿:《实证医学在医疗过失审判实务上的意义——从胃腺癌存活率谈起》,载《东吴法律学报》2009年第21(2)期。

67.张丽卿:《医疗刑事责任认定与相关医疗法修正之探讨》,载《月旦法学杂志》2013年第12期。

68.张文:《坚持"刑事一体化"协力推进刑事科学研究》,载《中国检察官》(上)2018年第3期。

69.张翔:《刑法体系的合宪性调控——以"李斯特鸿沟"为视角》,载《法学研究》2016年第4期。

70.张旭、单勇:《从方法到方法论——以刑事科学为场域的反思》,载

《法制与社会发展》2007年第1期。

71.张永红:《刑法的刑事政策化论纲》,载《法律科学》2004年第6期。

72.张忠民:《环境司法专门化发展的实证检视:以环境审判机构和环境审判机制为中心》,载《中国法学》2016年第6期。

73.赵秉志、袁彬:《中国刑法立法改革的新思维——以〈刑法修正案(九)〉为中心》,载《法学》2015年第10期。

74.赵蠑蛉、张依勤、徐星宇:《关于完善打击骗保行刑衔接机制的探讨》,载《中国医疗保险》2020年第10期。

75.郑飞:《论中国司法专门性问题解决的"四维模式"》,载《政法论坛》2019年第3期。

76.周光权:《犯罪学对于刑法学发展的意义——学习储槐植教授刑事一体化思想有感》,载《中国检察官》2018年第1期。

77.朱晋峰:《以审判为中心诉讼制度改革背景下科学证据审查的困境及出路》,载《法律适用》2018年第13期。

78.左宁:《我国刑事专家辅助人制度基本问题论略》,载《法学杂志》2012年第12期。

三、外文文献

1.[日]齊藤诚二:《医事刑法の基礎理論》,多賀出版株式会社,1997年版。

2.[日]甲斐克则:《医疗与刑法——医事刑法的回顾与展望》,载《ジュリスト》第1348号。

3. Alonso-Zaldivar, Ricardo & Erica Werner, *Health Negotiators Look at Malpractice Changes*, Associated Press, 2009.

4. Amel Alghrani, Rebecca Bennett & Suzanne Ost eds., *The Criminal Law and Bioethical Conflict*, Cambridge University Press, 2013.

5.Bryan A. Garner ed., *Black's Law Dictionary* , 7th ed., West Group, 1999.

6. Charles A. Erin, Suzanne Ost eds., *The Criminal Justice System and Health Care*, Oxford University Press, 2007.

7. Danielle Griffiths, Andrew Sanders eds., *Medicine, Crime and Society*, Cambridge University Press, 2013.

8. Eric Feldman, *Suing Doctors in Japan: Structure, Culture, and the Rise of Malpractice Litigation*, in David M. Engel & Michael McCann eds., Fault Lines: Tort Law As Culture Practice, 2006.

9. Fortado, Lindsay, *States Weigh Med-Mal Court*, National Law Journal, Dec.13, 2004.

10.Glanville Willian, *The Sanctity of Life and Criminal Law*, Alfred A. Knopf, 1957.

11.Glennon, Mary Ann et al., *Comparative Legal Traditions in a Nutshell*, St. Paul, West Group, 2nd ed., 1999.

12.Howard, Philip K., *Just Medicine*, New York Times, Apr.2, 2009, A27.

13.Huang Y., *The Sick Man of Asia: China's Health Crisis*, Foreign Affairs 2011, 6.

14.Hesketh T., Wu D., *Violence against Doctors in China*, BMJ, 2012, 345, Published 7 Sep., 2012.

15.Jiang Y., Ying X. et al., *Ending Violence against Doctors in China*, Lancet, 2012, 379(9828): 1764.

16.Kenneth E. Thrope, *The Medical Malpractice Crisis: Recent Trend and Impact of State Tort Reforms*, Health Tracking, Jan., 2004.

17.Ken Oliphant, Richard Wright eds., *Medical Malpractice and*

Compensation in Global Perspective, Berlin, de Gruyter, 2013.

18. Lawrence Baum, *Specializing the Court*, University of Chicago Press, 2010.

19. Margaret Brazier, Suzanne Ost eds., *Medicine and Bioethics in the Theatre of the Criminal Process*, Cambridge University Press, 2013.

20. Meng Q., Xu L. & Zhang Y. et al. , *Trends in Access to Health Services and Financial Protection in China between 2003 and 2011: A Cross-sectional Study*, Lancet 2012, 379: 805–814.

21. Perry Hookman, *Medical Malpractice Expert Witnessing: Introductory Guide for Physicians and Medical Professionals*, CRC Press, 2008.

22. Post, Leonard, *ABA Rejection of Special Health Courts Sparks Clash*, National Law Journal, Feb.27, 2006.

23. Rhonda McMillion, *Weong Remedy: ABA Testimony Voices Concerns About Health Court Proposals in Congress*, ABA Journal, Sep.24, 2006.

24. Richard A. Posner, *The Federal Court: Challenge and Reform*, Harvard University Press, 1996.

25. Robert B. Leflar, *The Law of Misadventure in Japan*, in Wright , Richard W., Oliphant, Ken eds., Medical Malpractice and Compensation in Global Perspective, Berlin/Boston: Walter de Gruyter GmbH, 2013.

26. Rochelle Dreyfuss, *Forums of the Future: The Role of Specialized Courts in Resolving Business Disputes*, Brooklyn Law Review, 1995, 61 (1).

27. Robert F. Taylor, *A Comparative Study of Expert Testimony in France and the United States: Philosophical Underpinning, History, Practice, and Procedure*, 31 Texas International Law Journal, 1996.

28. Shapiro, Martin, *The Supreme Court and Administrative Agencies*, New York, Free Press, 1968.

29. Steve Stanek, *Supporters to Push Med Mal Court in State Assembly*, Madison County Record, Jan.12, 2005.

30. Tanenhaus, David S., *Juvenile Justice in the Making*, Oxford University Press, 2004.

31. The Lancet, *Chinese Doctors are Under Threat*, The Lancet, 2010, 376(9742): 657.

32. Therese Hesketh, Dan Wu, Linan Mao & Nan Ma, *Violence Against Doctors in China*, BMJ, 2012, 345: e5730.

33. Yip W., Hsiao W. et al., *Early Appraisal of China's Huge and Complex Health Care Reforms*, Lancet 2012, 379: 833–842.